老轩创投课

张轩荣 著

中国出版集团　东方出版中心

写给可爱的创业者 | 推荐序

认识老轩是在数年前，他在一家挂牌企业担任资本事业部总裁，负责投融资和证券相关的事务。我投资了那家公司，从那时起，我俩常有联系。他是个精力旺盛、学习能力强且善于独立思考的人，喜欢提问，常找我探讨企业战略与资本运作的话题。看到老轩在繁忙的工作之余，还能静下心来将所学所想整理分享，我颇为敬佩，情不自禁地想写几句，权当作为他新书的序言。

我做创业和投资已有 20 个年头。从美国耶鲁大学获得法律博士学位后，我在纽约华尔街做了几年律师，1999 年底回到国内，转型从事 VC 行业。当时朋友都很关心地问我为何回国来卖"维生素 C"，其实后来想想，做风投就是给创业者提供营养"维生素 C"。作为行业老兵，我有幸参与了阿里巴巴（当时在软银中国）、分众传媒、汽车之家、PPTV、宝尊电商、丽人丽妆的 A 轮投资，以及后面多家优秀上市公司的早期投资，一路看着这些公司的创业者克服了发展中的一个又一个难题，终于走上人生巅峰。

2003 年，我离开了软银，创立了汉理资本，把投资和创业连在了一起。经历了多轮经济周期后，市场上从事早期投资的人越来越少，因为

做得很成功的 VC，募集的资金规模越来越大，投资的阶段也从早期 A
轮，慢慢后移到 B 轮、C 轮甚至 Pre－IPO 阶段。而早期投资不成功、后
续也融不到资的，便纷纷转行了。那么处于 A 轮的企业怎么办？这个
面向机构融资的重要一轮，市场的平均成功率仅 1%。针对这一痛点，
我们搭建了 A 轮学堂，不仅提供资金，还帮创业者"涨知识、进圈子"，
全方位地赋能陪跑。四年来，我们完成了八期"创始人班"的培训，200
多位创业者从 A 轮学堂结业，融资成功率大幅提高。

读了老轩这本书，有种"相见如故"的感觉，其思想和方法论，透过
鲜活的文字，回归到了创业的本质，和我 20 年来的实践与思考产生了
共鸣，甚至让我有一种"穿越感"，仿佛回到了当年投资阿里巴巴和分
众传媒的年代。放眼社会，企业强了，产业就强了，国家也就强了，全球
疫情促使很多行业、企业转型和重塑，在这一特殊的新时期，如何剥离
噪声，建立正确的认知，获得业务的爆发增长，并借助资本脱颖而出，这
本书无疑为大家指明了方向。

创业是一种生活方式，愿天下的创业者享受这种生活，为别人创造
价值。

钱学锋博士

汉理资本董事长

A 轮学堂创办院长

2020 年 9 月

目 录

把企业干好了,其本身就是一次精彩的投资;反过来看,投资的成功,也必然是以企业的成功为前提的。因此,在给企业赋能时,就不能仅仅局限在营销与管理上,像"投资"这类似乎是投资人才应该关心的话题,也同样适用于创业者,这些是他们必须了解和掌握的一项技能。

第二章　五花八门的计划

创业者都应该注重自己公司的商业计划书,不应简单地把它看成装点公司的面子工程,而应该视作一次整理公司定位与模式、提炼竞争优势的一次机会;而投资人需要在有限的时间里,在四面八方涌来的项目中,尽可能快地识别出那些符合投资逻辑、有机会下金蛋的"鸡",这才是对钱负责的态度。

第三章　婀娜多姿的项目

对企业而言,不用花太多时间去想怎么吸引股东,如果自己的基本面不好,身子骨不硬,操心那些也多余;相反,如果自己够强,也就不用担心没有外部资金,投资人会捧着钱来倒贴。真正的安全感,从不来自外界,而是源于自己,源于那些别人"拿不走"的东西。

第四章　扑朔迷离的财务 / 187

经验不可替代,但思维方式可以参考。作为创业者,了解公司的主要方法就是看资料,特别是财务报表和它背后的基础凭证;作为投资人,如果不了解行业,不理解创业者,觉得只要有钱,公司就要理所应当地配合,那工作实在干得太粗糙了,更别说企业所期待的其他协同价值了。

第五章　起伏不定的估值 / 229

投资圈流传着这样一句话:阿基米德能撬动地球不算什么,你只要给我一个估值,无论大小,我总是可以找到一种模型,科学且完美地证明它是对的。因此,无论是相对估值法还是绝对估值法,了解它们的目的不在于记住那些公式,而是要去理解公式背后的思想。

第六章　痛并快乐的上市 / 261

过去强调"上市不是终点",潜台词是"上市真的很难",而未来,上市已经变成企业的一种阶段性状态。如果市场里的公司能上能下,干坏事了,就请出去,改过自新了,可以再回来,那么这潭"水"就活了,鱼就多了,"水大鱼大"才能长久。

后　记　逆行者

前言 | 企业的生物性

如果把社会比喻成大自然，那么企业就像其中的一个个生命体。当 2020 年新冠肺炎疫情的风暴忽然来临时，这些生命体中的一些倒下了，再也没站起来；一些找了个地方避了避，多少伤了些元气；还有一些趁着这场变故，生出了新的翅膀。最近有个说法发人深省：你怎么度过疫情，就会怎么度过一生。情况越是特殊，平常被掩盖的问题越容易被暴露出来。

说回到生命体，无论是细菌这样的单细胞生物，还是如人这样的复杂系统，都在时时刻刻地与外界进行着物质与能量的交换，也就是所谓的代谢过程。为什么需要这样呢？因为对于任何动植物来讲，只要活着，就会不断地消耗能量，人是高等动物，当然不能例外。

有人说，那我躺着一动不动，不就不用消耗能量了吗？当然不是。小学生物课就告诉我们，人是一个系统，系统由器官构成，器官又由组织形成，组织再往下是细胞。所以无论人动不动，身体中的器官都不会闲着，否则，就没有生命体征了，人也就死了。

心脏不断地跳动，将新鲜血液通过动脉压往身体各处，又由静脉回收含杂质的血，一旦脑缺血超过 5 分钟，就会产生不可逆的伤害；呼吸系统不停地吸取氧气,排出二氧化碳,一旦暂停,人就会窒息。这些还是能感觉到的。还有大量的身体内部运动,是我们觉察不到的,比如组织中细胞的运动,它们同样一刻不停地进行着生化反应,合成与分解着各种物质。反过来说,也正是因为细胞的辛勤劳作,使得由细胞构成的组织停不下来,从而保证了各器官间的彼此协作,进一步使系统保持正常运转。

生命体属于自然科学的范畴,而企业则属于社会科学的范畴,前者研究的是自然界的规律,后者研究的是社会规律。社会本不存在,如果以母系社会的出现为标志,大约存在了五万年;如果以现代国家的出现为标志,也就几百年时间。而如果以能称得上人的物种出现为标志,当中经历了几百万年。在如此漫长的时间跨度里,人与自然界不断地相互作用,使得人的基因里,深深地刻上了自然规律的密码,导致我们所能想出来的和创造出来的一切,比如政府、军队、法庭、医院、学校等都有大自然的影子,这与老子所说的"道法自然"异曲同工。

从更广义的视角来看,自然实际也包括了社会。社会科学相比之下还很年轻,这座"大厦"有很多地方尚在建造,但理解它,有一个奇妙的方法,就是很多想不明白的问题,拿来和自然科学进行对比,按照自然科学的原理去领悟,往往就能迎刃而解了。企业是社会的一部分,也可以这样去比较。

比如从整体上看,人首要的目标是生存。为了生存,我们需要一日三餐,从外界取得食物,补充在不断消耗着的能量。你如果去超市看看,几乎每种食品的包装袋上,都有"营养成分表",其中第一项就叫"能量"。企业也一模一样,只要开门营业,就开始不断消耗资金,资金就是企业的"能量",为了补充能量,企业必须要从外部获得生意。不同生意的"能量"也不一样,但对于企业来讲,无论多少,都能转化为资金的流入。另一个获得资金的渠道是举债,也就是直接借钱。

一旦这些渠道都受阻,就像被切断了能量来源,现金流立刻吃紧,会导致企业裁员或降薪,来减少自身的能量损耗,进入到"吃老本"的状态。这就像人在暂时不吃饭的情况下,还可以靠储存在体内的脂肪勉强维持生命,但如果这种情况一直持续,企业也撑不了几个回合,很快破产了。中国中小企业的平均寿命不足 3 年,就是这个资金"能量"循环出了问题。

往企业内部去看,为什么会有各种部门? 我们可以把这些部门理解成人体的一个个器官或组织,用来承担某项工作或达成某一目标。比如,各器官都是相对独立却又相互配合的,所以各部门就需要彼此分工与协作,如果部门间出现冲突和纠纷,就像人感冒发烧,系统各方面的工作就不灵了。又如,身体具有"代偿现象",也就是俗称的补位,企业也一样,缺少这类组织是应付不了变化的。再比如,各组织每个月需要多少营养,更新多少细胞都是有数的,身体会按照某个算法精准地进行调配与补充,保持平衡。企业也一样,每年末要做各部门下一年的财务预算,来合理地投放资源,并且要做人力资源规划,以优化员工结构。

再从微观上看,比如将视角下沉到团队或是个人层面,其实道理也一样,如果对比生物体细胞内各"细胞器"的工作原理,依然会发现自然界的"高明"之处,很值得企业借鉴。如果沿宏观到微观这个思路,不断深入下去,我猜或许能形成一门新的学科,比如叫"企业生物学"或"管理健康学",其中一定会融入物理学、统计学、哲学等其他学科的知识。"怎么搞好企业"不能算是单纯意义上的"科学",里面也含了不少"艺术"元素,这种视角可以帮助我们跳出企业本身来思考企业的问题,进而找到符合自然规律的方法。

实践是检验真理的唯一标准。科学家利用实验来验证理论,企业领域要靠观察与实操。幸运的是,这些年的工作,让我得以有这样的机会,可以同时站在投资人与企业雇员这两种角度来审视企业,这让我对创业者的处境与所想有了更多的体会。刚起步时,想尽快验证模式,赶紧取得收入;找到了模式后,希望扩大产能,得到更多订单;不愁订单的,就琢磨如何优化成本、提高利润率;而当业务已经相对健康、规模也上来了时,又开始考虑怎么上市。不同阶段,企业的热点并不相同,但都有各自的烦恼。总有人说商人太现实,那可能是被逼的,一步没走对,就有滑向失败深渊的危险。

这其中有外部因素,我们把它称作"系统性风险",也就是无法避免的,但绝大部分的风险,都是"选择性风险",是可以规避和转化为机会的。要求企业每次都能踏准点儿、做对事儿,这实在太难了,但至少要能完成"必选动作",绕开那些不必要的、违反常识的"坑"。商业的规律可能会迟到,但从不会缺席,在动荡的大环境下,弄清基本规律,避免犯难以挽回的错误,就是成功。

要识别并赢得这些挑战,就绕不开企业要面对的各种问题,比如商业模式、产品设计与运营、营销与管理、财务规划、资本运作与上市,等等。因为每个创业者阅历不同,所擅长的领域并不一样,虽然这并不妨碍企业家精神,但从长远看,能笑到最后的都是通过摸爬滚打,对这些问题有了正确的理解并能付诸实践的人。

因此，我想把这些问题整理出来，一来可以帮助创业者更加全面地思考自己的公司，能够在复杂的大环境下保持清醒；二来也是对自己知识结构的一次梳理，为研究"企业生物学"之类的宏大命题提早做点准备；另外，如果通过本书遇上对企业发展同样感兴趣的读者，相互切磋，碰撞出新的火花，并能共同帮助企业，特别是中小企业长出"肌肉"，提高竞争力，那就更有意义了。

杜甫说"文章千古事，得失寸心知"。这是鄙人的第三本书，但每每回望之前写的，总有不少遗憾，比如：如果这句话当时换个说法，就更精彩了；如果这个问题当时换个角度阐述，就更清楚了；如果当时的思考水平能再高一层，就更深刻了，等等。这本书我想时隔几年再看，还是会有遗憾，所以每敲一下键盘，内心难免诚惶诚恐，谁让最好的可能总在后面呢。

我常和身边人说，我的理想是干教育、办学校，并兼做一门课的老师。多年来，无论是在论坛上演讲，还是给企业做培训，我感受到的都是快乐。打破错误观念，让别人明白一个道理，掌握一种规律，会让我特别开心。为了能更好地分享与输出，倒逼我不断地思考与输入，但了解得越多，越发现自己的无知，而这也恰恰是进一步探索的动力。

本书所述的内容，都经过了我或其他人的实践验证，对于有些人来讲，可能已经比较熟悉了，而对于另一些人来说，却不一定，那么就献给那些需要的人吧。因时间有限，书中难免有瑕疵或疏漏，还望读者多多包涵。

张轩荣

2020 年 6 月于上海

老轩创投课

张轩荣

第一章　　**精彩纷呈的投资**

1. 敏捷猎手
2. "猩球"崛起
3. 不问西东

谈企业，为什么要从投资开始讲起？

很多时候，我们是把创业者和投资人割裂开来看的。创业者给人的感觉就是撸起袖子带着大伙干活儿的那个，而投资人则是置身于企业之外，除了给钱，有时还会献计献策，偶尔指手画脚的那个。如果说企业是创业者的独生子，要全身心地培育，那么对于投资人而言，孩子就显得比较多了，全都照顾好要花不少力气，所以你看他们整天到处跑，忙得不可开交。

但这两个角色间也有很多的相似之处。

对某一家企业而言，他们都出了钱，只是投入的先后顺序不同，但同为股东，对公司治理有各自的责任。另一方面，公司发展的好坏、盈利的能力，也都和他们的切身利益直接相关，赚了钱可以分红，上了市可以套现。再来看成本，我们总觉得投资人风险很高，大概率会看走眼。然而对于创业者来说，又何尝不是呢？他们是公司的第一个投资人，当初的启动资金，也可以用于其他项目，同样承担机会成本。

所以现在流行一个词，叫**"企投家"**，是指创业者用做企业赚来的钱，投入其他自己看好的公司，利用自身在商业上的资源与经验，可以帮助投资标的夯实基础，提高业务及财务表现。与此同时，那些成熟的投资人，往往也是运作项目的一把好手，他们借助开阔的视野和战略层面的见识，使企业发展更具方向感，事半功倍地获得增长的动力，并能在资本市场上左右逢源。

把企业干好了，其本身就是一次精彩的投资；反过来看，投资的成功，也必然是以企业的成功为前提的。因此，在给企业赋能时，就不能仅仅局限在营销与管理上,像"投资"这类似乎是投资人才应该关心的话题,也同样适用于创业者,这些是他们必须了解和掌握的一项技能。

本章,就先从这个话题谈起。

1
敏捷猎手

风险有效才划算

"风险投资"这种表达容易产生误解,会让人以为还存在"无风险投资"。其实将"风险"二字放前面,只是要突出强调而已。当然,一般来讲这个词在投资界有着特殊的指向,主要指早期项目,其与后期Pre–IPO(上市前)阶段有着不同的风险。这个早期有多早,到底是天使阶段还是 A 轮 B 轮,并没有一个清晰的定义。

理论上讲,所有的投资都是有风险的,包括了所谓的"保本理财",只是风险的高低程度不同罢了,有些可以忽略不计,有些却分分钟让人倾家荡产。加上"风险"两字,就像烟盒上印的"吸烟有害健康",对不太抽烟的人来说,这句话或许会起点作用,对于"老烟枪"来讲,徒劳无益。在乎也好,无视也罢,都应该搞清一点,当我们在谈论"风险"时,究竟在谈论什么。

如果仅仅盯着风险本身看,无论这个绝对值是大是小,都没多少现实意义,不同的风险等级,回报是不一样的。如果一项投资风险无穷大、收益无穷小,但凡精神正常的人,是绝不会干的。反过来,如果一项投资风险无限小、收益无限大呢?这简直是送钱,人人都渴望,却不太可能发生,即便出现,也只可能存在于瞬间,然后迅速灰飞烟灭,**因为当人人都发现是机会时,机会就会迅速移动与瓦解。**

为此,我们需要换个思路,从新的角度去理解不同的风险。为了说清楚这点,先来看一个经常听到的词:划算。什么叫划算呢?赚了钱就划算,这是最朴素的理解,可也有例外。有些时候明明赚了钱,却高兴不起来,后悔当初的决定,也会觉得"不划算";有时钱赚少了,但赢得了信任或机会,也觉得"很划算"吧。所以"划算感"的获得是因为结果达到了心里的某种预期。

当你还在作决定时,心里便有了一个预期,到了钱投出去的那一刻,风险也就同步发生了。不同的个体或机构,因为财力和策略的差异,能承担的风险不同,预期也不一样。我们假设风险是一个变量 X,对应的预期是 Y,当你愿意承担一定风险 X 时,是认为 Y 可以与之匹配,如果发现总是不达预期,也就是 Y 常常小于 X,便会觉得"不划算"。

Y 能匹配 X 在金融学上被称为"风险有效",所以"划算感"就是"风险有效"时的心理反馈,反过来当你感觉"不划算"时,说明你所选择的风险有一部分是"无效"的。投资的过程,实际上就是追求这个"有效值"最大化的过程。

怎样能保证这个值还不错呢?首要原则,叫作"永远不要和趋势作对"。

与趋势为伴

以炒股为例,有的人在 2019 年 4 月觉得行情来了,忍不住买了股票,费了很大劲,把各种"炒股秘诀"练了一遍,结果发现没赚到钱,原因总结起来似乎很多,比如选股、心态等,但这些都不是关键,关键的问题只有一个,逆势而动了。当时的大盘在 4 个月内从 2 500 点附近上涨到 3 100 点,已成强弩之末。当别人都开始贪婪时,趋势已经悄悄发生了改变,即将掉头往下走了,纵使你有一流的交易技巧,勉强挣到的也是"辛苦钱"。

到了 2020 年春节后开市那天,所有人都知道因疫情影响大盘会跌,果不其然,跳空 250 多点低开,加上节前最后一天,两个交易日暴跌超过 10%,一度下探到 2 600 多点。而就在大家开始恐惧时,拐点形成了,趋势转而掉头向上。到了 3 月,我随机看了各行业共 50 只个股,相比节后那天,平均涨了 20% 以上,某些行业的涨幅更大。也就是说,只要把握住趋势,顺势而为,"躺着"都能挣大钱。

划算的投资,挣的一定不是"辛苦钱",在这个社会里,并不是谁更拼谁就能赢,企业的成功,首先是方向上的正确。很难说阿里人比苏宁人能干多少,只是前者代表了互联网,后者代表了传统店,这是新趋势对旧模式的优势,虽然近几年苏宁易购(002024)＊也在拼命追赶,但仍然落后了几个梯队。

再来看 CRT 显像管技术的没落。在 2003 年前后,这个趋势就初现端倪,一些外企已经开始处理 CRT 设备了,而国内像四川长虹

＊　数字为股票代码。下同。

（600839）这样的传统企业，并未意识到危险的临近，且不愿承认液晶平板显示即将带来的颠覆。发现并把握住了平板显示技术的京东方（000725），却借此机会逆袭，如今的市值已经是长虹的 10 倍有余了。

不仅是企业，个人也一样。著名投资人熊晓鸽，当年一心办杂志，因为一个契机，结识了 IDG（美国国际数据集团）老板麦戈文，并在后者的启发下，萌生了到刚起步的 VC（风险投资）业看看的想法，如果不是这份敏锐，今天的新闻界或许多了名优秀的记者，而投资界却少了位传奇人物。冯仑也是这样，他勇敢地走出了体制，到海南去创业，如若不然，今天商界就缺了位重要的思想者。

嗅觉灵敏的人是利用趋势，运气好的人是"被趋势"。我还记得上大学时，人人都羡慕那些去银行的人，回头看，15 年前那些因为进不了银行，不得不去房地产行业工作的人，不小心赶上了房地产的黄金十年。为什么这个行业能起来，他们也不明白，只知道当时一、二线城市的一套房子，如今已经翻了好几倍。那些十年前在腾讯不得志的程序员们，离职后无所事事，无聊之余，写了几段游戏程序自己玩，没想到2013 年前后手游市场迎来井喷，赶紧修修补补，卖了几个亿。

在投资上，有的人报了很多班，听了不少理论，注意力却始终停留在技巧层面，而没怎么在乎过"势"。了解基础力学的人都知道，当你向上抛一个足球时，就开始了能量转换。在上升过程中，因为足球的速度逐渐变慢，所以动能逐渐变小，那么减少的能量去了哪里呢？根据能量守恒定律，能量不会凭空产生或消失，它只会从一个物体转移到另一个物体，或从一种形式转化为另一种形式。在这里，足球的动能转化为了它的势能，到达最高点时，势能最大，动能为零。下降过程中，这个过程又会反过来，直到势能全部转化为动能。

因此，**投资的首要工作，是审时度"势"，谋定而后动**，先搞明白这个"势"，而不是静态地看某个单一指标，才能一定程度地把握这件事的变化。

前阵子看了篇新闻，一位投资人声泪俱下地痛斥市场大环境的恶劣，新一代创业者缺乏担当，不懂得坚持，导致自己的百余次天使投资无一例外全都打了水漂。文章充满愤怒与无奈，但并未披露细节，比如他的投资思路与所选行业。不用猜，他大概率是没注意"势"的因素。

过去，投资人被叫作"门口的野蛮人"，特别是针对做并购的，称呼中既有蔑视，又带着一点恐惧。据不完全统计，在过去十几年里，腾讯投资和并购了七百多家公司，阿里则超过 500 家。一些人似乎总比别人反应快半拍，提前注意到趋势的临近，在趋势显现之前，以低估价购入资产，而在趋势显现之后，达到一个峰值前，又在众人的叹息与不解中，卖掉手中的资产，大胜而归。

能量层级

提高投资胜率的另一法门，是对"能量"的再认识。

大自然进化出了一套叫"食物链"的秩序。在动物界，每种动物都处在链条的不同位置，它们有的天生就在上游，有的天生就在下游。青蛙吃昆虫，蛇吃青蛙，而蛇的上面，还有更强大的猎食者，比如老鹰。正所谓"螳螂捕蝉，黄雀在后"，能量就在这个过程中，生生不息地循环流动。

在这套秩序确立的同时，大自然还设计了一个规则，即每种动物的天敌，都是有限的几种，倒过来看，每种动物的食谱也就那几样。除非食物极端匮乏，一般情况下，它们只选择下游第一级的动物为食，而不太会跨越几级，去吃再下游的动物。

紧靠自己的这级动物，实际上已经通过上述的循环，把它下一级动物的能量传递了上来，这就省去了"越级"捕杀所额外损耗的能量，符合物种生存的经济性原则。这一机制也无意中实现了对下游生物的保护，使它们不至于被过度猎食，可以试想，如果老鹰连昆虫都抓、北极熊连浮游生物都不放过的话，下游这些生物的命运，岂不是太悲惨了。

沿着食物链向上游看，位置越高，天敌就越少，到了像森林里的老虎、草原上的狮子、河里的鳄鱼、海中的鲨鱼这种层级时，就已经进化到了所处环境的最顶端。这意味着它们坐拥了最多的能量，摄取到了最多的营养，占有着最广阔的领地，并且不必惧怕出现在它们视野里的其他动物。

人也是一种动物，只是进化得比较高级。在人类社会里会不会也存在这样一根隐性的链条呢？

这就要看食物链的存在基础。在动物界，这个基础主要包含两个因素：第一是物种具有多样性，如果地球上只有一种动物，需要食物时，岂不成了骨肉相残？动物界偶有吃同类的情况，但极为罕见。第二是物种的能量存在显著差异，有强大的食肉动物，就有弱小的食草动物，这样才能确保双方在相遇时，一方能够快速制服另一方，势均力敌是不利于物种繁衍的。

从第一点来看，人类就好像不太符合。无论是男人还是女人，除了

相貌、身高和胖瘦外,其他似乎没什么不同。但这只是表象,如果加上
"三观"、认知与行为等因素,就立马变成千人千面了。**有人说"人与人
的差别,其实比人与动物还大"**,虽然有些夸张,但想说明的就是这种
相同物种级别上的个体差异。"鸡同鸭讲"、"对牛弹琴"这些常用词,
就是人们在表达无法相互理解的不满。

接着看第二点,即人与人之间,是否存在着显著的能量差异。

如果说动物的目标是活着,能量主要体现在生物学的意义上,那么
人的能量则具有更多的含义,这是由人的"亲代投资成本"决定的。绝
大多数动物幼崽,出生后几个小时就能活蹦乱跳,而人类的婴儿要等到
出生一年后,才勉强能蹒跚独步。**以听觉和嗅觉的退化作为代价,人的
脑容量比例变得比其他生物都大,因此,在漫长的未成年时光中,智力
开发成了关键**,这就对亲代(如父母)在社会技能与资源方面的能量提
出了不小的要求。

物理学上的"能量",是指系统能够做功的本领。"功"是什么?书
面解释是"在力的方向上产生了位移",放到社会上,就是人能"使得上
劲"、"帮得上忙"、"搞得定事儿"。这里还有"能够"二字,说的是一种
能力储备,"我能"并不代表我要立刻去做,而是需要做的时候有这个
能力。那么一个人的能量,会来自哪里呢?我们可以参考脚下这颗蓝
色的星球。

地球具有强大的内能,距离地表 6 000 千米的地核,中心温度高达
几千摄氏度,虽然火山并非总是在喷发,但地壳内部却暗潮涌动。就像
一个人的内涵与才学,自身的沉淀积累是内能的主要来源。然而,光有
内能还不够,不足以养活地球上的生物,还需要外能的补充,世界万物

之所以欣欣向荣,是因为太阳对地球的能量馈赠。好比一个满腹经纶的人,如果缺少外界平台的赋能,才华就难以得到发挥,诸葛亮固然出类拔萃,但如果缺少刘备提供的发展平台,能量值将大打折扣。

因此,我们可以看到,人的"能量"来自内外两个方面,它们的合集,决定了一个人的总能量。每个人的能量值相差很大,如果把这些值进行量化,并放在一条最大值为 100 的数轴上,那么会得到一个两头少、中间多的正态分布图形。如果以 10 为一段对人进行归类,可以把人群分为 10 个"能量段",每一段内的人就像动物界的某一个物种,他们能量值的上限与下限是不大的一个区间。

以猴群为例,身体最强壮的那只,通过一次次打斗的胜利,成为猴王,从而拥有最好的食物、最广阔的领土,做到了猴子这一物种的极致。如果猴子的能量区间是 40~50,那么它就能达到 50,但也封顶了。为什么差别不大呢?因为从我们的角度看,猴王与普通的猴子之间,在眼界与思考问题的方式上,并没有本质的区别。

自然界的残酷之处在于,**任何一个物种,即便对自己所处的"能量段"不满意,也无法依靠自己的努力,到达更高的能级,成为另一种令自己更满意的新物种,它只能活在一个位置固定的"能量段"里**。比如一只蜥蜴,无论怀揣多大的梦想、多么拼搏,都无法变成它的上游物种,比如变成蛇,它只能选择多吃小虫子,并整天担心被蛇吃掉。如果有哪一天,它突然不满足于吃小虫子,想换换口味吃只猪,那结果也一定会让它无比沮丧。

而人却是个例外。

由于人的"能量段"跨度大,覆盖整条"数轴",如果拿第一段里的人去和第十段里的人作比较，就能看出他们之间的巨大差异了。虽然每人所处的"能量段"不同，**但段与段之间的"门"是开放的，也就是说完全可以依靠自身努力，越过上一能级的门，成为另一"物种"**。行政文员可以跳槽干销售，律师可以转行去做投资，这就是借助平台改良所带来的外能变化，实现自身能级转换的例证。

讲到这，我们就会发现，人类社会既存在巨大的个体差异，同时人与人之间还具有明显的能量值差异，**当这两个条件同时具备时，自然界中"食物链"的机制就被唤醒，链条上的能量流动和交换便随之展开了**。虽然这一规律在人类社会的表现并不像动物界那般激烈，有时甚至不易被察觉，但却深刻地影响着我们的工作与生活。

以造房子为例。开发商处于链条上游，能量最多，考虑的是这块地拿下来后，将来可以建设一个什么样的社区、配套哪些商业设施，财务上算的是赚 1 个亿还是 5 个亿，操心的是成本增加一个点，可能损失几百万元的利润。承包商位于中游，老板想的是项目工期可否缩短，万一中标价比计划少了 100 万元，这活儿还接不接。而施工队位于下游，负责人惦记的则是这单能不能不拖欠工资，如果顺利，是不是可以给家里换辆新车。

完成能量跃迁并不是一件容易的事，这在动物界里相当于从一个物种一下子变成了另一个物种，实现这种脱胎换骨的效果，要下的功夫可想而知。这种阻力不仅来自其他竞争者，还来自当前层级本身，**这就像地球的"引力"，会对任何企图挣脱它的束缚飞向外太空的力量产生阻力**。

了解这些，并不是鼓励每个人都要一样，非得朝更高能级去跃迁，这显然有悖物种的多样性规律。每一层级的人都有自己的欢乐,也有各自的烦恼,还有他们的生存"哲学"。选择待在哪个能量层级,并无对错可言,而是个价值观问题,之所以提出来,是为那些没意识到自己的能级有变化的可能,或是想改变当前能级状态的人,提供一种思考方式。

高能级特性

在很多人的认知里,判断高低优劣都习惯用"比大小"的方式。

我们上学时,被鼓励做小队长、中队长,然后做大队长;工作后如果干了销售,又是先做小组长,再到分公司总、大区总,被公司表彰,仿佛有一种惯性推着我们"升级打怪"。然而被一罐罐"鸡血"所掩盖的真相,是无论什么"总",本质上均为同种生物,无非"个头"大小不同罢了。

处于低能级状态时,有个共同特点,似乎体内都存在某种"抗体",以对抗一切试图改变他们观念的思想,这使他们变得麻木,行动力迟钝,疼痛感下降,认为一切都是天经地义的。对此,著名作家安东尼奥·波契亚曾精彩地说:"人们对自己知道的事情深信不疑,假如知道得不多的话。"我们如果观察很多脑容量低的动物,就会发现一个现象,它们对既有的习惯和路径高度依赖,很少产生怀疑,即使周边环境已经发生了变化,也不能影响它们的顽固,或是引起它们的思考,这就为更聪明的动物捕捉到它们提供了可能。

这就让我想起了所谓的"长板理论",这话本来说得通,但如果借此当成故步自封的借口,便走不出自己的"舒适区"。它实际隐含了一个假设,即存在那么一块"板",可获得最高"水位",且这块板恰好是你擅长的那块。事实上,水位的高低和"板"的长短关系不大,真正影响它的是板的"位置"。就像河流中的一座座水坝,势能的大小取决于海拔的高低,如果不幸处于低海拔,水坝修得再卖力,也不如上游高海拔的水坝势能大。

每个人的"坝"所处的位置也不一样。因此在蒙眼狂奔前,不妨花点时间,先搞清楚高能级的坝在哪里,因为这往往会搭上你一生的时间。

高能级物种的生活,并非像想象的那么轻松。由于它们的肌肉含量普遍较高,随之而来的就是能耗偏大,更容易有饥饿感,在食物有限的情况下,物种间的竞争势必更加激烈。这甚至都影响到了它们的繁殖机制,为了降低被饿死的风险,**这类物种一般数量稀少,繁殖较慢**。

事实上,投资人似乎也有这个特点。最近参加了杭州的一个创业颁奖典礼,吴伯凡老师对创业的一句描述,令我印象深刻,他说**"创业活下来的那些人,是失败的弥天大网下的漏网之鱼"**。截至 2019 年底,在中国证券投资基金业协会备案的"创投类"基金有一千余家,而在清科的排名榜上,三五十名外的机构就比较陌生了,活跃的则更少了。投资人的练成,一路过来可能要摔很多跟头、交不少学费,创业者有多难,他们就有多难。一位天使投资人说,他的认知是通过投了 300 个项目,共计 4 亿元真金白银获得的,由此可见,这个"物种"的发育与繁殖是多么的缓慢。

高能级物种的第二个特点,单次进食量惊人。

一只成年东北虎,一顿能吃三四十千克的肉,基因告诉它们,不能放过每次进食机会,要大量补充蛋白质和水。因为要与被捕者斗智斗勇,这种胆量和勇气就值得更高的物质奖励。我们看软银当年投资阿里的 2 000 万美元,经过 14 年后,变成了惊人的 580 亿美元。处于高能级的孙正义,胃口比一般人大,所有的等待,都是为了可能咬上的那一大口。

高能级物种的另一项绝活,是一对一的狩猎能力,主要体现在杀戮的效率上。我们不妨回忆一下《动物世界》中常见的场景,无论哪种环境,高级捕食者都有足够耐心锁定猎物。它们通常并不急于出手,而是在一旁悄悄观察,据说一条鳄鱼可以像一片枯木一般在水中一动不动地等上几个小时。一旦时机成熟,它们会瞬间调动起身体里的每一块肌肉,以极快的速度、强大的力量,迅速致对方于死地,不留遗憾。

这就像那些精明的投资人,他们对高谈阔论或碎片化的信息并不感冒,而是依靠一套方法论,借助可靠的信息源,悄悄地逼近潜在项目,即使眼前一亮,内心躁动,也会装出若无其事的样子,以免生出变数。待摸清情况、决定出手后,他们会排除各种障碍,就估值、交易结构、投资金额、保障条款等细节与企业快速达成共识,在其他人还在犹豫的时候,就将项目拿下了。

此外,**高能级物种还有一个本事,在当正面进攻不能奏效时,它们会采取迂回和团队协作的方式,战胜那些力量和速度都不逊色的对手。**比如狮群,它们通过内部默契的分工进行狩猎,有的虚张声势,有的负责埋伏,还有的进行穿插包抄,一次完美的配合,可以杀死一头体重数倍于它们的长颈鹿。这就像在杠杆收购市场上,小企业借助多家"行动伙伴",时常上演反向吞并大公司的好戏。

然而在低能级动物身上,这样的举动并不常见,它们有时也会相互配合，但更多情况是为了防御，而非进攻。比如人们爱吃的沙丁鱼，为了躲避鲨鱼、海豚、金枪鱼等天敌的捕食，进化出了联盟意识，也就是俗称的"沙丁鱼风暴"，当面对威胁时，上万条身长只有十几厘米的个体，能够迅速聚集成一个长达数十米的巨型"球形生物"，令捕食者畏惧。

自然有其运行的法则，以极具包容的方式孕育着不同能级的生物，并为它们选择了适合的生存策略，来达成生态的平衡。社会是另一个自然，这里的每个个人都有着自己的能量层级，处于链条的不同位置上，看看西班牙电影《饥饿站台》，就会深有感悟。**投资与创业，是诸多生活方式的一种，只是这种生活方式本身，对玩家所处的能级要求比较高。**

每个成功项目的背后，最厉害的不是执行层面上的追随者，而是设计"玩法"的那个人，由于他脑筋动得最多，思维方式最高明，因此，相关的资源都自愿围着他转，从而使他站上更高的能级，并能反过来增强他的优势。

2
"猩球"崛起

危机四伏

投资,是一场高风险的概率博弈。

他们干的活叫买卖公司,这其中又有一、二级市场之分,相较有严格的信息披露要求的上市公司来说,一级市场的公司给人的感觉更神秘,相对风险就更大。一级市场还可以再分为两类:一类就是即将上市的项目,我们叫作 PE(私募股权投资)项目;另一类是还没有上市时间表,更早期的项目,我们叫 VC 项目。前者的好处很明显,已经经过了市场验证,商业模式和产品相对成熟,风险较低;弊端就是价格较高,估值空间比早期项目小。后者的好处也很清楚,估值的增长空间大,但有可能正处于团队缺兵少将、模式尚不清晰、产品一堆问题、管理杂乱无章、随时可能猝死的阶段,未来的不确定性较大。

投 PE 项目,曾经是性价比较高的策略。首先上市预期强,而且金额都不小，只要能上市，就可以实现一、二级市场的套利，并更快地完成投资任务。其次门槛较低，无须太懂公司的商业模式、发展逻辑、财务状况等，反正辅导它的券商和其他中介机构都看过了，相信他们就行了。还有用"跟投"方式的，就是找个"领投"的壮胆，不是一个人在战斗。此外，这种项目一般都有保障条款，万一没上市，就当买了个高收益的理财产品。这也是为什么很多 PE 基金赚了钱，但合伙人或中高层连行业都看不太懂的原因。

然而，这样的情况正在变化，仅 2017 年，就有一千多只 PE 基金被腰斩，这还只是开始。注册制的试点，在帮助企业更快资本化的同时，也缩小了一、二级市场套利的平均空间，上市未必意味着财富大增，价格倒挂的现象时有发生。2020 年的疫情进一步加快了各产业的升级换代，"国家队"也加速入场，并购整合期已经到来，企业未来很可能会出现两极分化，高价值的头部企业被热捧，滥竽充数的公司被嫌弃。这一趋势迫使股市提高了自身的免疫力，也迫使缺少独立判断能力的投资基金寻找新的出路。

干 VC，就没有捷径可走了。规模要"上量"比较慢，流动性比较差，而且因为选择多，调研起来更加费时费力，可能连续出差跑了 3 个月，看了 100 个项目，也没发现合适的，好像总有这样或那样的问题。此外，这个行业的水，也被一些人搅得比较浑，大大小小的论坛，林林总总的扶持政策，媒体的摇旗呐喊，容易给人一种遍地黄金、处处风口的错觉，只有实操过的人才明白，这里面的门槛其实非常高。

当你走近看这些中早期项目时，满眼都是乏善可陈的业务数据和苍白无力的财务报表，如果缺少对某一行业的领悟，这些素材几乎毫无意义。这样一来,要么被"故事大王"套路,踏进各种坑里;要么对项目的好坏无感,结果错过了未来的独角兽,回头再看时后悔不已。即便是圈内的"大佬",也常有看走眼的时候,记得徐小平多次提到如何错过"柔宇科技"的故事,相信再看这家成立七八年、估值已经超过300亿元的公司时,其中的酸楚恐怕只有他自己才能体会了。

以上这些,还没考虑资金募集的因素,**不是每个做投资的,都是用自己的钱,其中绝大部分是有杠杆的**。对于LP(有限合伙人)来讲,他们在意的一般不是项目本身,而是一些外围信息,比如有没有名人"背书"、媒体报道多不多、是不是有吸引眼球的事件等,即便是少数比较理性的LP,也往往因为缺少产业知识而无法作出有效判断,所以他们可能会干脆不判断,拖着,这样就没法往前推进了。

即便如此,仍有不少机构或个人前赴后继地加入投资人的行列。他们或许隐约感觉到了什么,或是认为拿点钱赌未来比较刺激。这个群体有一种期待,认为一旦赌对了"赛道"和"赛车手",将来的回报可能会是几何级数的。就像那句话说的:梦想总是要有的,万一实现了呢?

好莱坞大片《猩球崛起》中有句经典台词:"你知道他们可怕在哪里吗?它们不需要电,不需要光和热。"风险投资人就有点像电影中的"猿",最初只是庞大的金融系统中一个非主流的小群体,通过各种残酷的竞争与选择后,逐步进化出了高能级生物的各种武功,从而走到了金融领域的金字塔尖。在通往塔尖的路上,他们究竟经历了哪些不为人知的艰苦考验,成为今天的样子的呢?

这要从它的历史开始讲起。

激荡三十年

中国的风投产业，从萌芽至今，大约走过了 30 年。简单划分，大体分为两个阶段，前 15 年，基本是外资机构投石问路的时期，后 15 年，则是本土创投野蛮生长的时期。如今，涉及这方面历史的文章早已汗牛充栋，这里想从几个视角，作一个简单的梳理。归纳来看，宏观上，离不开国家政策调整；投向上，紧扣产业的迭代变迁；条件上，同资本市场的发展密切相连；战绩上，与群星闪耀的投资人密切相关。带着这几点线索，让我们一同走入那段峥嵘岁月，感受那些值得被记住的瞬间。

早在 1985 年，由国家科委 * 控股的创投公司"中创"（中国新技术创业投资公司）宣告成立，主要承担高新技术开发的输血工作，更多还是做类似银行的借贷服务。到了 1991 年，国务院对高新技术开发区的一纸暂行规定，正式开启了国内风险投资的序幕。那时，市场的参与者主要还是政府、国有银行和国营企业。直到 1993 年，美国的 IDG（前身是一家数字媒体公司）来到了中国，紧接着，一位叫 Robert 的银行家带着 ChinaVest 也来到了中国，投资了一家餐饮公司，国内"创投业"才算真正开启了元年。

在此之后，随着一批外资机构的涌入，这种有别于传统金融机构的投资方式逐步被国人了解，行业开始在本土生根发芽。此后的六到七年，市场迎来了互联网的高速成长，腾讯、百度等这些如今的巨擘，就是那时获得的风险投资。然而，美好的时光总是短暂的，到了 2001 年，形势急转直下，当纳斯达克的互联网泡沫忽然被戳破时，全球企业仿佛一

---

* 国家科学技术委员会的简称，1998 年改名为科学技术部。

夜之间失速,"资本派对"戛然而止。像"北京科技风投"这类起步较早的创投机构,因为布局等种种原因,没能熬过这次寒冬,慢慢地销声匿迹,由先驱变成了先烈。

与此同时,另一批看准机会的玩家在 2002 年前后反向操作,悄悄地开始招兵买马,入场布局。这其中,既有一些从集团公司内部孵化起来的投资部门,比如联想集团旗下的君联资本、红塔集团发起的红塔创投等,也有一些奔着这个领域径直走来的公司,比如深创投、达晨创投、同创伟业、中科招商等。

这一阶段崛起的人物,往往都有着共同的经历,他们几乎都喝过"洋墨水"。人送称号"武林盟主"的吴尚志曾是"老三届",求学美国麻省理工学院,博士毕业后,在世界银行开始做投资,而后作为创始团队成员,加入中金公司负责直投业务,并主导了对新浪网、南孚电池等公司的投资。2002 年,经过复杂的谈判,吴尚志的管理团队自掏腰包,将直投部从中金公司分拆出来,创立了鼎晖投资。此后,鼎晖投了包括蒙牛、美的集团、汉庭酒店、慈铭体检等 200 余家企业,其中五十余家已成功上市,成为知名的投资品牌。

在这个江湖中,熊晓鸽有着"VC 一哥"的名头。他在 1977 年考上了湖南大学,毕业后去了中国社会科学院读研究生,而后赴美国波士顿大学深造,成为改革开放后第一批留美学生。33 岁时,还在硅谷当记者的熊晓鸽,遇上了他的贵人——IDG 董事长麦戈文,利用两次做翻译的机会,给这个美国人留下了深刻印象,从此他的命运被彻底改写了。

作为 IDG 中国的创始人,他熬过了早期市场对风投的不解,跌跌撞撞地坚持了下去。而后的故事,相信大家早已耳熟能详,100 万美元获得搜房网 20% 的股份,110 万美元拿下腾讯 20% 股权,150 万美元入股百度,220 万美元拯救搜狐,等等,仅 BAT(百度、阿里、腾讯)就押中了其中两家,获得百倍回报以上的项目更是不胜枚举。虽然错过了电商行业,也较早地退出了腾讯,但既能吃苦又善于思考的他,在 61 岁时,竟然成立了一只"'90 后'创业基金",与时俱进地拥抱起未来。

因"雷士照明"事件而家喻户晓的阎炎,是这一时期的另一位代表人物。这位"50 后"曾在安徽插队三年,后来还一度考虑当"歼八"战斗机的工程师,可能连他自己都没想到,日后会考进美国普林斯顿大学,并进入世界银行做研究工作,直到加入了 AIG(美国国际集团)亚洲基础设施投资基金,他才正式开始了投资生涯。2001 年起,阎炎开始掌舵软银赛富基金(SAIF),其最为传奇的一仗,是对当时因官司缠身而四面楚歌的盛大网络的 4 000 万美元投资。随着盛大网络在纳斯达克上市,不光为赛富带来了 14 倍的投资回报,也使阎炎成为昔日首富陈天桥背后的男人。而后对游戏公司"完美世界"的 800 万美元投资,更是在 IPO(首次公开募股)后套现 4.6 亿美元,赚取了近 60 倍的惊人收益。

另外,像 15 岁就上大学,在华尔街投行浸泡多年,投资了北大青鸟、华谊兄弟等公司的信中利资本创始人汪潮涌;做过厂长,经历过国企改制,并创造了本土创投公司最多退出案例的深创投创始人靳海涛;第一代本土投行家,做过中银国际和高盛高华证券一把手,并创立厚朴投资的方风雷;在中科院待过,搞光纤研究,曾获两项美国 NASA 大奖,并成为 IDG 中国二号员工的周全……这样一批人,共同记载了那段百花齐放的岁月。

时间来到 2004 年,随着互联网开始渗透到各产业的细分领域,一些与生活有关的应用开始出现,纳斯达克的股指也开始止跌企稳,并重新获得了增长的动力。同样在这一年,为建立多层次资本市场,证监会批准同意在深交所设立中小板,又一批留美精英敏锐地注意到了这些变化,纷纷踏上回国创业或投资的路。此后的几年,投资圈迎来了高手辈出的黄金时代。

这一年,大学时期就已成为"清华首富",后考入南加州大学的邓锋,将他和室友在自家车库创办的防火墙技术公司 Net Screen,作价 42 亿美元卖给了网络设备巨头 Juniper Networks 公司。实现了财务自由的他,跟随硅谷银行组织的豪华访问团(包括凯鹏华盈 KPCB、凯雷资本等一批顶级 VC)来到中国,并很快创办了北极光创投。此后,邓锋团队投资了包括美团、中科创达、WiFi 万能钥匙在内的二百多家企业,成功退出了四十余家,平均 IRR(内部收益率)超过 30%。

2005 年,创立了"携程旅行网"的耶鲁高材生沈南鹏,与德丰杰原董事张帆共同发起成立了红杉资本中国基金。凭借逐步摸索出的"赛道打法",他们先后捕获了如阿里巴巴、唯品会、奇虎 360 等四百多个明星项目,成就了中国互联网类企业中数不清的神话,打造出圈内最炙手可热的金字招牌,被媒体界称为"除 BAT 外影响中国商业格局的第四股资本力量"。

无独有偶,徐新也在这一年辞去了霸菱投资集团中国区董事总经理的职位。手握网易和中华英才网等"独角兽"所攒下的基础,她拉上了两位老同事,创办了今日资本。幸运的是没过多久,徐新就碰上了那个让她日后最为人所称道的项目——京东。通过果断的下注和后轮的

追加,一路支持京东上市的她,最终在这个项目上赚得了 150 倍的巨大
回报,获得了"风投女王"的称号。

又是这一年,曾在硅谷和新加坡国家科技局工作过的符绩勋,离开
了德丰杰,加入到了著名的纪源资本。他无疑是那个时代的宠儿,在中
国投出的第一笔钱,就是以 750 万美元入股百度,获得了 20% 的股权。
依靠"沉淀价值"和"痛点突破"等方法论,他在土豆网、去哪儿网、滴滴
打车等项目上赚得盆满钵满,被称为继熊晓鸽和沈南鹏后,互联网领域
最具影响力的投资人。

同样是 2005 年,毕业于达特茅斯学院,后与杨致远成为斯坦福校
友的林欣禾,以合伙人身份加盟硅谷的 DCM 创投。在此之前,他已在
商界崭露头角,将自己创立的华渊网与四通利方合并,才有了后来的门
户网站新浪网。凭借非凡的眼光,林欣禾主导的 58 同城在纽交所上
市,为公司带来 25 倍的高额回报。而后当当网、无忧英语 51Talk、途牛
旅游网等项目的接连成功,让 DCM 成为 IPO 效率最高的机构之一。

同年,邝子平闪亮登场,他与思科和软银的两位高管共同创立了启
明创投。同样留美并善于规划的他,在毕业后不久,便进入了有着中国
VC 界"黄埔军校"之称的英特尔投资部。在这里,邝子平把握住了机
会,在此后的十年,陆续投出了 27 亿美元。在有着大众点评、美图、蘑
菇街等项目的华丽投资组合中,最闪耀的应该就是小米了。当时仅用
35 万美元就取得小米 3.5% 的股权,若按目前约三千亿港元的市值计
算,该笔投资的回报率是五千倍。

没过一年,曾上山下乡当过"知青"的斯坦福学霸朱敏,在自己创
办的第二家公司网讯 WebEx 上市七年后,将其股份以 32 亿美元卖给

了思科,回国创办了赛伯乐投资公司。凭借聚光科技、正泰太阳能的成功,赛伯乐迅速走上了规模扩张、"加盟散打"的道路。赛伯乐虽然被媒体调侃,冠上了"壳满天下"这个有争议的称号,但仍成为 VC 市场上的重要一员。

2006 年,随着中国 A 股整体估值较海外市场持续走高,以及美国财务报表审查制度的趋严,当时全球最大的 10 个 IPO,竟没有一家花落美国,这间接导致了赴美上市热情的微妙转变。同时,本土创投在以上这些公司的带动下,开始遍地开花。张磊在创建了纽交所驻香港和北京办事处后,创立了高瓴资本;张维从破产前的大鹏证券出走,带领核心团队创办了基石投资;邵俊依托龙科创投积累的经验,创立了德同资本;陈玮也从深创投离开,组建了东方富海,成为最早尝试"有限合伙制"的人之一。这些"60 后"和"70 初"中的佼佼者,开始走向了投资圈的舞台中央。

2007 年,曾差点改变中国电商发展进程的传奇人物邵亦波,再次回归公众视野,与张颖等人一起创建了经纬中国,并很快成为国内移动互联网领域最为活跃的投资机构。在滴滴打车、猎聘网等一批"头部公司"的融资中,都能看到他们的身影。讲到邵亦波,不得不提他的易趣网,这家如今听起来有些陌生的网站,曾一度占领中国 C2C 电商市场 80% 的份额。

可惜才子更爱美人,在哈佛大学遇见那位台湾姑娘后,邵亦波竟在事业巅峰时,选择了急流勇退,2.25 亿美元就把公司拱手让给了 eBay,这才给后来者留下了发展电商的机会。马云在十年后曾心有余悸地表示:"如果当年邵亦波没把易趣卖掉,我绝对不会推出淘宝网。"可以试想,如果少了淘宝网,那电商领域将是怎样一番景象。

2008年,突如其来的美国次贷危机打乱了全球经济的步伐。虽然各国金融监管机构紧急出台各种政策,央行开始投放救市资金,以图恢复投资者的信心,但效果并不明显,这股寒流很快就扩散到了VC圈,一个个坏消息接踵而来。

曾红极一时,且拿了多轮融资的衬衫公司PPG倒闭;首家在日本上市的中国公司"亚洲互动传媒"宣布退市。紧接着,由红杉中国所投的"人和商业"在香港联交所挂牌当天,就击穿了PE的入股价;晨兴资本主导的"正保教育"登陆纽交所首日便跌破发行价。关于"IPO到底能不能造富"的疑问,回荡在整个VC圈,新基金的募集遭到了前所未有的挑战。进入10月,红杉资本发给旗下所有已投公司CEO的一封信,反复强调了"现金流比任何事情都重要"这一理念,这被市场解读为"高手们也都急了",大家需要抱团取暖,共渡危机。

就在同月,由国家发改委、财政部、商务部联合制定的《关于创业投资引导基金规范设立与运作指导意见》出台,向市场注入一针"强心剂",这不仅在政策上保证了政府资金可以通过市场化的运作来扶持创业公司,而且还在制度上激活了VC机构与政府资源合作的意愿。

这之后,各地政府焕发出了新的活力,纷纷设立"引导基金",由各产业方向上的专业投资机构领头,在各省、市、县播下了希望的种子。同时,各级"孵化器"和"加速器"也应运而生,为项目的协同发展提供配套服务。这时的一些民营企业也嗅到了当中的机遇,阿里在这一年宣布进军风险投资领域,计划携手20家专业机构,募集1亿美元投向市场。在冰与火的考验中,VC市场似乎又看到了转机。

2009 年,中国资本市场迎来了久违的利好,对于广大疲惫的创业者而言,终于盼来了"创业板",就像在商海的惊涛骇浪中,看到了一束岸上传来的光。这一年,国家首次采用"中央引导,地方跟进"的方式,设立了 90 亿元的试点创业基金,投入生物医药、新能源等新兴领域。

那些在市场迷茫期提前布局的 VC 机构,随着资本市场的利好,也熬出了头,等来了动辄十几个 A 股 IPO,或是赴美上市的一次次敲钟。对于他们来讲,上市后账面上可观的财务回报当然值得庆贺,但更大的意义在于,在等待黎明的过程中,不仅磨炼了团队,也得到了决胜未来的宝贵品牌资源,这些先发优势的取得,为他们长期的发展构建起了一道宽宽的护城河。

21 世纪第二个 10 年伊始,徐小平的名字伴随着"天使投资人"大 V 的标签,开始走入公众视野。这在一些人看来似乎有点奇怪,在他们的印象里,徐老师是在新东方搞留学教育的,怎么一转身就弄出了个"真格基金"了呢?此后,搞软件的"雷布斯"(雷军)、玩域名起家的蔡文胜、干电信的曾李青等,都纷纷以天使投资人的新身份再一次为大家所了解。

与传统的金融圈人士相比,这些人眼界相对开阔,自己都曾创办过企业,对前沿风口有着比较敏锐的感知,行业人脉广,情报多。凭借这些经验与渠道优势,他们往往能够先于其他团队获得业内的第一手信息,其中不少项目是他们熟悉的或是带过的年轻人干的,甚至为项目提供了场地。这样,他们就敢于在早期试水,并在孵化过程中有的放矢地提供帮助,资金退出也相对更有把握。

全民创投"嘉年华"

2014 年的资本市场发生了一件大事,也是国家酝酿已久的一件事。为了更好地完善资本市场的分层建设与定价机制,使股市的总市值与全国日益增长的 GDP(国内生产总值)相匹配,全国"股转系统"正式面向市场,开始接受企业挂牌申请,万众瞩目的"新三板"破土而出。扩容后,首批一次性挂牌 285 家公司,不少暂未达到主板上市要求的企业纷纷选择先在这挂上,再谋求其他机会。

经过五年多的发展,企业进进出出,截至 2019 年末,新三板存量挂牌公司 8 953 家,当年融资 265 亿元,二级市场成交量 826 亿元,总市值超过 3 万亿元,共有 43 家公司成功转板。虽然新三板对企业盈利水平没有强制要求,交投也相对清淡,但仍沉淀了一批各行业内的优质企业,意在通过树立公众形象,为业务发展和投融资找到新的出路。A 股也受此影响,由上一年的"熊霸全球"开始转牛,有超过 70 家公司的股票涨幅超过 10 倍。

2014 年 9 月,在夏季达沃斯论坛上,李克强总理首次提出:要在我国掀起一场"大众创业、万众创新"的新浪潮。此后,他在各种场合上,频繁地阐述和强调"创业创新",这一理念植入进了广大年轻"创客"的心中,全国开始掀起一番轰轰烈烈的创业潮。总理讲话和二级市场的行情带来了资本的涌动,VC 基金又掀起了新一波狂欢。

在此期间,一些知名的基金合伙人开始另立门户,比如张震从 IDG 走出来建立了高榕资本,专注于 TMT(科技、媒体和通信)领域的早期投资;傅哲宽离开达晨创投创立启赋资本,从传统农业拓展到了现代服务业;刘二海离开了君联资本,创立愉悦资本,主要投资消费升级领域的中早期项目。他们凭借在业内多年的修炼,具备了超强的募资能力,可以在新平台上迅速打开局面。

"80后"高考状元曹毅在这时横空出世,这个被称为"最像沈南鹏的人"曾痴迷于德州扑克,甚至一度想过做职业选手。清华毕业后,他干过咨询,也做过二级市场交易,还在UC(一款浏览器)做过BD(商务拓展),但似乎都没找到感觉。终于,在红杉资本周逵的邀请下,他踏入了可以施展才华的创投界,之后参与了今日头条、美丽说、拍拍贷等项目的投资,并逐步体会到圈子和人脉的重要性。10年后,当他创立源码资本时,那些曾经被他帮助过的创业者如张一鸣等,如今羽翼已经丰满,反过来成为他的LP。

另一位以"网红"形象出现,并在这些年一次次卷入是非的,是顶着首富之子光环的王思聪。从英国UCL毕业归来的他,拿着5亿元启动资金,也走上了VC之路。在此后数年中,电竞、直播、网红经济,这些文娱产业新鲜词儿的背后,都有他活跃的身影。为此,他还找了央视主播段暄数次,将其挖到所投资的香蕉体育当CEO(首席执行官)。不知不觉,普思投资已涉猎30余个项目,包括云游控股、乐逗游戏、先导股份等近10家上市公司。当然,这些可能都赶不上他在熊猫TV一家栽的跟头,这是另一个话题。

VC不仅吸引了商界大佬前来赴宴,也聚集了很多前来试水的跨界选手。以娱乐圈为例,"演而优则投"的气候从2014年"Star VC"的成立就开始形成了。这家由李冰冰、黄晓明、任泉创办的基金,前后投资了秒拍、韩都衣舍、融360等互联网知名项目,并在之后又迎来章子怡和黄渤的加入。

赵薇通过阿里影业，一战尝到了投资的甜头；杨颖成立了 AB Capital，投资了洋码头；"羽泉"组合中的胡海泉，成立了海泉投资，并先后设立了六只基金；鹿晗加盟了清晗基金，并入股了跨境电商"达令"；徐峥、邓超、李亚鹏等明星也借助知名 VC 的平台，开始参与风投。

大洋彼岸，美国的明星们也没闲着，影帝莱昂纳多、影后格温妮丝、流行天后 Lady Gaga 都玩创投。其中，最成功的当属电影《乔布斯》和《蝴蝶效应》的男主阿什顿，他竟然是 Skype、Twitter（推特）、Uber（优步）和 Airbnb（爱彼迎）等一堆知名公司的投资人，成为名副其实潜伏在娱乐界的投资奇才。

娱乐圈之所以能与 VC 圈产生千丝万缕的联系，主要原因在于其"IP 效应"。在著作权越来越受保护的大背景下，近几年院线电影、电视剧、网剧、综艺、音乐等内容产业持续升温，"头部"明星们凭借庞大的粉丝群，成为"一切行业都在娱乐化"的最大受益者。他们一年通过演艺、广告代言等取得的收入，甚至和一家上市公司的利润不相上下，这就为投资提供了充沛的"弹药"。

这些人的"鸡蛋"多了，总要放进不同的"篮子"里，其中一个篮子就是 VC。此外，各家公司竞争到白热化的"获客成本"，也可伴随着明星股东动辄几千万粉丝而减低，"爱屋及乌"的变现，比单纯的营销与广告推广节省成本。这种"比较优势"不仅为项目的盈利腾出了空间，也为企业继续"讲好故事"、获得下一轮融资提供了便利。同样的逻辑，电视台的知名主播、体育界的名人大腕、学术界的教授导师，也正通过其自身的影响力，以各种身份进入投资领域。

3
不问西东

任何行业，一旦到了人声鼎沸、接踵摩肩的阶段，就会在趋势上迎来拐点。在经历了谁都要侃侃 VC 的阶段后，行业不可避免地又一次进入阵痛期，之前积聚的种种问题与风险也在这时集中爆发。接下来的过程，对很多人来说有些痛苦，市场开始挤压泡沫，抹平欠下的"债"，在二级市场也叫作"补跳空缺口"，将参与者扭曲的预期逐渐拉回到与行业的真实情况相同的水平线上。

伴随着中国经济整体进入"供给侧改革"的结构性调整期，VC 行业在 2016 年和 2017 年这两年又一次迎来动荡不安，"资本寒冬"和"资产荒"这两种截然相反的言论，也经常同时被听到，这反映出人们有一种恐惧与自负交织的复杂情绪。媒体在经历了初期一面倒地为创业大唱赞歌之后，又一窝蜂地转向了另一个极端，时不时来一篇类似"创业死亡榜"的讣告，并不断放大求变的风险，俨然又成了创业者的心理康复师。

事实上，创业路上的"尸横遍野"，从来不是一件应该大惊小怪的事，自古以来，创业都是失败的集中营，不然如何配得上"不小心成功"后那巨大的回报呢。但到了今天，创业还是出现了几点不同。首先，过去提倡"学而优则仕"，社会地位按"士农工商"的顺序排列，"商"排最后，因此在历史书上，商人从没得到过像如今这样高的关注和追捧，氛围已大为不同了。

其次，商业的概念有了变化。过去的生意范围有属地化特征，都是以周边几里路为辐射半径，再远也就没能力干了；如今互联网的出现，击穿了地理界限，供应链与客户都不再有地域差别。过去的生产方式比较固定，产品升级换代慢；现代的科技日新月异，迭代周期大幅缩短，各种机会稍纵即逝。过去的竞争对手是看得见的，表现为大鱼吃小鱼；而今的对手是看不见的，跨界打击时有发生，行业的边界也变得越发模糊，是敌是友已经很难说得清楚。

基于这些原因，如今的 VC 也是越投越大，企业好像拿不到几千万元现金就没安全感。为了尽早甩开对手，建立起充足的缓冲地带，有的企业第一轮融资就达上亿元，这对 VC 的募集能力很有挑战。

冰火两重天

2017 年是 VC 圈两极分化的一年。整体上看，**情怀和梦想对投资人的影响力日渐衰弱，更多的资金集中涌向了少数项目**。这就意味着在前一时期因为部分资本的盲目而侥幸拿到了 A 轮或 B 轮融资的企业,如果仍然找不到适合的产品落地场景,迟迟产生不了收入,还想继续依靠外部输血的方式存活,那么现金流问题将会是摇摇欲坠的"达摩克利斯之剑"。

蹭上共享出行概念的单车,因为始终难以盈亏平衡,一些金主的意志稍有松动,就显得脆弱不堪。行业老三的小蓝单车,在迅速烧完 5.5 亿元融资后,仍大量拖欠供应商资金,最终尴尬落幕;曾风光无限的 OfO 小黄车,3 年多融资了 11 轮,赶上了汽车整车厂的烧钱速度了,然而到了 2018 年底,因超过 1 000 万客户排队退押金而上了热搜,这个"赛道"已不再像当初看上去的那样美好。

曾被当成大"风口"的移动直播,在 2017 年后画风也急转直下,令不少投资者猝不及防,高峰时的四百多家直播平台,现在只剩下约 1/8。估值曾达 5 亿元的"光圈直播"的轰然倒下,成为行业的标志性事件。因在内地借壳不成,而转战香港的"映客",业绩出现断崖式下滑,如今市值已跌掉 90%,成为 1 元"仙股"。运营了 3 年多,曾高调出现在各大媒体的熊猫 TV,也以普思资本被起诉,王思聪被"限高"而惨淡收场。在公司 COO(首席运营官)的内部信中,失败原因竟被归结为"在过去 22 个月内未获得融资"。脑子里想的都是击鼓传花,做不好也就不意外了。

教育机构也未能幸免,由前阿里员工创办的"星空琴行",曾被视为自带光环的明星项目,在首轮就融了几千万美元,结果因盲目扩张,一夜间关闭了近 60 家门店,被愤怒的学生家长拉横幅讨伐。而另一个剧情反转的主角,是成立 10 年之久的留学培训机构"小马过河"。辉煌时,其托福考试的市场占有率仅次于新东方,员工将近 1 000 人。然而随着转型线上战略的失败，导致资金枯竭，最后落得个员工维权讨薪的下场。

在一些企业正苦苦挣扎，感觉到处冰天雪地、再难有发展机会的时候，另一群公司看到的却是春意盎然。2017年，小米的业绩完美逆袭，年初定下的1 000亿元销售目标，在10月份就提前完成了，还拿下了印度手机市场份额的第一名。迅雷成为当年"中概股"中的明星，其推出的杀手级产品"玩客云"，一经推出就挤爆服务器，在"双十二"期间1秒销售额就突破1 000万元，股价因此上涨了高达5倍。

在人工智能领域深耕细作的科大讯飞，10年来保持着收入和利润双双10%以上增长的纪录，离千亿市值仅一步之遥。今日头条在拒绝了腾讯的合作后，用户总规模已接近2亿，日活跃用户近1亿，成为除微信之外，打开率最高的APP之一，并在短视频、问答等产品上同步发力。

这让我想起前阵子一群传统制造业公司痛不欲生，大声疾呼实体经济不好做时，马云悠悠地说："你大概搞错了，不是实体经济不好，是你的实体不太好。"从逻辑上讲，一件事只要被一个人证明过能做成，就代表这件事能成，如果谁没做到，那问题就一定出在他自己身上。所以，所谓"冷与热"总是相对的，否则，江山怎么会"代有才人出"呢！

狄更斯在《双城记》里写道："这是一个最好的时代，也是一个最坏的时代。"放在任何历史背景下看，这话都有道理，好与坏只取决于我们看问题的角度。2017年，正处于成长期的中国资本市场，并未因为一些公司的困难而放慢脚步，沪深两市共有438家企业成功上市，平均每个交易日2家，创出历史新高。

专业 or 离场

做 VC 的人，一般会根据自身的可投金额、风险承受力、流动性预期和团队专业能力等因素来选择适合自己的投资方式，主要有以下三种人群。

第一种人，找个信得过的机构，由其代为打理。这种思路本来无可厚非，选专业的人做专业的事，然而，却被不少不想对自己行为负责的人拿来作了借口。比如最常见的，有些人去银行买理财产品，由于相信银行，觉得它有国家背书，注册资金够大，交给它放心，所以对于银行到底拿钱去投了什么这种关键问题，反而没那么关注。因为他们心里觉得不管它投得对不对，总得还钱，要是不还，就去银行拉横幅静坐，或跑去地方金融监管部门控诉和维权。

在购买之初，这些人可能只问过两个问题：期限多久和本金和收益是否有保证。理财经理的回答基本都是"差不多保证吧，银行嘛，你懂的"。后来银保监会出了规定，不能使用确定性话术，否则属于高息揽存。于是，理财经理的说法变了，也无非是走个过场，念经般地读一遍"风险提示"，实际上他多半也是不懂装懂，客户更加迷糊，闭着眼睛签字就是，很少有人会较真。去证券公司或是信托机构买理财产品的投资者，情况也大同小异。

对于货币基金之类的产品，以上套路确实够用，而如果是股权类的投资，这样做就危险了。2013 年由招商银行代销，2017 年 9 月违约的"弘毅一期"资管计划，就给投资者上了生动的一课。这个产品的交易对手是上市公司，且还做了风险分层的"安全垫"结构，总金额逾 10 亿元，在到期后无法兑付。不少投资者的第一反应是"原来银行理财也不安全了"。也难怪这些人容易摔跟头,从他们的反应中就暴露出来,他们完全没有看到问题的实质。

客观地讲,当初设计结构时,杠杆率确实用高了,但从投资本身来看,并非一无是处。谁也无法保证股权项目只赚不赔,如果真是这样,那统计学和概率论还有什么意义呢?银行也挺冤,凭什么要刚兑代销的项目,他们自己也是受害者。如果投资者以这种认知做投资,不光自己水平进步不了,也害了金融机构。在"后刚兑"时代,没这种好事了,自己得为自己的钱负责。

第二种人,自己有投资方面的兴趣,平时零星地做点实践。比如花个 20 万元,雇两个人在小区搞个餐饮店,加盟个咖啡馆,或是投个三五十万元,支持一下朋友创业,指望着哥们儿发财了沾光。还有些人喜欢研究 K 线图,经常把"旭日东升"、"红三兵"这些俗语挂在嘴边,话题总离不开炒股。再或是自己有个会赚钱的朋友,索性交给他去打理的,自己在一旁跟着学。这些人中,有爱琢磨且运气好,发了点财的;也有亏了的,就当玩票了。

只要金额不大,他们基本能做到愿赌服输,不太抱怨别人,这要归因于他们不以保本为首要需求,有输钱的心理准备,敢于冒一定风险。在专业度上,他们对投资的认知相对碎片化,缺少系统的理解和深入的感悟,投资水准不太稳定,策略上经常摇摆,失败率比较高。这很像刚学会打高尔夫的人,偶有佳作,状态来了"抓个鸟",但大多数情况下,击球不是"剃头"就是"拖地",出球不是"左曲"就是"右曲",一杆下去,你问他这球会落在哪里,他还真说不清楚。

第三种人,是以风险投资为主业的人。这些人在股权投资公司中,有的自己做 GP（基金管理人）或与别的公司联合成立双 GP，做基金的主动管理，从募集、项目筛选到投出全自己干，又被叫作"直投基金"；有的采用"搭便车"的策略，设立 FoF（母基金，俗称"基金中的基金"），分析和追踪市场上其他的基金，投给那些历史业绩好、价值观接近的直投基金，属于"间接投资"。

按 GP 的种类，又可细分为"占小股"式的单纯财务投资型基金，和有整合行业、谋求控制权的并购基金。除了上述"主线"之外，还有周边的一些"次线"参与者，比如 FA（财务顾问），他们是 VC 领域中的职业选手。对于那些想做或正在做 GP 的人而言，在这个丛林法则支配的江湖上，没有人会给他们的投资兜底，也没多少人在意他们会亏多少，能否活下去，**任何所谓的"股东背书"，对于项目本身而言，都不会增加成功的概率**。

VC 在熬过了项目走上正轨前的危险期后，可能又会遇到行业的政策变化、客户数据的持续增长、难以拿到下轮融资等挑战。在这样一个相对漫长的投资期中，所谓超额收益，多是纸上富贵，DPI（投入资本分配率）高的并不多见。更为现实的问题是，如果基金的募集规模上不去，就收不到眼前的管理费，不要说以上这些烦恼，可能连团队都养活不了。

过去的 VC 在公司业务没起色时，还可以指望后续轮或上市的估值推高，但这一切随着"含泪敲钟"的事越来越多，在 2018 年和 2019 年，逐渐走入了尾声。2019 年年末，《中华人民共和国证券法》（以下简称《证券法》）完成修订，审核制逐步退出历史舞台，将定价权还给市场成了大势所趋，这就逼着基金往两个方面转型：一是更早期的 VC 投资,二是并购。这两件事有个共同点,就是都要求从业者懂行业、懂企业、懂管理,否则失败概率比原来更高。

历史很精彩,历史也很残酷,被写进风投简史中的那些投资人是佼佼者,但他们首先是幸存者。在这个如果不能双赢就会双输的竞技场上,我们可能会被创业者经营不善而害死,也可能会被迟迟不能完成的新一轮融资拖死,还可能会因撞上各种始料未及的"黑天鹅"而冤死。**总之,创业公司有几种死法,VC 就有几种死法。**明白了投资终归要靠自己独立的判断,并面临巨大风险,但还依然热爱投资的人,就是中小企业的希望。

在这行做得久的,思想上一般会经历从单纯地"相信别人"变成"相信自己",最后再回到"相信别人"的过程。对别人的信任,实际来自对自己的信任,**找到那些适合自己的方法论和策略,并坚持下去,是提高胜算的关键。**此外,不要总想着能做什么,而要知道不能做什么,就像巴菲特所强调的:"一定要在自己理解的范围内做投资,才会减少损失。"损失少了,等于收益增加了,懂得避开那些"灰犀牛"(大概率的潜在风险),就已经非常棒了。

接下去,我们就这个话题拓展下去,将完整的"投资链"展开,从最早的如何发现项目入手,去接近一个具体的项目,近距离地观察它。

第二章　　　**五花八门的计划**

1. 可靠的项目源

2. 解析 BP

3. BP 之外

从我接触 VC 以来，微信中的"好友请求"骤然增加，各种活动邀请也络绎不绝，我经常处于四处赶场的状态。看看朋友圈的其他人，干这行的好像不经常发发各种峰会上的照片，就像被全世界遗忘了似的。不少名校生慕名而来，加入各个投资公司，跟着合伙人东奔西走。觥筹交错中，自我感觉应该是不错的，特别是望着创业者渴望的眼神，一种被需要的满足感油然而生。2020 年疫情发生后，出行是受限了，但也不能影响大家聚集的热情，线上各种"云会议"弥补了这些不便。

但要保持清醒的是，项目是冲着钱来的，找你的原因，不是因为你本身，而是觉得你有钱；另一方面，LP 也是冲着钱来的，以兼顾安全和回报效率为头等要务。所以，在双向的压力下，我们需要在有限的时间里，在四面八方涌来的项目中，尽可能快地识别出那些符合投资逻辑、有机会下金蛋的"鸡"，这才是对钱负责的态度。

1
可靠的项目源

绝大多数投资机构,会在自己的网站或是公众号等"入口"留下邮箱,以方便创业公司投递BP(商业计划书),这种过去流行的方法,效果正在变差。不少投资人告诉我,他们现在几乎很少看邮箱,BP既然可以随意发给我,也就可以发给100个像我一样的VC,我又何必去凑这个热闹呢?

从项目方的角度看,一方面这个市场上95%的VC都不怎么出名,基本没什么品牌增值的效果,创业者往往是在某场合先认识了投资人,才开始了解他背后的公司,而不是反过来。另一方面,创业者觉得给VC发邮件,就像在"投简历",感觉上并不好,同时也没人看,还不如通过熟人介绍来得靠谱。此外,有创始人担心项目中的商业秘密会因为这种方式泄露,慢慢也就不发了。

八仙过海

由于投融资的交流离不开场景,过去一些做过展会、干过媒体或广告的人就抓住这一机会,换了身"马甲",玩起了各式各样"组局"的买卖,"天使峰会"、"创投论坛"、"投资之夜"等集会,如雨后春笋般出现,在一、二线城市更是搞得风生水起。只要"组局方"振臂一呼,不乏冠名商和赞助商争相而至。

流程基本也都同质化了,比如请一位政府领导开个场,说几句支持的话,找几个行业内的人聊聊产业,邀几位投资人"圆桌"式地侃侃见解,再叫一群创业者谈谈自己的项目,这台"演出"就算完成得七七八八了。有时为了增加舞台效果,提高参与感,会对形式稍加改造,变为"某某大赛"或"某某训练营",或者干脆搞成"颁奖礼"之类的联欢会。

对于创业公司,可以借助这些场合露露脸、务务虚、刷刷存在感,最好能再捎带着拿个什么奖,都是加分的。站在投资机构的角度看,他们也许知道获奖的公司未必好,说不准这奖还是花钱买的,但不重要,自己总要定期在公众视野里出现一下。还有一些入行不久的"赶场劳模",热点主要在同业身上,他们会前会后忙着加微信,盼着日后可以互推项目。

事实上,**如果没有后续项目的互动和落地,再多的寒暄,都很难换来下一次的见面,如果目的仅是找项目的投资人,这种场合的实际意义并不大**。众人追捧的项目,悄悄地提高了估值;无人问津的项目,也不会因为拿个奖就变凤凰,这里更像是一个游乐场,去看看市场、摸摸行情还行,如果还有其他奢望,可能会令你失望而归。

另一个投资人常爱提的东西叫"孵化器",即使不干 VC 的人,对这个词可能也有所耳闻。前几年,各种挂上了"某某孵化器"招牌的咖啡馆或老库房,经过一番改造后模样大变,人头攒动。借助政府各种优惠的税收与土地政策,各地快速建起了一个个"基地",名字都取得很好听,像"创业园"、"科技湾"、"智能谷"等,并带动了银行、餐饮等周边配套的发展。

我实地走访过北京、深圳及江浙沪等地的多家孵化器,对其中的景象还记忆犹新,今天再看,彼时的繁荣,不少已成过眼云烟。这其中,的确有做得还不错的,体现在多渠道为创业者赋能方面,但绝大多数都还在政府的关怀下,摸着石头过河。这有其好处,比如可以最大程度利用各项优惠方案,并营造一个创业气氛,但和 Y Combinator 这样的国际领先的孵化器相比,理念和效率上尚有不小差距。

首先,这些孵化器几乎都脱离了基金,即使有,也要对口多个不同的政府部门,这当中的沟通成本可想而知,社会化的募集渠道还很有限,这就把资本这只手绑住了。同时受限于体制,孵化器吸引不到行业专家和金融人才,管理班子行政属性偏强、服务能力较弱,使得创业公司在资源对接方面缺少实质性的便利。

基于这些情况,这些孵化器就渐渐沦为纯粹的物理网点,管理层实际在干"二房东"的事,利用对空间的改造,招商引资收取租金,异化为一个个工业或商业地产项目。

资本推手

对于一些机构来说,项目最重要的来源之一可能是财务顾问 FA

（Financial Advisor），俗称"投行"，它就是撮合融资方和投资方的专门中介。世界很大，信息永远都无法对等，即便天天看项目的投资人，也会漏掉很多不错的创业公司，因为并不知道他们在哪，再加上人手有限，覆盖总是不够的，这就为 FA 的生存创造了绝佳的土壤。

如果干得好，撮合的确是一个"轻而美"的活。

他们无须多少注册资金，不直接对外投资，不用承担项目风险，主要成本就是人。按现在的市场行情，当投资人的钱进了创业公司的账户，交易就算完成，1%～5% 的顾问费就归 FA 了，而且也不用操心"投后"那些事儿。因此，这个角色很讨巧，一方面被创业者喜爱，对于他们来讲，FA 就是半个"金主爸爸"，找到他们，离拿到钱好像就不远了。另一方面，对于手上握着钱、急着要完成投资 KPI（指标）的基金经理而言，比起满世界乱找，专业 FA 推荐的项目显得靠谱不少。

与此同时，投资机构内部的"承揽"队伍也在发展壮大，直接冲向市场找项目，这会使情况发生一些改变：当承揽团队获取项目的路子较宽时，FA 的价值就降低了，这样可以省去中间的沟通环节；对于融资方来说，也有很大的动力和投资人直接对接，这样可以免去付给 FA 的费用。在这两个力的作用下，FA 的日子并不好过，行为方式也开始发生了分化。

国内以"36 氪"、"微链"、"以太"等机构为代表的 FA，善于"跑量"。**他们的策略更像麦当劳等快餐的操作方式，强调规模效应和流转速度，利用"大数法则"不断简单地重复标准动作。** 在这样的定位下，他们的员工以营销性人才为主，不可能去帮公司优化模式、计算估值，更别说介绍其他业务了。这种方式有其道理，对于小额的融资，如果搞得太复杂，投入产出可能不成比例，但在创业公司的体验上，反馈就不太好了。

我曾在北京和其中一家 FA 所推荐的企业见过面，这家企业为影视公司提供宣发数据与策略服务。一开始，创始人疲惫的脸上几乎没有表情。聊了 10 分钟后，他渐渐缓了过来，瘫软的身体也坐直了，眉宇间开始有了生气，向我抱怨起他的遭遇。在这家 FA 安排下，他本周已和 16 个投资人见过面。我问："见得多不是很好吗？融到钱的可能性更大。"但他说："你知道吗，FA 对我的模式既不懂也不关心，哪怕每次陪在边上，也是做点记录向上级交差，都是面儿上的东西。更无语的是，他们对你们投资人也不太了解，为了成交，不管对不对口，给我一通乱推，聊下来发现很多都不是关注这领域的，还要给他们讲行业，我想好多也都没钱，就是向我收集情报的，真的浪费时间。"

另一类 FA 崇尚"精选"理念，谨慎挑取项目，在每个项目上深耕细作，一年做不了几家，但每家都不小。这类 FA 喜欢签独家顾问协议，最好能代表公司一揽子主导融资的各项事务，包括确定估值、投资人谈判、进度跟踪、尽职调查、投资协议签订，直至最后的打款交割。他们的目标主要放在 B 轮后到 Pre－IPO 阶段的项目，有些还会做上市公司的定向增发。他们普遍注重专业的投研人员，偏好头部项目，借助项目背书，提升自己的影响力与美誉度。像国内的华兴、泰合、光源、汉理等 FA，走的就是这个路子。

可是对于体量大、知名度高的项目，能拿到"财顾"资格并不容易，冲上来想要合作的 FA 多了，企业就成了强势的一方。一家知名 FA 的创始人曾向我吐槽其中的不易：当时他的公司成立不久，还没多少名气,去跑一个项目时,一进门发现五六家 FA 都在接待室排队,搞得像应聘一样,企业只给每家 15 分钟的时间,介绍自己与发行方案。

面对品牌与规模都比自己强的对手,他向创始人强调了一点:只要选他,先不用给身份,承诺两周内落地投资人的 TS(投资意向书),实现了就签约,否则自愿出局。为了继续加强与企业的互信,他一周里想出各种理由和企业创始人见了五次,每次聊的话题还都不一样,从政策、资本和业务这三个角度变着法儿阐述其思想和见解。这种自信令公司老板印象深刻,最终把项目拿下。

还有一种非典型 FA,其服务收费不与融资结果直接挂钩,而是把完成融资这项"交易"通过会员制度拆解成各种各样的"服务"。比如投资人的约见次数、获得资方反馈意见的次数、访谈或座谈的次数、意向投资协议的份数、外部新闻稿的发放数、高管的培训次数,等等。在这种模式下,无论项目最终是否融到钱,创业者都需要提前支付服务费。

这种"过程送达"模式,从本质上来看更具媒体属性,比如乐客独角兽、娱乐资本论、猎云网等。他们从资本的外围找了个切口钻进来,借助擅长的资源整合能力,以活动组织者的身份优雅地在圈子里先卡了个位,待两端资源(项目端与投资端)积累得差不多时,比较容易朝上述第一种模式转化,或者向咨询、培训、广告商等方向演进。

在 FA 这个群体里,"清科"算是一个异类,特别在早期,既不靠撮合交易挣钱,也不靠办活动挣服务费。创始人倪正东从清华大学创业协会起步,摸索出了一条建立"排名体系"的新招。这有点像胡润在干的"胡润富豪排行榜",一开始并没多少人在意,但当市场发展到一定阶段,外界开始认真关注起这个领域时,创业者和投资人都开始对"排座次"产生了需求。

判断到这个趋势,"清科"开始从一个起初站在场边看球的"评论员",成长为投资界颇具影响力的"裁判员",为了能上榜或排个好名次,有投资机构主动联络,希望走个捷径,以便更好地募集资金。对创业公司而言,虽然表里不排他们,但也可以参考这个榜单来了解和选择最适合自己的投资人。

FA 的概念有时很难界定,谁是 FA,谁不是 FA,不是一句话说得清的。可能一个人的正式身份是某企业的高管,但在一个项目上,因为专业或资源上的优势,顺便做了 FA 的事儿,而且还不小心成功了,那么应该说在这次交易中,他就是 FA,虽然并没有人给他这个身份,但身份重要吗?能落地才是真。这种有意无意的"连接",让资本市场变得更加多样,不仅帮助投资人发现了项目,还使中小企业多了个帮手。

这种人首先得是有心人。无论身在哪个产业,他们都有"春江水暖鸭先知"的敏感,这是在行业多年所养成的"水性",在这点上,他们比纯粹的 FA 更有优势。长期浸淫某一行业的另一个好处是圈内人头熟,打听起信息来不是个事儿,当遇到本行业公司融资时,搞不好对方就是他们原来的老同事,或者是曾经的业务伙伴,这种知根知底,其实胜过很多 FA 的尽职调查。

像腾讯、阿里这样的"黄埔军校"式企业,就适合干投资,他们也都成立了战略投资部。这些年,他们为行业培养和输送了很多人才,其中一些日后创业了,而且还干得不错,想要找到他们,同一个体系的人就近水楼台了。这也是腾讯的曾李青、小米的许达来总能相对轻松地找到好项目、扶持行业新秀的原因。

基金与 FA 之间也常常进行角色互换。市场一有风吹草动,基金的募资立刻会受到影响,由于缺少"子弹",收不到管理费,活下去就成了当务之急。这时,一些机构就像肉食动物在旱季食物匮乏时会过渡性地食腐或吃草一样,先把自己的项目托付给还有钱的机构养,自己拿点撮合费,等待周期更迭、"雨季"到来,他们便又回到了猎食者的行列。

不论眼前的身份是什么,VC/PE 都是掌握项目信息最多的群体,在弹药充沛的情况下,他们可能会因为行业偏好、风险判断、交易条件和内部决策流程等各种因素而主动或被动地放弃很多项目,而这些项目往往是其他投资人正在寻觅的资源。所以要理解清楚 FA 的实质,不拘一格地拓宽可能成为你 FA 的人,激活他们,为项目做足准备。

掮客不易

我一个忘年交朋友,今年快六十五了,过去在政府部门工作,退休后天天都在游山玩水,逍遥快活。他平时只有一个爱好,就是走访企业、研究公司,很多企业家朋友常找他喝茶聊天。每年他都瞄准时机落地一两单,既帮了朋友忙,收入还很可观。这种人就像医生一样,越活越"妖",越老越值钱,因为他们已经把自己变成了资本"供应链"当中的一环了。

做一个合格的掮客,不是件容易的事,只是太多人狭义地看待了它的含义,冒用了这个身份,以为做个信息的二传手,在微信上零成本地动动手指、转转项目说明书、复制粘贴几句空洞的推介语，就是这个词的全部含义，却不知"大自然的搬运工"在商业上并不是一个褒义词。姜太公都能钓到鱼的日子已经远去，在这个掮客也要具备专业性的时代，没有一弯腰就能捡到的便宜。

掮客的能量，主要来自圈子。我曾合作过的一个 FA，乍一看没觉得他有哪里不同，但介绍给我的第一个项目的创始人是他 UCLA（加州大学洛杉矶分校）的同班同学，我想这应该是个巧合。果然，第二个项目的创始人和他就不是同学关系了，但项目方的 CFO（首席财务官）和他都在一个商会组织，他们是在一次徒步活动中认识的，正好聊到了公司的增资计划，活动还没结束，他便成了这家公司的 FA。

圈子不光能促进交易的发生，还是能量价值传递的放大器，当一个人为一家企业解决了融资或是上市的问题，这家企业的老板自然就会主动地替他宣传，一个案例的成功，会导致一批与这个资源节点有关的企业家成为这个人的潜在合作者，这比再多的包装都管用。但当项目失败或合作不愉快时，其影响也不止这个项目本身，同样会扩散到创业者的关系网中去。

圈子不会凭空产生，也"追"不出来，而是通过一个个案例脚踏实地地做出来的。不少人把圈子看得太"软"，把情商和人际交往等因素看得太重，这些素质固然重要，但这都不是圈子的本质，**其本质是在彼此的交往过程中，究竟有没有给对方带来需要的价值。**有的人很想交朋友，加了别人好友后，一过节就发祝福，一换季就提醒对方注意加减衣服，除此之外，就再也找不到共同话题了。对方也很为难，不回你显得不礼貌,回你又浪费时间,往往第一次回个表情后,就将你设置为"消息免打扰"了。

有些人天真地认为:只要加入某个组织,就成了圈子里的人,而现实却经常打脸。活动上,那些被请来站台的大咖们,看上去总是笑容可掬、客客气气,活动结束后便销声匿迹,大家各自回到彼此不相交的"平行宇宙"中。那些以为借某个场合拉住大咖合张影、讨来名片和微信就是多了个"人脉"的人,其虚荣心构建的幻象撑不了多久就会坍塌,不信翻翻聊天记录,和他们说过几句话?或者给他发个消息或打个电话,看看有没有反应?

真正的圈子,是彼此实力相差不大,志同道合又能相互帮忙的一群人,如果大家已经有过一次合作,就更好了。从 0 到 1 最难,从 1 到 N 相对容易,发生过一次业务交集,离第二次就不远了,"黏性"自然不会差。作为"能级"体系中的一员,如果自己对他人没有能量价值,即使偶然被人拉进了某个圈子,也会沦为一个"屏幕坏点",并降回原有的"能级轨道"。由于缺少了共同语言,再多情怀都显得空洞,时间久了,自己也会觉得索然无味。

在这个资源与财富充当能量"等价物"的世界里,圈子里出产的项目比外界更可靠,质量也相对有保障,毕竟融资方如果日后不想好好做企业,还得顾及圈子里的其他朋友,自己就会衡量值不值。你以为一年一度的乌镇互联网大会只是会场内的讨论?会场外,流水的江湖、铁打的饭局,大家关注的是今晚丁磊请客还是王兴做东,在这个相对私密的小范围环境里,谈笑间可能就会催生出一个新点子,进而促成一次能量价值的交换。

经营圈子

有着四十多年历史的达沃斯论坛,本来是各国政要和商界名流探讨世界经济问题的峰会,然而近几年来其市场定位却在不断下沉,变得更加商业化和娱乐化,接地气地推出了四十多万元人民币一张的入场券,引来了各路新贵争相云集。对于这些商人而言,豪宅豪车和在这种场合"刷脸"相比就差远了,在峰会上出现,才是成功的标配。他们不顾一切地冲进这场盛大的商业派对,创造各种和大腕儿偶遇的机会,推销着自己与自己的公司。

同行圈是容易被忽略的一个来源。对于融资企业而言,在股权稀释比例相同的前提下,利用融资的机会,使多个投资人成为股东,比只接受一笔钱要划算;从投资人角度看,"跟投"可以降低资本的风险集中度,并从其他投资机构那里获得更多对项目的分析及反馈。因此,我们经常会看到在企业进行某轮融资时,两三只基金的合伙人之间很有默契地配合着,从尽职调查到谈估值,从保障条款到额度分配,都是抱团式的操作。

对于上一轮已投的项目,投资人在后续轮次中有可能基于避险或流动性方面的考虑选择售卖老股退出;或是持续看多,继续加注,防止因增资导致的持股比例下降。无论哪种情况,对于尚未成为股东的外部投资人而言,都是一个重要的信息。这类机会,通常是先出现在原有老股东的圈子里,然后由前几轮投资人一同策划,配合着抬轿子,从外部很难获知信息。

想从圈子里获得资源,拿到优质项目,就得考虑自己能为圈子带来什么。大多数"母基金"之所以受欢迎,是因为把自身的定位想得非常清楚,就是做一个"活儿好不黏人"的大金主,给知名基金供应"子弹"的,因此,这些基金的合伙人见了他们都特别高兴。同时,和知名基金管理人的绑定,又为"母基金"做了广告,方便其更容易地募集资金,大家各取所需,其乐融融。

和圈子保持热度的另一个要领,是要有个人辨识度,或者叫"投资人IP"。比如圈内一说到普华资本的曹国熊,就能同步浮现出他举手投足间温文尔雅、泰然自若的气质。而一提起春光里的杨守彬,就能立刻想到他独特的着装,讲究的发型和有范儿的谈吐。这种超越了业务层面之外的标签,让人过目不忘,同样的条件下,创业者更容易先想到他们。

另外,**能够发现在自己的项目库里,有两家或多家彼此存在业务协同点,那么帮助双方介绍并落地,是维系圈子的一个重要方法**。大家花了很多心思在搞社交,互推项目,乃至共同投资,然而除了在资本这个层面共同玩耍外,业务层面的整合也同样有趣。业务也同样能为企业带来钱,而且这个钱是不用支付股份的,谁不愿意呢?

我有个投资人朋友,曾入股了一家医疗器械公司,我对这个行业也有兴趣,希望他能带带我,但我并没有直接说,而是给他介绍了两家上海的医院。不久,这家医疗器械公司成功地把其中的一家医院发展成了客户,作为投资人,我朋友脸上很有光,不仅给了企业钱,还间接地给企业带来了业务。此后,不用我说,他三天两头地帮我介绍项目。

末了,提一句"政府圈"。这个圈子的重要价值在于情报。想象一下,当你在2018年初就听说了要在上交所试点注册制,推出科创板,抑或在2017年初就获悉了雄安新区的整体部署,你会为此做些什么?大到国家战略布局与配套政策,小到区政府的引导基金与园区的税收优惠,都影响着与之相关的一大批公司。

　　上述种种,从各类活动讲到创业孵化器,再到 FA,最后聊到圈子,其实都在回答一个问题——好项目从哪里来?投资人获取项目的方法可谓各显神通,他们从自身拥有的不同资源出发,一路探索,但最终却殊途同归,都走入了形形色色的圈子里。为了靠近创业者,很多投资机构甚至都把办公室选址因素考虑进来,高榕资本、愉悦资本、源码资本等似乎心有灵犀,纷纷搬入望京写字楼,因为附近就是阿里和美团在京的驻地,是辞职创业的高发区。

　　然而,取得项目源只是开始,挑战还在后面,当我们拿到了一批企业的商业计划书后,面对五颜六色的文字或数据,如何快速有效地进行筛选,消除噪声,并找出有用的信号呢?

2
解析 BP

　　首先要提醒的是,商业计划书的好坏和公司的基本面并非呈"正相关"的。

　　有的公司 BP 写得很差,但业务干得很好,老板忙着开疆拓土,没空把时间放在文字工作上;有的企业 BP 包装得很漂亮,却经营得一塌糊涂,老板没别的事儿可抓,只能先把 BP 做好,这可能是企业唯一能拿得出手的东西。不过从长远讲,创业者都应该注重自己公司的 BP,不应简单地把它看成装点公司的面子工程,而应该视作一次整理公司定位与模式,提炼竞争优势的机会。

　　老板不仅要把事情做好,还要搞明白为什么要做这件事?客户还有哪些痛点未被满足?有哪些资源或方法能把这件事做好?这件事情符合宏观大趋势吗?接下去还要做哪几件事?存在哪些威胁与挑战?需要外界什么帮助?怎样利用好本轮的资金?新股东参与进来后如何退出？只有清楚了这些逻辑脉络，成功才会显得不是那么偶然，这个脉络就是 BP 需要回答的问题。

在这个忙碌的时代，大家看问题都趋于简单，希望对一件事迅速作出"好与坏"、"跟进或不跟进"、"留着还是扔掉"这类的判断，然后再谈其他，即使为此错过了什么，也认了。如果因为 BP 没做好，致使投资人对公司的印象分差，直接跳过你的公司，实在不划算。就像去应聘，本来自己经历很丰富，可是简历上只有草草几行，细看还有错别字，或是内容混乱无序、亮点不清，让人一看就头疼，这不是逼着人事经理远离你吗？

下面，我们来研究 BP 的"面子"和"里子"。

BP 的"面子"

逻辑

投资人个体差异很大，看 BP 的偏好各不相同，但有一个共同点，都喜欢逻辑清楚、亮点突出的材料，5~10 分钟就能快速理解公司的全貌，甚至能转述给别人听。而现实总是不尽人意，不少 BP 让投资人越看越着急，翻过数页之后，还是搞不清楚企业到底是做什么的。

这就像我有时和创业者聊天所碰到的情形。好多人以为话多就是口才好的表现，实际还没弄清沟通的门道。有些创业者上来说了 10 分钟，全是云山雾罩的铺垫，一句务实的内容都没有，换个耐心稍差点的投资人，可能已经起身离开了。有效沟通的第一件事，是先和别人在频率上保持一致，接着才有机会取得共识，如果逻辑混乱，并且不注重对方反馈,就等于在浪费大家的时间。

　　想象下相亲时的情形,第一眼看到的,是对方的身高、胖瘦、相貌等面上的东西,如果一上来就聊很深的问题,会让人有不舒服的感觉。企业也一样,投资人首先想知道的是企业到底是做什么的,所处的赛道、业务规模与发展阶段这些大问题,然后再由大及小,逐步扩展到细节问题。**随心所欲的表达,对别人是一种折磨,也只会让人越听越糊涂。**

结构

　　如果把 BP 看成一部介绍公司的电影,那么导演就是规划 BP 的人。除了整个情节的起承转合等逻辑问题外,各场"戏"的时间分配、"镜头"的运用与取舍、观众的体验感等也同样重要,如果安排得不合理就会本末倒置,缺少重点与节奏感,混淆观众的视听。

　　有的 BP 把握不住叙述要点,虽然整体逻辑在,但头重脚轻,基础背景和高管介绍写了好多页,后边的模式论证苍白无力,产品的市场比较几乎不提。还有的通篇都是表格和演算,三十多页看过,都没怎么说为什么要做这件事、赛道有多宽、机遇在哪里等问题。结构不对,也会让人困扰。

语言

　　好的 BP 是通俗易懂的,哪怕是人工智能或大数据等技术密集型领域的创业公司。能够用最朴素的语言去表达专业术语,是一种深入浅出的水平,你不能假设投资人理应看懂你写的东西。当然,有些创业者是处心积虑的,故意写一些晦涩难懂的东西,就是为了让投资人看不懂，以为这样才显得高深，显然这是比较愚蠢的，犯了方向性的错误。

BP的目的，不是为了卖弄，或是要把谁镇住，这样做只会遭人反感，**让专家教授看懂不是本事，让扫地阿姨都能看明白才是高手**。将问题具象化是一种不错的方法，如果有产成品或半成品图，哪怕是模型或效果图，都不妨在BP中展示出来，别人理解起来就容易多了。

我曾调研过杭州"凤凰创意园"的一家娱乐IP孵化公司，本以为30分钟的谈话，最后聊了2个小时。一开始，创始人就把我带进了一个工作室，通过"手办"这种最直观的形式，展示了设计出的8个人物，以及他们各自的武器，描绘了一个像"漫威电影"般原创的新宇宙，让我难以忘怀。试想如果一开始就让我看枯燥的文字，给我讲解各种概念，我可能听了下句就忘了上句。

篇幅

BP的篇幅太长，并非明智之举，费力不讨好。投资人往往比较忙，如果时间只够看10页的PPT，结果他收到一个50页的，顿时就绝望了，恐怕连第一页都懒得翻开，只能先放下，什么时间会想起来再看，就不一定了。

有个著名的电梯测试，和这种情形相似。你本来约了老板谈个计划，为此你准备了2小时内容的PPT，准备洋洋洒洒说个透，结果到了约定日，老板临时要出差，只能给你5分钟，让你陪他从电梯到走向车位这段路上，把方案说清楚，你会怎么办？压力瞬间增大了吧。

这时，唯一的选择是化繁为简，争取5句话引起老板兴趣。过了这个坎，就会有一种体会，老板都喜欢简洁的。把东西搞长，搞得废话连篇很容易,不需要动脑筋;而搞短,搞得能"直击重点",用最短篇幅把问题说清楚比较难,这需要逼逼自己,反复提炼。

尺寸

BP 的尺寸大小,不太被注意,却是又一个坑。

你不能确定投资人是否愿意打开一个 20 MB 的附件,特别是在没有 WiFi 情况下,因为这不仅要消耗流量,还占用了更多的磁盘空间。即使勉强下载了,他们可能也不想再把这个附件转发出去了。

这很难想到吗? 一点都不难,只需换位思考。这没法做到吗? 对于任何会用 Windows 自带的"画图"工具的人来讲,简直易如反掌。点击"重新调整大小",修改"水平"和"垂直"方向上的百分比即可。大多数情况下,投资人都是用手机看 BP 的,在 5 英寸左右的手机屏上,看被缩小到一二百 KB 的图片,已经足够清楚了。

规范

这条很基础,但却不得不说,如果连这种"送分题"都做不好,就会令有些投资人十分抓狂。

BP 不规范包括字体及其粗细不统一、字号不一致、文字颜色混乱、行间距时大时小、有错别字、有语法错误、文不对题或没有标题、字与图错配、配图莫名其妙、缺数据、数据引用无出处、文字太多、排版太密,等等。

就最后两点而言,不少人可能都没这个意识。我见过全是文字的BP,而且排得密密麻麻的,为了讲的时候照着念,如果这样,何必做成

PPT 的样式,写一个 Word 不就完了。有些人总担心内容还不够详细,恨不得在一页里把所有想说的都堆上去,殊不知别人大概率不会细看,一瞥这么多字更加头晕,直接跳过。一些知名企业的 PPT,大多采用列要点的形式,看上去很清爽,那些没表现出来的细节,留到路演时再作发挥。

气质

企业的气质是浮夸务虚的,还是稳重求实的,从 BP 就能看出来。

BP 中有关市场容量的相关内容最好点到为止,切忌长篇大论。不少 BP 的头几页中花费了大量篇幅描绘市场,堆砌了各种数据讲赛道宽度,粘贴了诸多表格说趋势,列举了各家名言谈未来,仿佛繁荣所到之处,都是他的火力范围,这会使 BP 看上去更像"行业白皮书",而非商业计划书,容易给人留下华而不实的感觉。

很多时候,市场的确很大,但究竟和你有关的市场是多少,则是另一件事。最近,曹德旺就在质疑那些动不动就说有 13 亿消费者市场的人:"我们先搞清个概念,13 亿那叫人口,其中超过 10 亿人都没什么消费能力,只有 2 亿多才能算,别盲目地被一些说法煽动。"

还有些 BP 喜欢宣传创始人和高管,特别要突出他们的社会职务,还爱贴出他们与各界名人的合影,或是罗列一堆价值含量并不高的奖励或头衔。面对经验丰富的投资人,这样不仅得不到加分,还会给人一种自信不足、缺少真材实料、总要依赖业务以外的东西来证明自己的印象。

更有那些口号喊得震天响的公司,比如三年内要上市,五年内超过阿里、腾讯。这种话对"职场小白"可能有点用,但对有着商业常识的人来讲,会心生反感。除了极个别的"逆天爆款",或是有特殊来头的项目外,三年时间要从初创到收入利润达标、治理规范、股改、辅导、申报,再到公开发行,可能性基本没有。凡事应遵循规律,经营企业如炖汤,要持续地熬,火候未到,一味求快,端上来的味道肯定不正,轻易说"超越"两字,显得心浮气躁,难成大事。

BP 的"里子"

痛点

BP 在回答怎么做之前,应该先说清为什么要做这件事。要讲清为什么做,就要先从客户的痛点讲起,解决这些痛点,才是创业的意义。

商业上,为什么做一件事,和简单的被需要还不完全相同。商业讲究的是投入产出比,回报快的项目的资本自然就多。哪种生意满足这个特点?是客户不得不买的产品,还是可买可不买的产品呢?一定是前者,这就叫"刚需"。只有在"刚需"未被满足的情况下,客户才会觉得"痛";而对于可有可无的"非刚需",即使被满足了,客户也未必兴奋。

有"痛点"的生意谁都想做,因此无论"刚需"是在 C 端还是 B 端,大家在已有的市场已经充分竞争,传统需求已被满足得差不多了(医药与环境等领域除外)。但随着科技的进步、人类习惯的改变,又产生出了新的需求,或者现有需求下有更便宜和便捷的解决方案,这些才是投资人需要重点关注的。

不具备这些特点的项目，做起来是比较吃力的。比如传统的管理咨询企业，至今国内无一家上市公司，你说他的客户没需求，那是假的，但顶多被当成一个辅助的工具。"现金流"好的时候就做做，大环境一动荡，愿意投入预算的企业就非常少了，**不是咨询师不努力，而是客户需求不够"痛"**。但如果换种做法，把经营理念换成各种系统，嵌入到企业中，就像做汽车技术的公司，如果能把产品前置装入整车，即所谓的"前装"，效果就不一样了。

过剩

无论客户是"刚需"还是"非刚需"，都可能存在市场供应过剩的问题，也就是参与的人太多，企业如何出头的问题。

比如餐饮是刚需，一天就要消费三次，但如果做的人太多，供给显著过剩，钱就不好挣了。就像在一个新小区开面馆，当你是第一家时，生意应该不错，因为客户没别的选择。但很快，你的隔壁就会出现东北饺子、桂林米粉、沙县小吃等。你去找"饿了么"或"美团"合作，别人也会找，并且这些平台有比价机制，过去价格自己说了算，现在还要参考别人。接着，小区菜场也建好了，居民可以自己买菜回家做，这又会分流一部分客户。替代你的方式一多，赚钱就难了。

这就是商品或服务过剩的一个缩影。**在具有互联网属性的行业里，除了头部最厉害的那一两家公司外，其余的利润率通常都比较低**，去看看同一行业的上市公司里，第一名和第十名的毛利差距有多大就知道了。但有些行业，市场高度分散，客户有显著的地域特点，这会造成局部的竞争不充分，因此也是可以做的。

投资人不仅关心增长，而且也关心增长的速度。

赛道

赛道的宽度，决定了理论上项目所能获得的最大收益，也就是俗称的"天花板"高度。这种估算不应该是拍脑袋得出的，而应作谨慎的推导。

前几年有很多影视类公司融资，除了能在单片上碰碰运气，几乎找不到其他投资的理由。别看影视界人声鼎沸，全国电影的总票房常年处在六百多亿元的水平，这是个什么概念呢？如果拿来和"纸尿裤"这个不起眼的单品规模比，也就占了人家的一半左右。有点意外吧，好像和我们的感觉不太一样，但事实就是如此，2020年的前几个月更是颗粒无收。

"投研"是干吗的？就是分析各个赛道基本情况的。**我们不能依赖直觉，因为有时候直觉是错的，而要敬畏数字**。当一个百亿级市场的项目和一个万亿级市场的项目同样摆在面前，且看不出前者在未来几年存在爆发机会，同时创业者的禀赋与资源也差不多时，作何选择，结果一目了然。

门槛

门槛，过去指家门口的"槛"，越高越难跨，彰显了身份地位，现今用在项目上，反映的是这件事被别人效仿的难易程度。在"非持牌类"的市场化项目里，有两件事是门槛比较高的，**一是资本壁垒，二是技术壁垒**。

有人说"钱能解决的问题不是问题",但在资本密集型的行业里,没钱就是搞不定,因为资金实力,绝大多数创业者无法进入到航空航天、汽车整车制造、能源等重资产领域。以蔚来汽车(NIO.us)为例,即使有李斌及其背后数十家一线基金强大的募资能力,也快跟不上它四年巨亏400亿元的速度,导致持续看好它的高瓴资本与淡马锡都开始大幅减持。

技术密集型的企业代表,可以参考"科创板"芯片第一股——中微公司(688012),负责它上市的签字保荐代表人告诉我,公司"等离子体刻蚀设备"的工艺达到了5纳米,中国只此一家,在全世界芯片制造领域也是领先的。公司高学历人才扎堆,发明专利超过一千个,管理团队均在美国顶尖半导体公司担任过核心技术人员。这种专业壁垒,你去山寨一下试试?门都摸不到。

门槛是企业的护城河,代表着先发优势的"有效性"。有效是相对无效来说的,好多BP讲自己有先发优势,其实并没有,因为所做的事几乎没门槛,只要不多的钱,即可模仿。你说不对啊,客户不就是竞争者的门槛吗?除非你已形成品牌势能,否则客户的忠诚度不会高,看看水果店就知道了,即使你起步早,后来者仅靠价格,就能分分钟替代你。

产品

产品或服务好不好,得用客户数据或评价来佐证,这些问题留到产品那章专门来讲,这里先说说除这些以外的东西。

要想通过BP给投资人留下一个深刻的产品印象,至少先要给它取个好听的名字。名字起得好,更有"冠军相",是一个良好的开始。

对于投资人而言,品名有时是拨动他神经的传感器,这并不代表名字要起得越大越好,而是最好能反映出产品的内涵,且好听易记、便于传播,为未来品牌的塑造也留下想象空间。

视频应用"优酷",给人的感觉是不仅内容优选,用起来可能还很酷;自拍神器"美图秀秀",既表明产品是用来美颜的,又能激发人们"秀"的欲望;社交 APP"微博",一方面说明每条内容微小简洁,同时"博"这个字还有种传承感,让人联想起自己在"博客"时代的记忆。有些产品自身不算太差,起名却很草率,比如丰田 RAV4,竟然起了个"荣放"的中文名,让人一头雾水;联合利华曾推出一款香皂,起名"猴牌"(Monkey),进入市场后节节败退。

除了名字外,产品设计的"调性"同样重要。消费者很多是"外貌协会"的,东西是否好用没关系,只要卖相好、有设计感,甚至能体现出使用者的品位,就能带动销售。东西"自己用"的属性正在减弱,给"别人看"的成分日渐提高,看看现在的手机广告,头几条卖点不再是芯片型号和内存大小,而是"曲面屏"、"无边框"等外在设计,大家都喜欢那些让人眼前一亮的东西。

团队

BP 中对高管团队的描述并无定式,没有哪种高管组合是注定会成功的。阿里的营销基因突出,腾讯的产品基因卓越,但都能凭借各自所长打开局面。每家公司都缺人才,团队总有短板,在发展中逐步弥补就好,所以这部分最好如实表达,不用大肆渲染长处,也不用刻意回避不足。

创始人是这部分的核心，作为整个系统的"大脑"，企业日后能长多高多大，要经历哪些磨难，都和创始人有着最深刻的联系，项目越是早期，影响的权重越大，在第三章第四节的"团队与文化"中会专门来讲。但在 BP 中，可以通过创始人和联合创始人之前的工作轨迹，作一些初步的判断。

比如从介绍上看，他们有的是连环创业者，可能屡胜屡战，也可能屡败屡战，但至少说明这个人勇于试错，行动力强。还能看出一个人是持续地在做一件事，还是一直跳跃地做不同的事，这些事之间有没有关联。了解到这些事实，也不要轻易下结论，切换赛道的，可能代表三心二意，也可能代表思维活跃，没切换的，可能因为专注聚焦，也可能因为保守迟钝，这都会在后期见面时验证。

至于 BP 上出现的一些"顾问"，主要都是用来提高人气的。他们不在公司上班，不领工资，有什么事也未必帮得上忙，身份可以根据需要，随时切换成合伙人或首席研究员之类的。一句话，当成噱头，不加分。

用途

BP 中要说明融来的钱准备用来做什么，很多企业写了个数，都是"拍脑袋"决定的，因为压根没想过钱该怎么花。融资要么为了救急，当下的现金流只够用三个月了；要么因为没安全感，想储备些干粮，以备不时之需。但这些原因，他们都不好意思告诉投资人，就像在投行怂恿下准备上市的企业，总要绞尽脑汁编出各种"募投项目"。但要注意这些数字是否经得起投资人的推敲。

　　投资人会怎么看呢？**每个行业都有不同的成本结构，看看钱的具体用途和比例，就知道是不是合理了**。比如轻资产的行业，写了很多原因不明的固定资产投入；人员密集型行业，列了大量研发投入；或是 To B（面向企业）型公司，凑了数额庞大的广告费等，这就让钩稽关系显得比较可疑。有两种可能，一是企业要转型，二是别有用心。

　　另一校验的维度，是企业的发展阶段。刚完成天使轮或 A 轮融资的公司，资本主要消耗在开发产品和拓展渠道上，此时研发费用和销售费用比例较高。B 轮后的企业，产品和模式渐渐成熟，随着销售额的放量，市场认知度日渐增强，毛利率缓慢上升，这时营销费用比例可能逐步下降，管理和财务费用会上升。投资人如果发现一些开支之间难以自恰，会认为事出反常。

估值

　　投资人再来不及细看 BP，也一定会看估值这页，关于估值，后面有一整章专门讲这个问题，这里先说说基本概念。

　　有些企业不谈"市盈率"，这没问题，还没赚钱怎么谈呢，但也不谈"市销率"或"市净率"，而是谈"市梦率"，这就让人有点接不住了。梦想值得被敬畏，但梦想该如何换算成估值，我们都没"经验"，投资人只知道当估值虚高、影响到下一轮融资时，对大家都没好处。还有人抱侥幸心理，觉得写个估值就能拿到钱，什么也没有就要 2 000 万元，给10%股份，这等于告诉投资人说它已经值 2 个亿，凭什么？按主板 23 倍发行市盈率看，2 亿元估值要对应八百多万元的利润，而且还是高流动性的情况下。

　　早期项目，不要一味追求高估值。你觉得一家投资人谈不拢，换一家聊就是了，但每家的诉求不同，很少有尽善尽美的，如果折腾了三四个月没结果，自己也会疲掉，影响业务不说，这个消息还会传播，搞得市场怀疑是不是你公司有问题。到那时再下调预期，可能估值被"腰斩"甚至"膝斩"都没人要。**只要兼顾到了后续轮融资的空间，不会使创始人股份被过度稀释，应以拿到钱为第一要务。**缺少诚意的相互试探，只会拉远大家心里的距离。

3
BP 之外

复盘工具

　　长期做投资,应该养成建立项目库的习惯,方便对项目进行采集、整理、归类、存档、更新,以提高后续工作的效率。

　　我见过一些稀里糊涂的投资人,微信上收到 BP 之后就没反应了,企业本以为没戏了,结果几个月后,又收到这位投资人的消息,说能不能把 BP 再发一遍,因为之前压根没点开过文件,导致文件过期了打不开。这种事几乎每天都在发生,对于好的项目,很可能人家已经融到了钱,你根本没机会了;对于内心细腻的创业者,可能已经对你失去信任,即使尚未融到钱,又接触了起来,心里也是有所芥蒂的。

　　制度上,如果是公司化运作,可借鉴专业中介机构如投行、会计师事务所的做法。他们几乎都采用合伙制,将一批行业专家团结在公司周围,分别服务不同客户。每个团队由擅长某一领域的合伙人牵头,

"分布式"地采集和研究各类调研数据，然后进行汇总和处理，并由风控和法律方面的同事共同参与、发表意见，以提高优质项目的命中率。

研究上，随着案例的增多，可以建一个简单的分析系统，用它来对项目的行业、地域、模式、净资产、活跃客户数、客户增长率、研发占比、人均产能、毛利率、融资轮数、融资金额、收入规模、盈利水平、估值等多方面信息进行追踪和加工，通过对各种变量的"学习"，逐步形成一个分析模型，并可以利用算法来对新项目进行预测。

有了系统的参与，个人水平与情绪的影响就没那么大了。为了对抗人性中的傲慢与偏见，不妨把一些问题适当地交给系统，利用 SaaS（软件即服务）和 PaaS（平台即服务）等工具，就能降低决策中的非理性风险。

很多时候，我们总爱操心别人，煞费苦心地了解他们是怎么成功的，却不太习惯复盘自己，把经历过的事分析明白。这方面，GE（通用电气公司）非常重视，在纽约哈德逊河畔造了个 4 万平方米的"克劳顿管理学院"。每年，五千多位主管会来到这里，听公司原汁原味的故事，通用甚至任命了首席教育官来负责这个项目。如果没有多年的数据，怎么能做得到呢？

阿里也一直注重对公司素材和资料的整理与加工，湖畔大学的很多课堂案例都是阿里自己做过的项目。据公开资料显示，仅 2019 年，阿里系的基金就进行了 157 次风险投资，这里面有大量数据值得研究。"达摩院"的成立，加强了创新研究的力量，这个汇聚了各行业顶尖人才的"脑组织"，不仅做着引领未来的各项实验，也对商业数据的积累与利用有很大贡献。

约会指南

挑选 BP 的直接目的,是要筛出值得见面的项目,两项一除,会得到一个见面项目数量与库存 BP 的比例关系,我们把它叫作"BP 通过率"。机构人员越多时,越有能力见足够多的企业,但同时因为项目源广,得到的 BP 也多,分母就大;越是小的团队,虽然能跑的项目有限,但 BP 项目库也小。

当这个值过低,比如只有 1% 或以下时,要么说明投资人的标准太过苛刻,要么说明他们收到的 BP 实在太多,但人手不够,忙不过来。当然还有一种可能,就是投资人没钱了,干脆就不上门聊了。如果这个值过高,比如超过 30%,那么一种情况可能是投资人标准过宽且人手充沛,什么项目都想去看看,也顺便学习行业知识;另一种情况可能是项目源太少,谈不上选,一有企业就只能去看。

练就一双慧眼,才能快速识别出好项目,提高每次见面的价值,否则容易看谁都不错,或者看半天也不知道好不好。我经常打个比方,如果将"好项目"看成"美女",那么美女的标准是什么呢?可能每个人的答案都不一样。有的人这辈子就见过 3 个女子,他以为美女就是一种样子,而有的人阅人无数,见过 300 个以上的女子,他就会发现,原来漂亮应该是这个样子的,所谓"没有比较就没有伤害",就是这个道理。

从这个意思上讲,干 VC 是个体力活,不仅要多看 BP,还要多见创业者,见得多了,眼光就会提高。那见到多少才算多呢?我自己大约每天可以实地看 3 个项目,已经很饱和了,但我听说过一天能在 3 个城市见 7 波创业者的劳模,他是怎么做到的呢?早上在北京的酒店和一个人边吃早餐边聊,结束后另一个创业者正好赶到,随他一同打车去了机场。下午一降落上海,第三位创业者已赶到机场接他,聊了一路到了静安区某茶楼,下午四五点在那又分别见了两拨创始人。随后,他乘坐7点的高铁赶去杭州,一到酒店,他又见了两批创业团队。

合理安排日程,才能在有限时间里见尽量多的人,同时不至于疲劳过度,有几个原则可以留意。首先是**方式选择**,去企业谈和请创始人出来谈,时间成本是不一样的,当然效果也不同。可以做个分类,对于时效性要求不高,或是创业者也想来你公司瞧瞧的,放入 A 类。对于决策时间较短、需要压缩见面次数的,或是你希望去实地看看的,放入B 类。

然后是**就近原则**,A 类项目无论如何排期,都能省去路上来回的时间,而 B 类项目,可先将这些公司的地理位置标出,设计出一条顺路的、没有折返或少有折返的科学路线,尽量把同一个区域的项目集中安排在一段时间里。当然,这些需要和目标企业尽早沟通。强势的投资人也可能会安排线下路演会,安排项目方集中到一个地方轮流作介绍。

其次是**优先原则**,有的项目意义特殊,比如有机会通过入股获取到行业的"节点性"资源的,或能为自己的其他项目带来业务协同作用的,包括有影响力和示范性效应的项目,要优先安排,快速推进决策。比如你已经投资了某家餐厅,这时正好有家做红酒贸易的公司,或是做有机农场的企业要融资,这种形成供应链上的关系,或是衍生品搭售机会的项目,对你的优先级就更高。

还有**沟通原则**,有的投资人比较死板,为每场面谈平均都预留了 2小时,除非真的很闲,或是项目特别牛,要利用见面加强关系,否则只能说明投资人的沟通效率太低。我见过不少投资人一开口就是一副要娓娓道来的感觉,无关痛痒的废话说一大堆,重要问题不问,有时已经进入到"尬聊"阶段,还没有要结束的意思,创业者也不好意思撵你走。

　　有经验的投资人会根据 BP 情况,有差别地安排时间,对于自己熟悉的领域,不会让创业者从头到尾讲一遍 BP,而是直接讨论核心逻辑和重点问题。另外,交流也不必拘泥于形式,有时这波人还没聊完,下波创业者已经到了,为什么要让别人等呢? 可以把他们放在一起聊。有人觉得这样不好,其实也有可能聊着聊着,这两家就找到了彼此业务的合作点,得到意外的收获,你正好成人之美。如果上一家觉得没意思,自己会走的。

老轩创投课

张轩荣

第三章　　　**婀娜多姿的项目**

1. 赛道与风口

2. 模式与打法

3. 产品与用户

4. 团队与文化

　　经过前期的准备,终于到了创业者与投资人见面的时刻。企业能否融到钱,看上去取决于聊得如何,实际那只是一个结果,真正的成败,早已在过程中有了定数。把公司干好,为客户带来更棒的产品和服务,为股东创造更多的盈利与现金流,为社会培养更好的人才,才是经营企业的真正要义。

　　对企业而言,不用花太多时间去想怎么吸引股东,如果自己的基本面不好,身子骨不硬,操心那些也多余;相反,如果自己够强,也就不用担心没有外部资金,投资人会捧着钱来倒贴。**真正的安全感,从不来自外界,而是源于自己,源于那些别人"拿不走"的东西。**

　　就像个体的健康,只有靠饮食与锻炼这些根本性手段才能得到。如果企业赛道选不好,模式与产品做不对,自身就无法产生足够的现金流,而得靠外部的融资或是政府补贴续命,和那些在重症监护病房靠呼吸机维持生命的重症病人没什么两样。怎样把企业的体格练起来是本章的重点。创业者如果能把这些事想清楚、做明白,一般来讲企业就不会差。同样对于投资人,也可以根据本章的讨论,分层次多角度地理解和评价一个项目,提高所投"子弹"的命中率,避免用打"散弹"的方式向市场交学费。

1
赛道与风口

"赛道"这个词,也不知道是哪年火起来的,但自从有人开始使用,就深受创业者和投资人的喜爱。"科创板"推出,首批针对的六大行业,已经被媒体改成了"六大赛道",券商常说的行业研究,简称"行研",现在也快变成"道研"了。赛道也分大小,大行业是大赛道,细分行业是小赛道,小赛道市场做大了,可以变成大赛道。大家张口闭口地说赛道,成了中国创业潮中一种特有的现象。

选择哪条赛道,首先要看自己的资源,比如一个销售电脑配件的人,要转行去干节能环保,就比较费劲。接着,要看这条赛道的大趋势,是各项数据都在快速增长的朝阳产业,还是总量节节下降的夕阳产业,比如这年头大家都习惯在手机上看新闻,你非要去干纸媒,就比较危险。另外,还要看这条赛道的宽度,如果满打满算,全国只有 100 亿元销售额,且有行业龙头把持,就不够理想。同时,也要看道上是否拥挤,凡事只要干的人一多,就会导致大家都难挣钱,这个道理上一章已经说过了。最后,可以再留意一下国家的政策,如支不支持、有没有扶持政策、监管尺度如何、将来上市有没有麻烦等,都需要考虑。

赛道与赛车手

投资圈常问一句话:你是赌赛道,还是赌赛车手?每个投资人的投资逻辑不同,侧重点就不一样。爱讲赛道的人,更注重趋势,更强调"风口"的重要性,因此会在投前花足够时间感悟市场,先耐心瞄准,后果断击发,一旦赌对了方向,就能获得强大的"势能",然后凭借这股势能,由高到低,将其转化为品牌与客户的优势,对后来者进行碾压,或迫使其与它合作。

侧重选赛车手的人则认为,赌哪片云会下雨这件事太难了,而且风险极高,如果为此牺牲了眼前利益,最后还失败了,实在得不偿失。还不如把注意力放到操盘者身上,一个优秀的创始人,即使赛道狭窄崎岖往往也可以化腐朽为神奇。而如果情况相反时,则再好的创业方向也会被一个不靠谱的人耽误,一旦这种情况出现,这人连东山再起的机会都没有,投资怎么可能收得回?

后来者的窘境可能在于,如果没有绝对的实力,容易陷入"仰攻"的被动局面,能量损耗比较多,这是兵家大忌,但也要看怎么做。有些后起之秀利用了新的技术和市场,站在前人肩膀上发力,形成了"后发优势",爆发力反而更强,比如特斯拉,比奔驰晚了一百多年,依然做到了全世界畅销。因此,只要把人选对,就算晚出发了一阵子,好像问题也不大。

在科技爆发前,"赛道和赛车手"似乎都不被明显地感知。我们回忆一下,纸张的出现始于东汉,但靠手写字实在太慢了,这个"痛点"直到 1 000 年后北宋出现"活字印刷术"才被解决。但这还不够,商业的种类相对简单,经商的土壤还不够肥沃,也谈不上什么"赛道",吃饱喝足才是主要需求。就这样又过了快 1 000 年,当蒸汽机和电报出现以后,随着各种"流"被激活,现代社会中的细分产业才开始出现。

到了数字时代的今天,当"信息流"按 5G 的速度传播,"物流"全国送达只需 48 小时,"资金流"每天的股市交易都达上万亿元,"人流"踏上复兴号半天即可从北京抵达广州时,所有行业被重塑了一遍,零售变成了"新零售",金融变成了"新金融",连基础设施,都由高速公路变成了工业互联网和特高压。这使得赛道与赛车手又被重新定义了,因为他们所代表的机会的风险已经和过去不同了。

先看机会。过去的"价值洼地"一旦形成,可以持续几个月甚至几年,对于抓住机会的人,一招鲜吃遍天,但现在这个时间,已经被大大地压缩了。比如新闻刚开始报道新冠肺炎时,就有人生产"额温枪",一个朋友的客户,在鼠年春节前与工厂合作,做了几万个,成本每支才几十元。其他人见状立刻效仿,但因需求激增,供应商随之提价,成本立刻就上去了。

再看风险。随着行业迭代速度的加快,过去的打法未必跟得上新趋势,专家的权威性正在动摇,员工的知识需要更替。过去的风险,经常是先有一个苗头,再逐步释放的,现在的风险,常具有突发性,即使有所察觉,也来不及应对。因此对于赛车手来讲,资源方面的重要性就比不上过去了，相反学习能力和应变能力会变得格外迫切。

如果我们把风口看成一段震荡的"波"，那么现在的波长，正变得**越来越短**，阳光下无新鲜事，活下来的，不见得是因为干得好，很可能是因为"跑得快"。这就像炒股，牛市总是来得慢、去得快，大部分时间里情况都不太明朗，这就需要我们保持好"仓位"，留下适当的机动空间，以应对各种变化。

赛道选时

每个行业都有其发展周期。一般前三分之一的时间是"市场教育"阶段，客户习惯正在养成，趋势若隐若现；第二个三分之一是市场逐步形成阶段，规模开始放量，但竞争者也大幅增加；在最后三分之一的时间段，市场建立起供需平衡，增长趋缓，份额向头部企业集中，盲目扩张的公司因现金流吃紧而纷纷退场。创业者要做的，是把入场的时间，尽量赶在第一个三分之一的前半段。当然，这是在没有出现颠覆性技术变化的前提下。

如果过早进入某个领域，并非明智之举，可能一不小心就成了"先烈"。以VR（虚拟现实）技术为例，2015年之后的几乎每一年，都被媒体称为"虚拟现实元年"，以至于一些上市公司也跟着起哄，一阵操作猛如虎，胡乱收购一些和VR概念沾边的公司来进行市值管理，拉一轮股价再说。结果被收进来的公司，业绩承诺就没达标过，没过两年就破产清算了，紧接着股价暴跌，一地鸡毛。

虚拟现实的未来，究竟靠"头显"（头戴式显示设备）还是靠"全息成像",尚不清楚,只是前者成本暂时较低,当前被广泛采用。一个曾做游戏美术代工、规模 400 人的团队,在 2016 年初集体转型,进军 VR 游戏。当他们把首款游戏开发至尾声时,却惊讶地发现,碍于笨重的"头显"设备、不成熟的镜片技术、高内存占用等一系列问题,VR 玩家对这款游戏并不买账,连"重度玩家"都不碰,怎么指望产品在普通用户中大卖呢?

如果能踩准第一个三分之一的前半段,也就是在别人还看不懂、刚萌芽的时候就开始布局,那就像投中了一个天使轮项目,收益是最丰厚的。记得 2006 年我还在汇丰银行时,一次下班路过刚起步两三年的诺亚财富,怎么看都觉得不靠谱,心想谁会把钱放去那里呢? 没过几年,发现店还开在那儿,才知道人家不仅活着,还活得挺有滋味,于是开始关注。在理财行业发展的萌芽期,也有人注意到,可惜都在观望,诺亚看准机会杀了进去。虽然其股票较高点时已跌去 70%,但汪静波却在这个行业留下了自己的名字。

一旦错过了萌芽期,时间就来到第一个三分之一的后期和第二个三分之一的前期,后来者已经成批地涌入。那些这时进入的理财公司,为了赶时间开始疯狂招聘,一波销售招进来,资源榨干后再换一波,靠少数人业绩覆盖多数人成本的滚动勉强维持公司运转。而在后知后觉的无差异竞争下,这种"剪羊毛"的方式可能还不能打平成本,就索性借新还旧,直接把客户本金作为收入,等新钱进来,才能兑付到期资金,但 11 个盖子盖 10 个甚至 8 个瓶子,总有一天会掉下来。

此时就算是巨头,都没有必胜的把握。在淘宝网已经运营两年后的 2005 年,腾讯也将电商列入发展战略,年底上线的"拍拍网"凭借 QQ

的庞大用户基数，一开始顺利起步。很快，还是应了马云的话，"打败淘宝的，不会是第二个淘宝"。除了跟随外，拍拍网始终难以建立起自己的壁垒，而淘宝却凭借"支付宝"形成了牢不可破的电商生态。最终，马化腾放弃了执念，将拍拍网卖给了京东。

无独有偶，搜索引擎也是腾讯早时的重要布局。2006 年初，随着原谷歌高管的加盟，拥有豪华管理层的 SOSO 高调亮相，而此后的 2011 和 2012 年，光研发经费就烧了二十多亿元，由于客户难以形成认知和习惯，找不到好的盈利方式，最终在和百度的竞争中败下阵来，整体并入了"搜狗"。其他像"腾讯微博"、"腾讯微视"等产品，也是因为采取跟随的策略，被先发者甩在了身后。

再来看汽修汽配领域，历来是兵家必争之地，曾被看作汽车领域为数不多的潜力赛道。面对这个万亿级市场，多少资本乘兴而来，重度布局快修美容店作为和客户交互的入口，希望通过直营或加盟的方式，渗透到门店的"进销存"中去，做他们供应链、保险乃至金融的生意。而多年过后，作为行业龙头，阿里系的"新康众"和腾讯系的"途虎"都尚未盈利，其他机构可想而知。

来到第二个三分之一的中后期，赛道表现为各项数据都在增长，行业利好政策不断，加上媒体的煽风点火，市场开始高歌猛进，风险也在逐步积累。

以 2018 年的海外租车为例，随着出境旅游人数井喷，租车自驾成了一种时尚，很多 APP 快速发力，注册客户数很快突破 100 万。然而种子客户的付费实在太"低频"，出一次国平均要等一年，下一次用不用你的服务还不一定。更可怕的是，随着竞争平台的增加，找到每个客户的成本居高不下，这两方面原因，导致后来者根本无法盈利。

我们再看锤子手机。创始人罗永浩是商界"老司机"，眼界出众，人脉甚广，也有一股狠劲，就产品本身来看，配置与功能可圈可点，外观和包装也算精巧细致，经营思维同样互联网化，虽然也有缺点，但哪个品牌没有缺点呢？可销量和市场占有率就是上不去，如今因为债务又停摆。老罗到底做错了什么？答案恐怕只有一个，干晚了。"果粉"不爱换三星，"米粉"也很少买 OPPO，手机不是"快消品"，客户心智改起来不容易。

在这一阶段，也是监管成本开始出现的时候。对于新事物，监管一般都会让"子弹先飞一会儿"，一旦市场萌芽期过后，情况也就基本摸清楚了，这时，相关的配套政策便陆续出台。牌照、许可证、行政审批等全来了，意味着经营门槛开始变高，之后再来的人，就没那么好玩了。

前几年的 P2P，在造富了一批人的同时，也把不少利欲熏心的跟随者送进了监狱，即使后者改名不叫 P2P，打出了 Fintech（互联网金融）的旗帜，也不能幸免。2011 年前后，这个银行都懒得做的小微贷款领域，被宜信这样一些嗅觉灵敏的公司抓住，他们不嫌单子小，不怕脏活儿累活儿，在"占息"的灰色地带中，给那些信用较低，从银行借不到钱，或是来不及等审批的人快速放款，并控住了风险，赚了第一桶金。

看到别人发了财，一些后来者快马加鞭地赶到，但很快就脱离了最早的普惠精神，而演变成了虚构项目，资金空转，甚至是高息蓄意骗钱的勾当，行业美景转瞬即逝，开始了剧烈震荡。随着 E 租宝、快鹿等一系列群体性事件的爆发，监管明确了该领域"信息中介"的定位，规范了借款金额上限，要求具备银行托管、经营许可证等一系列资质，靠胆大就能赚钱的阀门由此关闭了。

我曾走访过一家游戏公司,靠一款三国游戏一战成名,积累下8 000万注册客户,三十多亿元的流水,而后就在上海买了五千多平方米的写字楼,虽说之后再无佳作,但也算创业成功,并接连踩对了游戏和房地产两个风口,团队获得了财务自由。翻看那款游戏,无论叙事、玩法、美工和宣发,在当时都并非上乘。创始人是略显木讷的IT男,问到成功的原因,他一脸茫然,说全靠运气。

你让他再来一遍,恐怕他自己都没信心,但别人不这么认为。那些觉得就这样都能出头的人,梦想这种事也会发生在自己身上,于是从2015年开始,前赴后继地进入到这个领域,等待着一夜暴富。他们很努力,夜以继日地写代码,不厌其烦地修改人物和画面的细节,终于打造出了色彩炫目的高水平制作,遗憾的是作品一进入市场就"哑火",除了玩家早已选择困难,监管也开始限制文娱类企业上市,这些后来者什么都没做错,除了搞错了时间。

最后到了第三个三分之一。**此时的市场最具有欺骗性,到处莺歌燕舞,好像哪里都供不应求,怀疑者也开始变得亢奋。**就像A股大盘正在接近6 000点的路上时,股民对即将到来的巨大风险浑然不觉,还以为最好的时刻在后面,此时常识已经不好使了,"为美梦而窒息"才重要。此时还有一种心态的叠加,即自己平庸落寞不要紧,但一看到身边人富贵就肝肠寸断,"不患穷患不均",不计后果也要来凑热闹,生怕错过了末班车。

不少人创业,从源头上就有这个问题,结果是由于没有好的产品或服务,没给客户带来什么新的价值。在市场饱和的情况下,自己就变成了趋势最后一棒上的"接盘侠",直到大势已去、日薄西山时,才恍然大悟,感叹受伤的为何总是自己。这就像大城市的早晚高峰时,不看导航上已经红得发紫的路况,不做路线规划,凭感觉就并入主干道的车,是进也进不得、退也退不了,这时驾车水平再高也没用,只能坐在车里干着急。

凡是创业,必有风险,成功不怕晚,但失败要趁早,这样才不至于有无法挽回的损失。在两害相权取其轻的思路下,需要正确地判断赛道,并选择合适的时间去干,正所谓在正确的时间,做了一件正确的事,就会游刃有余。就像股票的"选股"与"选时",两者同样重要,天时与地利缺一不可。在判断赛道时,不要抱有"这次不一样"的幻想,尊重规律,才能接近机会。

科技引领未来

投资就是投未来,那未来是什么?

从前面已经看到,反应慢、入局晚、创新差的企业,一定不是未来。它们不仅自己产能过剩,还会影响到他们的供应商、经销商以及加盟商,使这些产业链上的合作伙伴也跟着一同受苦。收入不足,导致这些企业现金流紧张,没有能力搞研发,疲于应付眼前的生意,进一步削弱了产品的竞争力,加速了企业的下滑,为了活着而活着成了它们的常态。

为了改变这一情况,这几年的中央经济工作会议,反复传递着一个信号:必须调整供给侧结构。怎么调结构?科技赋能首当其冲。从第一产业到第三产业,从非优势水稻产区的再规划到金融与服务业的转型升级。一方面,借助科技淘汰过剩产能,另一方面,依靠科技提高产能不足领域的供给,就像美国利用页岩油技术,极大减少了对中东产油国的进口依赖。

我们要有思想准备,**中美贸易摩擦不是短时间内能解决的,而是一场长期的、错综复杂的持久战,**是世界新旧格局交替的必然结果。在这个动能转换中,科技是我们的主攻方向,这是美国最为忌惮和疯狂打压的,2019 年对华为的围追堵截就充分说明了这一点。不过换个角度看,这也逼出了华为"鸿蒙"、"麒麟"等一系列的产品,同时给国内科技企业也提了个醒,看清自身的短板,集中力量去攻坚克难,才有出路。

国家也顺势出台了一批鼓励科技的新政,并刺激了科技题材的股票大涨。如果到北京的中关村、上海的张江创业园、杭州的未来科技城、武汉的光谷等地方去看看,就能闻到熟悉的科技气息。这些一度还有些消沉的地方,如今又成为各路创业者的乐园,它们的复苏,也带动了一批科技智能小镇在全国范围内的崛起。只有科技实力起来了,其他各行各业才有发展迭代的机会。

中国的优势是消费市场大,技术的应用能力强。一些企业扬长避短,耐心布局应用场景,成为一些赛道上的"隐性冠军"。比如第二批登陆"科创板"的虹软科技(688088),在手机视觉 AI 算法这个领域,经过 25 年的卧薪尝胆,其智能双摄、美颜、HDR 等服务在安卓手机的市场占有率达到 80% 以上,毛利率接近 95%,营业收入增长率稳定在30% 以上。

再看事关民生福祉的**医疗产业。**谁都知道看病难看病贵,但感冒发烧扛不住时，还是得去就医。专家门诊一号难求，来往路上耗时耗力，医院里人山人海，哪儿都得排队，一套流程下来得花几个小时。为此，创业者就开始尝试用互联网，对各环节进行改造，新冠肺炎疫情的爆发，又为在线医疗的普及点了把火。

我没投过这条赛道，但跟不少专注于此的投资人聊过，发现这行有三种人，一种人搞研究，极有耐心，潜心开发创新药，特别针对癌症这类大病，虽然要经历临床一、二、三期的漫长等待，而一旦突破，就能改变世界，这种人很少。另一种人最多，追求立竿见影，他们会去干仿制药、医疗器材等容易上手的领域。还有一类创业者，对客户进行了延伸，将客户从病患拓展到健康人，做"基因检测"类的业务，开辟出了"隐性需求"的新战场。

说到隐性需求，其实一点也不神秘，苹果手机的触屏科技，就是把人的这个隐性需求给"开发"了出来。本来用户对按键挺习惯，结果这东西一设计出来，用户竟上手得如此之快，就再也回不去了。还有"医美"行业，由于过去技术不允许，大家并不知道"变美"可以是个产业：割一刀就能立马变成双眼皮；打个玻尿酸就能有苹果肌；移植自体脂肪就跟没隆过一样。现在，不光女生，男生都趋之若鹜。

再看 AI 领域。在《未来简史》作者尤瓦尔·赫拉利眼里，人工智能将在不久的将来全面接管人类的生活，这个新生物种，正在通过算法优化和深度学习，变得比人更了解人，从而打开了一个数万亿美元的新市场。就在李世石败给"阿尔法狗"后不久，IBM 的"沃森"又给我们带来了震撼，在"聆听"了二万多首歌曲后，它创作出了跻身"Spotify"全球榜前二的神曲《Not Easy》。

AI似乎越来越无所不能，只要"喂饱"数据、修正算法，不论标准还是非标准化工作，一切都不在话下。以辅助驾驶系统ADAS为例，最早是预设了固定程序，执行程序需要人来点击；接着加入了语音识别，可以通过说话指挥机器；当AI技术融合后，机器可能会基于对你驾驶习惯的了解，在你还没和它说话时，主动先和你说话。它们没有人的情绪，不会因为马虎而出错，也不需要吃饭睡觉，并且可以全年无休地工作，这当中有无数宝藏可以开发。

又如**区块链技术**，从最初只有中本聪或维塔利克·布特林这样的科学怪咖熟悉，到如今各行各业都开始热烈地议论它、运用它。先不说"币圈"那些炒币和挖矿的事，回归这个技术本源，点对点的"分布式"和"不可修改"的账本体系这两点，就已颠覆了几千年来人类社会习以为常的组织结构和协作方式，并以一种不可思议的巧妙手段重构了商业世界的逻辑，特别是解决了去中心化之后靠什么来建立信任的问题，有着极其广阔的应用前景。

比如在传统的贸易或买卖中，甲方是天然的裁决者，一旦出了问题，过错都在乙方。对此，甲方理直气壮，担心乙方出幺蛾子，产品以次充好，或是延期交付等等，于是在协议中，会设置各种繁杂条款加以约束。乙方也很无奈，利润本来就不高，万一合同里被甲方埋个雷，一不留神陷进去怎么办。同时也担心，就算自己保质保量，甲方的采购款也有可能拖着不给，而资金是有成本的，拖得越久，利润越薄。双方就协议折腾半天，时间都花在怎么和对方玩心眼上了。

甲乙双方一旦出现纠纷，在事实明确、证据充足的情况下，相对还好解决，但在服务链条较长、参与方较多的领域，情况就没这么简单了。

比如在版权纠纷中,当侵权行为在多个主体间交叉发生,只有部分内容付过费,如何取证和判断? 又比如食品一旦出现安全问题,怎样对食材的原产地、生产商、批发商、零售商、物流商各环节的问题进行辨识和纠错?

区块链技术,在当今世界格局的大背景下,也引起了政府高层的重视。习近平总书记在 2019 年中央政治局第十八次集体学习时提出,要"把区块链作为核心技术自主创新的重要突破口"。大到中央数字货币——DCEP,小到各类商业场景的应用,区块链在未来可能随处可见,就连身边一个做畜禽生意的朋友,也是这个技术的受益者。他本来入行较晚,但没有随大流,像其他人那样简单挣差价,而是利用了该技术,先帮餐厅做食材的溯源追踪和管理,再逐步切入上游的供应,迅速在这个领域挤进了全国前三。

再如**物联网(IoT)**,5G 的使用让万物互联成为可能。谷歌前董事长施密特就曾预言:"我可以非常直接地说,互联网将消失,一个高度个性化、互动化的神奇物联网正在崛起。"这个试图"连接一切"的新体系,通过全球四大定位系统、各类传感器、信号识别等工具,按约定的协议,把人与物、物与物无差别地结合在一起,以实现对物品的智能化识别、跟踪、应答和交互。它改变了市场由过去的科技硬件先行,再进行软件拓展的惯例,使硬件开发得以专注在明确的应用场景,并解放了手机这类高耗能的通用设备。

2016 年的德国汉诺威工业博览会,给吴晓波留下了难忘的印象,他在节目中多次提到,在会上竟然见到了一台 1886 年的纺织机,不同之处在于这台古董被装上了几个传感器,这就使产生出来的数据和有着百余岁高龄的机器产生了连接。被传感器武装起来的机器之间可以相互通信,并能随时调用其他机器的空余产能,进而瞬间变成一个更大更强的"机器"。这就像海里的小鱼,为了不被吃掉,抱团形成一个鱼群的形状,使天敌误以为是一条更大的鱼。这样一来,机器的边界就彻底拓展了,生产效率必然大幅提高。

这几年,在有着科技风向标之称的CES(国际消费电子展)上,英特尔、三星、高通等科技巨头都高调地展示了其在智能家居、数字医疗、可穿戴设备上的最新成果。有机构预测,到2020年末,将会有300亿个设备连接在物联网上。如果说互联网的出现改造了传统商业世界的格局,将人与人或人与物的连接效率大幅提高,那么物联网将再次重塑一切,使物与物更紧密地连在一起。

物联网的发展,又带动了**边缘计算**的崛起。目前流行的云计算,是将全部数据通过网络传输到云计算中心,它的"算力"再强、传输速度再快,但边缘设备所持续产生的海量数据也会让计算中心不堪重负,能耗和带宽问题日益凸显。而边缘计算模式则是将这些重担分发到网络边缘的节点上,这就使那些对响应速度要求高的领域,可以实现毫秒级的交互体验。在无人驾驶、工业互联网、智慧城市等场景中,这样的技术已经开始初露锋芒。

这些新科技离我们还远吗?答案是否定的。

最远的距离,永远不是物理空间上的左右万里,而是人就在身边,却因见解不同,视而不见。让我们想想清朝后期,蒸汽机车刚出现时,执政当局作何反应。那时,唐胥铁路刚开通,清廷的态度极为保守和抗拒,用警惕的目光打量着新事物,竟然能把"东陵漏水"这种风马牛不相及的事,归因到这洋玩意儿不吉利,于是借题发挥、毁钟为铎,居然把火车头卸了下来,换上几匹马去拉。今天的新科技再过一二百年回头看,不过是未来人眼中的老古董,当下拥抱科技,首先得在思想上把"马拉车"换成"车拉车"。

机会有时是小修小补的微创新,但当彰明较著的路径切换,或是协作关系改变的大事出现时,一定不要放过。好的赛道未必是这些大事本身,而是和它们相关的,能产生某种联系的,但又尚未红海一片的领域。**大事的身后,往往还有很多"伴生性"的机会**,比如智能手机出现后,充电宝、手机壳的销量快速上涨;汽车普及后,导航仪、车垫、儿童座椅的出货量同步猛增。

绝大多数人无法参与重大科技本身,但可以先从搭便车式的"伴生性"机会开始做起。

有宽度才安全

有一次看"探索频道"的节目,恰好在讲巴拿马运河,这个连接大西洋与太平洋的工程奇迹已经有一百多年的历史了。然而这么长时间以来,来往其中的大型货轮却总是苦不堪言,碍于旧船闸限制宽度32米,从亚洲驶来的船只要么绕道南美,要么通过西海岸卸货再经铁路辗转运送,成本根本控制不住,长此以往,运河难逃被废弃的命运。

终于,巴拿马政府痛下决心,启动了历时9年的扩建工程,经过"工程款"与"质量门"等一系列风波,宽55米的新船闸终于大功告成,吞吐量从此前的3亿吨上升到6亿吨,收入有望增长2~3倍。运河的宽度决定了运力,并影响着邮轮的通航意愿,商业赛道的宽度也有着同样的效应,决定了产业的"天花板",这关乎企业的生存空间,还影响着资本的投资热情。

大赛道比羊肠小道有着更大的战略腾挪空间。在南京的一次创业活动上,我作为评委,遇见了一家做"背景音乐"服务的公司,创始人很有激情,向我手舞足蹈地讲述了他所理解的市场以及痛点,包括商家目前播放的音乐品位低、客户听了难受、破坏了购物心情、影响了销售额,等等。而他带来的产品,正是针对这一情况,来解决商户困扰的。

听到这儿,我心里基本凉了,在他讲完了手动组合曲目,来匹配不同环境的解决方案后,便彻底死心了。我问他什么时间开始做的,怎么收费,到目前为止卖出了几家,他的回答含含糊糊,强调融资到位了后,就能率先提出"背景音乐管理"概念。先不说他的曲库是否有侵权嫌疑,也不谈竞争门槛,就来看看这个赛道有多窄。排除那些已经有背景音乐方案的大型品牌店,再去掉那些懒得理你,只关心下一个客户在哪里的店,剩下的商家还有多少? 他们都在哪? 即使都与你签约,总量能有多大。

反观现场另一家公司,就赢在了起跑线上,选择了户外运动的大道,利用互联网工具,干得风生水起。随着整体生活水平的提高、各大体育赛事的转播和引进,再加上耐克、阿迪达斯这些巨头多年来孜孜不倦的造星和宣传,近几年,运动正在成为国人追求的一种新时尚。以前觉得背 LV 的包很潮,现在觉得拥有马甲线更酷,从全国一年三百多次的马拉松比赛备案数到无所不在的健身房,再到蔚然成风的广场舞,人们对健康的关注与追求已今非昔比。据统计,有 35% 的人通过快走、跑步、登山、器械等多种形式，养成了经常锻炼的习惯。

需要留意的是，赛道的宽窄，并非一成不变。很多"90 后"可能根本没见过寻呼机（BP 机），而在"80 后"的记忆中，这好像是父亲年轻时腰间必备的一件神器。对于当时的投资者来讲，显然这是一个大有可为的好赛道，但就像磁盘、VCD 或 DVD 这样的过渡型产品一样，还没到基金的退出期，产品就已经被淘汰了。

另一个深刻的例子来自胶卷业。曾几何时，在胶片时代如日中天的柯达、乐凯和富士，引领了人类影像的记录方式，倒退 20 年，很少人会想到在数码洪流的无情冲击下，整个胶卷业几乎全军覆没。最惨的是柯达，不仅申请了破产保护，连花了 7 500 万美元冠名的"柯达剧院"（奥斯卡金像奖颁奖礼会场）称号，都没能保住，令人唏嘘不已。不是柯达不优秀，它已经把胶卷做到了最好，只是没有发现赛道上只剩自己了，并且前方是个断崖。

今天看起来很宽的赛道，也许在不久后，就变得又窄又短，就像做"大扫除"的家政服务业，当智能机器人成熟后，一定是一番新的景象。

体验经济

说完赛道的宽度、技术含量和选时策略，再来谈谈精神层面的事。

我国改革开放已步入第 42 个年头，就在刚刚过去的这 10 年，中产阶级的人数比例飙升至 70%。2020 年，就将全面建成小康社会，实现第一个百年奋斗目标。

随着经济社会的发展，大家都在谈"消费升级"，证明马斯洛的需求理论没说错,无论是有钱有闲的美好时光,还是空虚寂寞的片刻休憩,都有巨大的消费潜力可挖。这一领域的产品,由于缺少标准,容易形成**"消费者剩余"**。这是个经济学术语,意思是消费者愿意出的价和市场价之差,它取决于商品给人带来的满足感,或者叫"效用",有极大的主观性。

这就解释了为什么有人会花上万元钱去买一款限量版的鞋,在他心里,这个"剩余"还很大。可是作为创业者,从哪儿找切入口,并不容易。人在穷的时候需求是比较确定的,我们可以猜到他想要什么,但当他吃饱喝足后,他的需求是很难预测的。以下几方面的需求具有普遍性。

首先是需要"新鲜感"。看看我们周边的购物中心,哪天不是人满为患,大家一边在抱怨"人怎么那么多",一边又作为一员流连其中。有的人宁可多花一两个小时,多烧几升油,也总想开到城市的另一侧看看,没什么特别目的,就是尝尝新开餐厅的饭菜,瞅瞅熙熙攘攘的人群,只要在新的环境中,似乎都比待在家里更"满足",至少新的东西不会让人觉得乏味。

对于生活,多数人持一种"二元"看法,认为要么得有意义,要么得有意思,如果这两点都靠不上,是没什么兴趣的。

"有意义"表现了人类的理性,对事物在深度上的追求。思考给人带来的快感,逻辑给人带来的清醒,都是持久且酣畅淋漓的。一些人遨游在知识的海洋里,自得其乐,再往前走,各学科又殊途同归,到达了终极的哲学。人们在求索生命的本质的过程中,和自己坦诚相对。

"有意思"体现出人类的感性,迎合了人们对事物的天生好奇。大千世界,有趣的东西林林总总,尤其是那些没做过的,且日常环境中少见的,比如一场说走就走的旅行、一台精彩绝伦的大秀、一次极限坡度的滑雪、一回自由落体的跳伞,留给我们的回忆都是刻骨铭心的。

"兴奋"的生物学解释,在于肾上腺素的增多,能带来同样效果的,还有可以提供即时反馈的其他东西。简·麦戈尼格尔在她的《游戏改变世界》一书中,深刻剖析了游戏使人愉悦的原理,当玩家看见自己揍了对方一拳,对方的"血"就随之减少了,或者因为完成了某项任务,经验值或级别就提高了,便能确信自己的每一点努力,都可以立即兑现一个看得见的回报,这会让他十分高兴。

这本书的英文名叫作 *Reality Is Broken*,意思是现实已经破碎,因为现实世界里提供不了这种即时反馈。比如一个人拼命工作,但不知猴年马月可以升职;天天做俯卧撑,却不知道肌肉啥时候能长出来。而加上了即时反馈,情况就大不一样了,比如"KEEP"APP,它将你每次运动的过程拆分成即时的数据,并加入社交功能,这就使运动在你的身体里"留痕",并还能和朋友一决高下。

"因为有意思,所以有意义",正在被更多人接受,就像这句话反过来说也一样,单一价值观下的客观标准,变成了多元价值观下的主观判断,就连"浪费时间"这个说法都似乎开始显得值得商榷。英国著名哲学家罗素说:"如果你能在浪费时间中获得快乐,就不是浪费时间。"不经意间,我们好像在迈入一个"各行业都正在成为娱乐业"的时代。

持久力就是竞争力的表现。自人类文明发端以来,很多行业起起落落,唯独娱乐业的生命力经久不衰。早在春秋战国时期,民间就开始流行"蹴鞠",只可惜到了今天,我们还没把足球踢好;汉代时就出现的供士兵娱乐的"叶子戏"游戏,成了今天老少皆宜、居家必备的扑克牌。**越是经得住时间考验的东西,越是资本的宠儿。**

放眼世界,如果要找一个名字能和"娱乐"二字画等号的话,"迪士尼"应该是没有争议的,再过 5 年就 100 岁的迪士尼,已经长成两千多亿美元市值的娱乐巨头,2018 年约 600 亿美元的营业收入,超过了我们 BAT 中的任何一家。无论是其出品的电影,还是风靡全球的迪士尼乐园,以及各种经典角色的衍生品,都让人有种不带小孩去玩玩就说不过去的感觉。

符合这点的,还有艺术品,它已经渐渐走入生活,而不再是艺术家的集体自嗨。最初,它只是少数人的娱乐,贵族阶层才有权谈论,随着普通人在物质上有了盈余,能在生活的重压之下喘口气时,便有了心情去感受和欣赏这些乐趣。无论看到的是表面单纯的美,还是东西背后创作者的情绪,"独乐乐"都变成了"众乐乐",市场就形成了。"蒙娜丽莎"在想什么不重要,重要的是有一百个人就有一百种解读,也就会出现一百种交易价格。

过去的瓷器是用来盛物品的,是理性的发明,而现在瓷器更多地被视作艺术品,成了感性的延伸,纯粹为了看。当灯不仅用于照明,而且还用来装点房间时,观赏和体验的需求就超过了实用性。过去我们花钱,一定是要买回某种具体的实物,比如吃的、喝的、用的,否则多半被人骗了;而现在,人们却心甘情愿地去电影院,去"买哭"、"买笑"、"买刺激",这些看不见摸不着的、没法衡量实用价值的光影,渐渐占据了我们的时间。

体验娱乐,未必需要在真实世界中,虚拟环境是更大的舞台,就像

"COSPLAY"并不新鲜,不止穿上奇装异服才算在演,小孩们天生就会。只要我周末回家,女儿总喜欢拉我到她的乐高玩具前,不仅给我设定一个角色,让我把形象拿在手里,还为我设计台词,并和她一同去完成某个想象出来的"任务",看到我配合入戏,她就很高兴。

长大点后,男生看《七龙珠》、《海贼王》,女生追《蓝色生死恋》、《流星花园》,好学的读《红楼梦》、《老人与海》,都是虚构的故事、虚构的人,却让他们欲罢不能,穿越到想象的宇宙中,从中找到某种共鸣。史上最"吸金"作家 J. K. 罗琳,用她创作的"魔法"世界,使《哈利·波特》成为家喻户晓的大 IP,卖遍全球,仅稿费收入就超过 10 亿美元。

从某种意义上来说,人和其他生物的最大差别,就在于我们会"造梦",会"科幻",会利用想象力,搭载各种美好的愿望,奔向心灵的远方。也正因为这样,相当多的想象,已经成为现实,上九天揽月,下五洋捉鳖,过去的梦,如今已触手可及。人类的进步,往往是先有个"假想",再去做"证明题",脱离梦想,等于废掉了我们演绎和推理的能力,也就不用谈创新了。

影视产业,一直是造梦这个赛道的主力,但赌性很强,风险极高。经过市场的教育,有没有流量小鲜肉,已经不再是观众关心的唯一标准,他们学会了看口碑,学会了回到剧情本身来作判断。像《哪吒之魔童降世》这样前期几乎不做宣发、点映时默默无闻的片子,逆袭成为票房黑马的例子,层见叠出。

与此同时,那些剧本粗制滥造、表演生涩造作、钱都花在宣发上的片子,除了上映首日冒个小泡,而后必遭口碑和排片的双重打击,很快就被淹没得无影无踪,投资超 3 亿元的《上海堡垒》的惨败就是典型。

过去热钱多，从剧本、导演再到演员，全体浮躁，制片人都快变成金融家了，先不管是否对得起观众，只要抬高预算，忽悠到钱，其他都好说，这导致残次品层出不穷，行业鱼龙混杂。如今，资本学聪明了，只有那些剧本打磨得好、能量密度高的片子才能脱颖而出。

"品质"又是一个关键词。**上一代人消费时习惯比价，快乐来自价格上占了便宜，而新一代年轻人更愿意为品质买单，价格倒是其次。**在日本，品质被发展为"道"，茶有"茶道"，花有"花道"，连吃个饭都叫"料理"。将本来平常的东西干出了"道道"，形成了文化，就有大把人会为新的"触感"、"体感"、"味感"、"口感"心甘情愿地付费。

有一次我出差北京，顺便带上了女儿，在推开我订的快捷酒店门后，7岁的她大惊失色，嘴里念念有词，抱怨品质差，还给她爷爷打电话告状。我问她具体哪里差，她说"设施、服务都差"。我觉得她太矫情，小孩子懂什么，事后想想，也不能说她讲错了，和每次旅游时住的五星级酒店一对比，连她都能感到落差明显，这代人长大后，和我们一定不一样。

像我们买水果，图便宜，去小商贩那挑半天，质量良莠不齐；现在的中产阶层，会毫不犹豫地去"百果园"或更好的精品店，贵一点不要紧，品质好省得挑。再如吃鸭脖鸭掌，以前路过菜场的卤味店打个包带回家，现在不少人则会去"绝味"或"煌上煌"，价不廉，但色味俱佳，嚼着上瘾，就觉得值。包括这几年上市的三只松鼠（300783）、来伊份（603777），走的都是这个路子。

一些人对消费升级存有误解，把"升级"简单地理解成"不求最好，但求最贵"。比如以前吃一份盖浇饭就饱了，现在为了升级，不管自己爱不爱吃,先点份法式大餐再说。还有那种虚荣心作祟,自己去不起高档餐厅,就盗网上的图,急不可耐地发"朋友圈"炫耀,以为这样才算升级。这些,都是对品质的误解。

事实上,消费升级正确的"打开方式",与之正好相反,重点并非价格的高低,而是那些更有品质的,甚至有点小众的产品和服务。当客户有闲钱时,个性化需求就如繁星散落,坠向围绕体验经济的各条细分赛道,创业者要做的,不是在自己的舒适区里盲目地扩产能、铺渠道,做出一堆市场上到处都能买到的东西,而是要多思考做些什么,至少在某个点上是独一无二的。

抬头看路

企业每次遇到的困难和危机,从根本上讲,都是方向上的问题。"怎么做"可以借鉴别人,而"做什么"考验的是创始人的视野,要学会"跳到问题外"看问题,想清楚什么值得坚持,为此应该放弃什么。

比如过去一说到跨境业务,就想到去唐人街开个"中餐馆",后来广东、福建和浙江的生产制造型企业崛起,又把触角伸向了其他领域,仅袜子这个不起眼的单品,2018 年的出口量就达 162 亿双,创收 62 亿美元。近几年,除了低附加值商品外,其他类别产品的比重,也在快速增长,从统计数字来看,体量排名第一的,已经变成了消费电子,其次是电商和游戏。

过去"Made in China",走的是代工模式,要的是规模效应,一个芭比娃娃挣 1 美元,出口给美国的企业,人家在沃尔玛卖 9.99 美元。如今，中国在设计、供应链以及物流上的水平早已万象更新，品牌意识的觉醒，推动了企业直接向海外的消费者营销。从广告投放上看，截至2018年末，中国企业在海外的广告投放已经达到了140亿美元，美国最大的电商平台亚马逊的卖家里，40%都是中国人。

从吃、穿到飞机、高铁，从普通家电到5G设备，越来越多的海外用户对中国产品的印象正在从粗制滥造变为质优物美，"中国制造"正在走向"中国智造"。以印度手机市场为例，截至2019年末，中国品牌的市场占有率已经接近七成，其中仅小米手机一家就占了近30%的份额。谁的话语权强，谁的文化就更容易传播，随着消费品形象在世界范围内的提升，文化产业机会正在同步扩大，旅游、娱乐及相关衍生品领域都会有新的细分赛道出现。

值得关注的领域还有很多，像环境治理、新能源、新材料等，都代表着人类未来要面对的挑战，也蕴藏着巨大机会。然而企业的落脚点，应该从小处着眼，沿着这些方向，做两次或三次的细分，找到适合自己的切口。未来，一些旧的赛道会消失，新的赛道会出现，但无论怎么变，商业解决的终归还是人的问题，**保持一颗学习的心十分重要，毕竟一切能力的基础是学习能力**。

学习会让企业保持清醒，对赛道的感觉也变得更加敏感。无论创业者的个人喜好什么，对资本最负责的态度，是保持开放的心态和宽广的视野。像在2000年前后干互联网的，2010年玩OTO的，2014年开始准备大数据、物联网的那些人，有几个天生喜欢？但很多事都是这样，即使一开始没感觉，但做着做着，在解决问题的过程中，就自然而然地喜欢上了。

普通打工者,从学校得到些书本知识,就业后被动地受周围环境影响,形成一些固有的认知,而且对此从不怀疑,就这样过完了一生。创业者的思维则灵活得多,他们不怕试错,喜欢用实践去检验真理,后天的学习能力普遍较强,既有一头扎进某个行业的魄力,同时还能保持着对其他领域的关注和洞察。一旦环境发生改变,需要切换赛道时,又能闯出一片新天地。

哲学家这样描述**"最聪明的人"：在按某种认知做事时,心里可以同时存在另一种截然相反的认知,或者说,始终保持一种"自己的认知可能不对"的警惕**。仔细体会一下这句话,多辩证!当然,能具备这样的意识水平太难了。看看身边,最像这样的人往往就是创业者,没有条条框框,不爱抱怨,始终在想方法。转型,往往贯穿了他们的职业生涯。

抬头看路与埋头赶路并不矛盾,保持随时修正方向的灵活,是为了更好地专注。当巨大的行业风暴来袭,没有人能扛得住,你"身体素质"再好,也可能被"担架"抬着回来,看看疫情中航空公司的处境,就能深有体会。这时,要学会先找个"山洞"躲一阵,快速调整成本结构,并根据现有资源因势利导,找到更有价值的细分赛道,先增加现金回流,再逐步使公司重回轨道。

2
模式与打法

前面讨论了"做正确的事",本节重点谈"正确地做事"。

商业模式,为我们提供了观察企业的一个重要视角,直接可以看到企业在各条赛道上是怎么跑的,以及能跑多快。对于所有创业公司而言,应接不暇的难题,就像人体内的病毒一样,要么我们的免疫系统把它杀死,表现为感冒发烧等,然后康复了,要么被它杀掉,最终死亡。谁都希望能在健康的状况下活得更久点,这就需要研究"活法"。

活法即企业的商业模式。**从"站起来"到"强起来",企业每向上挪一下,都不轻松**,就像《后会无期》中那句话,"好像知道了很多道理,却仍然过不好这一生"。总有几座山,会横在创业者的面前:盈利模式怎么规划?财务预算怎么做?产品和服务如何定位?用什么手段敲开市场?怎么提高复购?怎么管好供应商?等等。要实现商业理想,这些坎是绕不过去的。

　　一次给上海交通大学总裁班讲课，半场休息时，一位做人力外包业务的创业者跑来与我交流，抱怨成本高，公司不赚钱，问我有什么招。我开始以为他指的成本是人力成本，但仔细一想不对啊，他的模式是"按需供人"，没有前置成本，怎么会高呢？后来他说，他的成本主要是研发成本。我就更纳闷了，一个创业不久的非技术密集型的企业，哪儿需要那么多研发？结果令人意外，人家刚起步，就把金蝶 ERP、阿里私有云、"堡垒机"服务全配上了。

　　这就是创业者没想清楚模式，导致预算乱做，没把好钢用在刀刃上。对于初创企业，生存的目标高于一切，超额配置资源，还不如资源配置不足。用小米加步枪的方式，把市场摸摸透，把预想的模式跑一遍，把第一单业务先落地，早日获得现金流，远比急于搭架构、搞体系、建系统重要得多。一上来就铺张浪费，企图高举高打的公司，后面往往走不远。

模式即路径

　　所谓"正确地做事"，用一个术语表达，就叫商业模式。

　　就像一个人计划旅行，交通上，既可以搭飞机，点对点地到达目的地；也可以乘高铁，领略沿路的风光；时间允许的话，还可以驾车，走走停停。方式上，可以跟团，与陌生人一起，简单省事，但只能走马观花，行动路线不自由，计划外的美景可能近在咫尺却不能去；也可以和朋友结伴而行，自己做攻略，并能掌控节奏，增进彼此感情；还可以独自背包远行，一路上操的心多了，却可以彻底放飞自我。

异域的风情、沿途的领悟、偶遇的机缘等,这些因素的相互作用,组合成一个个不同的旅行模式。如果说这些模式各有意义,那么商业模式的目标则显得纯粹得多,不论哪种模式,只要能降低成本,提高客户的付费额和频率,为股东带来最大的分红回报,就是好模式。

比如同样是干"支付",以前的模式是店家搞个收银系统,客户刷信用卡或储蓄卡,还要输入密码,交易链条较长,有些客户忘带卡或是嫌麻烦,干脆就不交易了。现在,客户只需打开手机,扫扫二维码,交易就完成了。今后,连手机都可以省了,直接"刷脸"支付。商家利用这些交易模式,刺激了消费者的交易意愿,提高了营业额。

再比如"住"这件事,企业很容易想到去经营酒店,造一栋房子或租下别人的物业,改造成房间再租出去,太简单了。**但不动脑筋的东西,往往就需要动钱**,这也是传统酒店成本高、赚钱难的原因。爱彼迎(Airbnb)这样的公司,就巧妙地使用了共享模式,直接砍掉了酒店行业最大一块成本,在不拥有任何一间客房的情况下,迅速成为全世界能提供房间最多的机构。对于万豪、洲际这样通过一家家酒店"线性发展"起来的老牌巨头来说,这种以"几何级数"增长的搅局者,就如同外星生物般的存在。

旧模式正日渐式微,新的打法不断升级,好的模式可以帮助企业避开在现有路径上与竞争者的正面冲突,避免体力上的无谓消耗,出其不意地占领市场,不按套路出牌,从而起到克敌制胜的奇效。同样要攻城,是强攻还是地道战,是派地面部队还是导弹空袭,效果都不一样。如何把我方伤亡降到最小,最快速地取得战略主动、结束战斗,是模式要回答的问题。

19世纪初,欧洲反法同盟包围法国本土,奥地利10万大军压境,元帅梅拉斯踌躇满志,认为这次拿破仑已如瓮中之鳖。谁曾想,这位法兰西皇帝分析形势,并没有选择鱼死网破的阵地战,而是另辟蹊径,率领数万法军,神不知鬼不觉地绕道瑞士,翻越了阿尔卑斯山,如同天降神兵,直插奥地利军队的后方,打得对方措手不及。

企业获得融资后,是先在一个城市深挖洞、广积粮,稳扎稳打地逐步发展,还是跑马圈地,快速建立分公司,将红旗插遍全国?如果选择了扩张路线,是优先"攻打"消费水平高,但竞争激烈的沿海一线城市,还是关注人口较少、发展欠佳的三、四线城市;是用自有资金去建分店,还是用送股权的方式裂变出一堆加盟店;是直接花钱买线上流量,还是依靠拓展线下场景或"异业合作"来获客?选择不同,对应的成本结构、收入结构以及站稳脚跟的时间等也不同。

十几年前,世界上最大的两家飞机制造商波音和空客,都对航空业的未来进行了预测,一致认为随着全球化与经济的增长,乘坐飞机的人会显著增加。基于同样乐观的判断,这两家公司却选择了截然不同的发展路线。

波音认为客户会在中小机场之间大幅度流动,所以开始建造一种体积更小、燃油效率更高的客机,也就是所谓的"梦幻客机"波音787,并迅速拿到超过一千架的订单。而空客则认为大型航空枢纽会盛行,因此应该研发超大型客机,以降低每座位每千米的油耗,稀释机组人员的费用和飞机折旧,于是花了四年时间和250亿美元的投资,搞出了"巨无霸"空客A380。后来事实证明,大多数航空公司都是嘴上叫好,下单者寥寥无几,这严重拖累了空客的利润,不得不以"停产"收场。

企业的商业模式要考虑人、财、物怎么配置，才能达到最优组合。检验的标准，就是看盈利能力和现金流好不好。

定价权

什么公司最赚钱？看看世界五百强榜单便一目了然。

年复一年，除了科技互联网企业座次有起伏外，长期妥妥地占据前20名的，不是银行、能源企业，就是通信企业。这些企业有个共性，都具有经营的"垄断权"。这个权利一般是靠"特许经营权"获得的，直白地说，就是别人不能干这件事，只有你能干。

垄断的另一种方式，是取得稀缺资源，使得"竞品"无论如何努力，都只能以"山寨"的形象出现。这种"无法复制"或"不可再生"的资源，有时令竞争对手更加绝望。

A股"股王"贵州茅台（600519），因茅台镇独特的自然条件、特有的水源与酵池，奠定了其在白酒领域独领风骚的地位，毛利率长期保持在90%以上，2018年销售额近800亿元，市值等于三个五粮液（000858）。云南白药（000538）依靠其神秘的配方，雄霸医药与日化两个行业，十年来，创造了年均营业收入增长率22%、净利润增长率27%的商业奇迹。

垄断只是手段，获得"定价权"才是目的，特许经营也好、稀缺资源也罢，最终都提高了企业的定价权。由会计成本决定价格的商品，通常都不是什么了不起的生意，更准确的说法应该叫"买卖"，低买高卖，靠与进货差价赚取利润，没法获得溢价，你一提价，生意就没了。当然，对于已经产生了规模效应,并培养出了客户习惯的商品,依然是个好生意,比如农夫山泉。

越牛的生意,商品价格与会计成本的关系越小。一幅毕加索的画,成本多少钱? 人们一追捧,便价值连城。这种可以在商品价格上加"几个零"的权利,就是定价权的极致体现。

特殊资源可遇而不可求,这种模式,和普通创业者是不是就没关系了呢? 其实未必,我们以泰山旅游为例。

中国只有一个泰山,还是五岳之首,珍贵稀缺,因此不用担心客流,但想拿到泰山的旅游经营权,基本不可能。可如果换个思路,是不是可以承包景区内的部分收费项目,并和运营方分账呢? 比如观光索道。对于泰山的运营方来讲,这个方案既不用自己花钱,也省了索道架设和后期养护的麻烦,还可以从承包商那拿到分成,可以考虑。对于承包商而言,实质上通过景区运营方,间接获得了垄断资源,一次性地解决了日后"获客"的问题。

有人通过方案设计,**与行业内的垄断企业产生了"强关联"的合作关系,帮它们做了"懒得做"或"看不上"的事,**还增加了这些企业的收入,形成了双赢的局面。为了巩固这种关系,有的签了长期排他性协议,有的则主动"送股权"来绑定这些资源,不惜一切代价地抱住"大腿",利用资源快速拉开和竞争对手间的差距。

"抱大腿"

"抱大腿"一点都不丢人,只是没那么好抱。

　　1999 年的龚宇，辞职后搞了个"焦点网"，起初情怀很足，涉猎了新闻、电商、房产、招聘等各种业务，然而由于一直找不到盈利模式，人员膨胀又快，加上 2001 年互联网泡沫的冲击，公司账上一度只剩下 10 万元。痛定思痛后，龚宇决定先抱一条有钱有势的"大腿"，就找到了那时炙手可热的张朝阳，借助这棵大树，"焦点网"迅速转型，成了国内领先的房产网站。

　　但故事并没完，龚宇一直在等待下一条"大腿"。在优酷卖给了阿里、酷 6 归了盛大后，视频赛道的时机日渐成熟，他说服李彦宏，一起创立了爱奇艺。虽然在几大视频网站中起步较晚，但借助百度的资金与流量，逐步摸索出了从综艺节目到版权收购，再到"自制剧"的发展模式，后来者居上，成为视频网站的另一座山头。

　　顺丰（002352）是中国物流领域的巨头，疫情期间我从上海寄往德国的快递费，只用了 DHL 报价的五分之一，大家曾一度讨论，顺丰掌门人王卫距离首富还差几个涨停板。顺丰成功的背后，站着 10 万余个快递小哥，在这个劳动力密集型的行业，从哪儿去找这么多人呢？在供应商名单中，华中人才（870557）和聚英人力（839917）格外醒目，公开资料显示，仅 2016 年上半年，前者通过顺丰取得的收入就近 1 500 万元。抱上顺丰，让他们的业务顺风顺水。

　　代工，是"抱大腿"的一种常见形式。在过去十年里，通过获得苹果 iPhone 和 iPad 的代工权，富士康成长为全球规模第一的工厂，2017年实现 1 589 亿美元的营收，拥有超过 130 万名员工。大家都穿过耐克、阿迪达斯或是优衣库，但或许不知道这些品牌的背后，是一家被誉为"代工之王"的中国企业，它就是申洲国际（HK2313），一年生产 3 亿多件衣服,2019 年的营业收入达到 227 亿元人民币。

此外,通过"To G"为政府提供服务,也是一种借力方式。上海一家婚庆公司没有像别的公司那样四处铺广告,或是在店里守株待兔,而是通过竞标,为民政部门做了一本精美的"新婚指南"小册子,既有夫妻生活的话题,又包含了婚礼流程、影楼比较、酒店分析等信息,放在了婚姻登记处这个新人必经的"流量入口"。三个月后,客户纷至沓来,他们的业绩翻了两倍还多。

风靡一时的 PPP(Public-Private-Partnership)项目,之所以众人追捧,是看重它特许经营的实质,随工程一同转包给企业的,还有政策和政府信用。起初,这种模式主要出现在公益性较强的领域,如今,范围已经扩大到各个方面,很多金融公司热衷于此,有的干脆就把公司定位改为"PPP 金融服务商",成为该模式的资本推手。

对于有清晰的上市计划的企业来说,"抱大腿"模式也有其不利的一面,这种方式主要影响客户集中度或供应商集中度,导致公司抵御外部风险的能力降低。但情况也正在变化,从监管口径来看,证监会对这件事的容忍度似乎提高了。2015 年过会的东方新星,在连续三年的报告期中,其第一大客户中石化的销售额占比均超过了 80%;2017 年核准的三晖电气(002857),在招股说明书中披露,其第一大客户国家电网占其销售额比例接近 90%。

为什么这种"集中度风险",能被一贯严格的发审委放行呢?可从两方面去理解:其一,如果公司所抱的"大腿"是垄断性企业,规模大到基本可以代表所处行业,那么除了这样的交易对手外,没有其他更好选项了,这种依赖反而是加分的。其二,如果公司是"大腿"的前几大供应商,且有长期合同,产品需要公司的持续服务,替换成本高,那么说明稳定性强,是好模式。

规模"经济"吗?

多数情况下,特别是 To C 模式的公司,抱客户"大腿"显然意义不大,只可能让"大腿"做上游,去代理它们的产品,除了品牌或价格优势外,竞争同样激烈。不是每个创业者都明白怎样在竞争中获利的,搞着搞着,就成了光赚吆喝不赚钱的局面,有的摊子铺得越大,亏得越多,在线教育行业的很多公司就完美地诠释了这一点,全行业能盈利的企业占比不足 5%。

为了抢占市场份额、提高营业收入,在线教育机构普遍采用了移动端营销、线下地推、搜索引擎竞价排名等方式,不计成本打响品牌,广泛接触潜在客户。然而这些客户在试听后,转化为付费用户的比例不足十分之一,同时复购也无法保证。2017 年,尚德教育的营销与管理费用达到了惊人的十多亿元,不仅超过毛利润,更是超过了营业收入。51Talk 也在持续亏损的泥泞中挣扎,在 2014 年到 2018 年的五年间,已经亏损 20 亿元,这 20 亿元即使存放银行,按年化 6% 的单利计算,5 年下来也有 6 亿元的利息了。

想要公司盈利,保持组织的健康运转,得搞明白成本与收入的关系。先介绍两个基础概念,一个叫**长期平均成本(LAC)**,是指企业长期所投入的总成本在所有产品上分摊下来的平均值;一个叫**边际成本(MC)**,或者叫增量成本,指的是每多生产一个单位的产品所引起的成本增加量。

不同的行业、不同的经营和技术水平,会对应不同的成本函数,但这条曲线具有一定的规律。通常情况下,同样一种产品,随着生产数量的提高,分摊到每个产品上的成本自然会减少,所以 LAC 曲线一开始是呈下降趋势,而由于 MC 曲线的"灵敏度"更高,在纵坐标上的位置应该低于 LAC 曲线,这时扩大生产,企业就有利可图,我们叫"**规模经济**"。

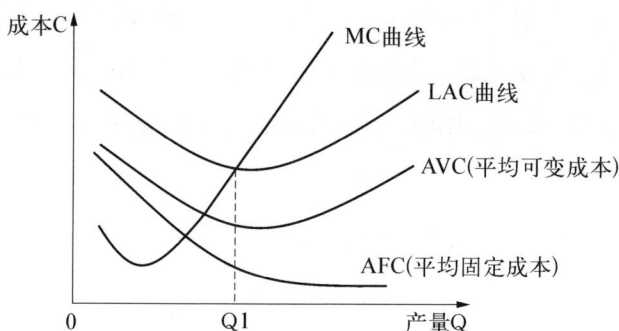

某商品的成本曲线

而随着管理成本等因素的上升,MC 曲线开始掉头向上,快速接近 LAC 曲线,当超过一个临界点后,MC 曲线转而在后者的上方运行,拉高了所有产品的平均成本值,LAC 曲线也跟着缓慢上扬。这时,企业如果继续投入生产,效益不升反降,我们就叫"**规模不经济**"。

所有优秀的企业,无论采取哪种盈利模式,在成本端都会朝着"规模经济"的方向努力,哪怕曲线在一段时间内短暂背离,也是为了最终的回归。在互联网出现前,曲线背离的产生,十有八九都是运营问题,今天来看,答案就不止一个了,最常见的是阶段性的策略安排。

比如"滴滴"这样的公司,前期烧钱补贴,LAC 曲线并未下降,甚至会先经历一段上升,但随着用户习惯养成,通过降补贴、高峰期加价,包括推出"小桔车服"品牌,在整车租赁和高频市场收服务费等手段,MC 曲线作为先导性指标,在"奇点"来临时,会率先掉头向下,并带动 LAC 曲线加速下行,在价格一定的情况下,利润率迅速回升。

采用"羊毛出在猪身上"的模式,以内容产品为代表的互联网企业,其实也有这个规律,只是猛地看上去,总觉得哪里怪怪的。

怪在哪儿呢?比如我们看今日头条、趣头条或是抖音,它们的服务本身都免费,收入主要靠内容以外的广告(电商和游戏等互联网企业的变现,也都可以理解成一种"广告费"),这个收入对应的成本,和"制作广告"这件事没半毛钱的关系,而真正有关系的,却是八竿子都打不着的研发与运维费。从本质上看,这和滴滴模式一个道理,都是先做出一个"爆品",吸引足够多的流量,让商家或个人通过平台挣到钱,再从其中分享收益,只是平台的收入,不来自平台内容的生产者或是阅读者,而来自平台外的"第三者"。

在项目运行前期,投入的各项成本很多,如场地租金、装修、设备等,开弓没有回头箭,这些都是刚性的,很难改变,我们把它叫作"**固定成本**"。另一部分成本是有弹性的,比如管理成本,你可以提高"人效",少请几个员工,或多发点福利;再如销售成本,你可以线上高成本打广告,也可以线下发展合作渠道;还有原材料,价格随市场行情和订单数波动,我们把这些叫作"**可变成本**"。

LAC 曲线在下降或上升的过程中,除了固定成本被增加的产能分摊掉外,可变成本起到了关键作用。比如产品知名度和"市占率"提高了,对供应链上游的话语权就强,采购成本就低,甚至还能赊销,形成"业务负债"(应付账款在会计上计为"负债"),产生杠杆效应;也可能通过技术的升级改造,使加工成本或物流成本下降;还可能因为发现了低成本的流量入口,使销售费用大幅降低,等等。

模式的关键就转到了怎么降低"可变成本"上来。可变成本中的大头是"销售费用"和"管理费用",这两块是利润表中除营业成本外最大的成本项。其中,"管理费用"主要包括工资、差旅费、招待费等,其本质还是为了开发和运营客户,提高营业收入。

另一部分貌似固定成本的开支,其实也可以通过模式变化来调整,比如仓储成本。一般"直营电商"会选择京东式的"统仓"模式,或是在大的地区设几个"分仓",每个仓的品类都较全,根据订单位置发货,缺货时可跨仓调拨。另一种是"平行仓",按品类划分,每个仓的商品不同,根据订单品类,从相应的仓调拨,这种模式的缺货率较低,但对系统和技术要求较高,目前只有亚马逊采用。

迫于一些商品对物流时效的要求,又出现了一种"前置仓"模式,比如"每日优鲜",在靠近大商圈的小区租了许多小房间,放置货架和冷柜,以快速响应周围2千米内的需求,迅速送货上门。阿里的新康众连接了全国5万多个汽车美容快修店,主要做门店的供应链,目前已经开了近1 000个"前置仓",每个仓配置五六名技师,可实现从下单到送达少于1小时。

因此,除了固定成本外,其他几个部分的成本都直接或间接地与客户有关。这里,我们统一把它换一个词来表达:"获客与运维成本"。

结论出来了：**要想实现"规模经济"，须先降低 LAC；要降低 LAC，先降低 MC；要降低 MC，核心是减少"获客与运维成本"，这是选择不同的商业模式所产生的最大差异。**这个概念，再简化一步，把"运维"这部分暂且略过，重点说"获客成本"。

"获客成本"是关键

一顶帽子，假设零售价 100 元。为了找到买家，商家又是在淘宝上打广告，又是雇人在小区里发传单，结果算下来，平均到一个客户身上，花了 90 元，这还没算上这顶帽子的采购成本、仓储成本、物流成本等。如果帽子的营业成本为 15 元，则 90 元的"获客成本"直接"击穿"85 元的毛利，这生意就没法干了，卖得越多，亏得越惨。

观察一家公司，可以和业务相近的其他公司作比较，会发现充分竞争的产业，大家的毛利率水平一般是接近且相对稳定的。比如这顶帽子，一般要 15 元才能批发到，但你非常牛，10 元就搞定了，也就省了 5 元，但在供应链上，你能占到的便宜相对有限。最终盈利水平的高低，拼的主要是谁能更便宜地获得客户。如果能把帽子的"平均获客成本"从 90 元降到 20 元或者更低，每顶就能赚接近 70 元。

一种模式，"获客"需要 90 元，另一种模式，20 元就够了，谁的模式更优，看"获客成本"便一目了然了。To B（to Business）模式也好，To C（to Customer）模式也罢，都是外在形式，实质是对"获客方式"的不同运用。美国家电老大百思买（Best Buy）于 2006 年并购五星电器，高调进入中国市场，然而此后几年，连年亏损，仅过了八年不到就宣布退出。原因众说纷纭，有强调水土不服的，有说定价比国美、苏宁贵的，还有吐槽它货架陈列不科学的，在我看来，问题只有一个：获客成本过高。

本土家电卖场，会把门店租金、装修费、柜员的开支，都转嫁给入驻的品牌商，还会利用对供应商的资金占用，提高资金周转效率。而百思买财大气粗，各项费用全都自己来，并雇了促销员，而且还用先买断、后拿货的方式经营，这么高的成本投放，并没有换来预期的营业收入与客户增长，平均到一个客户身上的成本，远高于其他卖场，何以为继？

2019 年折戟于 IPO 的"墨迹科技"，问题也如出一辙，在当年这个"过会率"接近 90% 的"大年"里显得格外刺眼。豪华的保荐和中介团队，阿里和险峰基金的"光环"加持，多年的"网红"天气 APP，并没帮助公司顺利闯关，招股书中的数据，忠实地反映出了问题所在。"日活"用户增量占当年 APP 装机数的比例，从 2015 年的 4.3%，陡降至 2017 年的 0.68%，互联网获客红利势弱的趋势，在墨迹这里尽显无遗。客户不再像过去那样因为一件事就去下载一个应用，即使下载了，打开和停留的时间也很短，特别是这种工具类的，查完就离开。墨迹获取有效客户的能力被证监会质疑。

大多数线下 To C 的模式是以"门店"形式出现的，比如街边的餐饮店、超市、美发店、水果店。门店，最重要的功能，就是为客户"自投罗网"提供了场景，走过路过不要错过，顺便进来看看，搞不好就成交了。所以 To C 的扩张，主要是"拓店"，要么直营自己拓，要么搞加盟让别人去拓，哪种方式好？要看账怎么算。

加盟模式轻，在扩张速度上明显快于直营，但因为有"中间商"赚差价,从交易中取得的收入降低,且质控的成本更高;直营的负担较重,特别是员工成本、租金成本这两部分,扩张速度较慢,但毛利高,管控容易。作为创业者,该作何选择呢? 我们来看个案例。

"周黑鸭"和"绝味",在卤味领域竞争得不可开交,策略却完全不同。前者坚持直营模式,2017 年平均一个门店能贡献 316 万元营收,74 万元净利润,毛利率近 61%;而后者平均一个门店贡献 43 万元营收,5.5 万元净利润,毛利率仅为 36%。看上去,似乎格局已定。然而 2019 年 6 月末,在卤味市场一片大好,绝味、煌上煌营收增长都超过 13% 的情况下,"周黑鸭"却单边下跌,利润下滑 32%。如果看近五年"周黑鸭"的业绩增速,会发现均在下降,这让人有些匪夷所思。

从财务角度看,选择直营还是加盟,核心要比较两者间的"收入价差"和"费用差"之间的关系。在直营模式下,你的营业利润(X)等于销售额(A)减去营业成本(C)和各项费用(D);在加盟模式中,费用(D)主要发生在加盟商一端,为了方便计算,我们姑且不作考虑,营业利润(Y)等于营业额分账后的收入(B)减去营业成本(C)。由于都要减去营业成本(C),两边抵消掉,公式简化为 $X=A-D$;$Y=B$。在这个模型里,如果左边大于右边,代表直营合适;如果右边大于左边,意味着加盟更优,$A-D≈B$ 时,说明效果差不多。

我们观察一下这个算式,如果把 B 和 D 交互一下位置,左边变成 $A-B$,右边变成 D,在直营优于加盟的情况时,公式就变成 $A-B>D$。B 是打折后的 A,是企业和加盟商之间谈下来的一个分成比例,算式的意思就是:判断直营好还是加盟好,要看其收入比加盟高出的部分,是否能覆盖各项费用。

这里面 A 是变量，B 随 A 的变化而变化，A 越高，同样分成比例下，与 B 的差额就越大。D 也是变量，与 A 正相关，**但如果 D 跑得太快，快到超过 A 和 B 之间的差额，则自己干直营就不划算了**。在作模式选择时，企业的测算模型里会先假设一个 A，并按市场平均分成比例假设一个 B，同时基于人力模型和租金测算，假设一个 D，计算之后，得出一个判断。同时，加盟商也站在自己角度，测算可能发生的各项费用，评估企业给的分成方案是否有利可图。

"周黑鸭"之所以选择直营，是基于它对单店盈利模型的信心，但显然，这几年竞争加剧，它的营业额未达预期，而费用的增长并没控住，使得 $A-D$ 持续变小，不再适合直营。"绝味"则对单店收入与拓店的费用有不同的预测，在它的判断下，直营收入超过分成收入的那部分是不能覆盖各项费用的，也就是 $A-B<D$，所以它选择了加盟模式。很幸运，它赌对了。

扩张模式的比较，其实从另一个侧面证明了"获客成本"在商业模式中的核心地位。我们看 $A-B$，表面上看是两种模式的收入差额，那么为什么会有这个差额？因为你找了合作方，由他帮你获客，因此这个差额就反映了你为不同的获客方式所愿意承担的风险。而算式右侧费用 D 的产生，也正是为了获取客户，否则，雇佣的人、租下店面，是用来干嘛的呢？

网络拓展了传统的线下获客场景，改变了依靠线下连锁扩张的单一模式，**将"克隆"门店的线性思维转变为覆盖全网的指数思维**。模式虽然变了，不用开那么多店，租金费用也少了，但研发和营销成本高了，与此同时，还少了门店所能辐射周边的自然流量。客户的获取，都靠

APP、服务号、小程序,那么在"冷启动"的阶段,怎么吸引他们来呢?

最简单粗暴的方法就是"买量"。向谁买? 当然是那些流量大的平台。腾讯、阿里、美团点评、今日头条等的很大一块收入,就是在这样的背景下躺着得到的,这也催生出很多企业,专门服务这些网络广告主。比如博采网络(833205)创始人,过去帮企业做软件开发,在 2019年进入这个领域后,依托 B 端客户资源迅速上量,当年即实现净利润100%的增长。

广告主买量的方式花样很多,有按 CPC(Cost Per Click)每次点击付费,或是按 CPM(Cost Per Mile)千次展示付费,这都是成本前置的方式。有些商品,流量平台很看好,不满足于只收个广告费,会和你谈联运(联合运营),成本后置,根据成交额分账。对于企业的现金流来讲,这种模式当然更好,但如果产品成了"爆品",对于创业公司来说,就不如做个广告来得划算。

这个过程,就像衡量是否应该引入加盟商一样,也是谈判双方基于对市场的预测进行的一种博弈。线上"获客"看似轻松,实则比线下门槛更高,特别是进入到互联网下半场之后。

从 PC 到移动互联网,曾快速崛起了一批利用"红利期"搭便车的APP,现如今,流量被少数寡头垄断。我们想想看,手机屏幕就那么点大,常用的 APP 就那么多,据说不会超过七个,就算人们一天上网八小时,怎么去抢夺用户的时间?"获客成本"也水涨船高,从几元飙升到几百元,甚至上千元,站在十字路口的创业者,茫然不知所措。

过去在大街上还经常能看到"扫码下载 APP",就送牛奶、矿泉水、雨伞之类的活动,现在也不多了。创业者逐渐发现,即便当时用 5 元获得了一个客户，人家转身就把 APP 卸载了，或者从来不登录，过了段时间一算，平均 100 个下载可能才换来一次有效交易，成本多少？500 元。况且，这些用户本身也并不精准，可能并不是目标客户。

昔日知名电商平台"乐蜂网"，于 2019 年 8 月底宣布停止运营。"乐蜂网"由央视主持人李静创办，已运营 11 年，巅峰时的年营业额达 20 亿元，在市场竞争加剧、流量越来越贵的背景下，经历了"唯品会"的并购和团队成员出走，直至今日最低黯然离场。"乐蜂网"的故事不是个案，正是那些迷恋 C 端流量的企业的一个缩影，"凡客"、"聚美优品"等公司的衰落，都反映出流量思维需要与时俱进，管理不好"获客成本"，昔日的繁华或将如昙花一现。

"网红"电商的出现，是对降低"获客成本"的一种另类尝试。"网红"自带粉丝流量，不用把资源投放给陌生客户，一次签约，可以批量"获客"。"口红一哥"李佳琦，靠魔性嗓音就能"带货"，曾创造了 1 分钟卖 1.4 万支口红的纪录。但这种"网红"模式并不能保证持续带来盈利，这其中的成本结构是做网红平台的人需要仔细研究的。

获得阿里 3 亿元投资、有着"网红电商第一股"的如涵（RUHN.us），在上市后不断走跌，目前 4 亿美元的市值，较上市首日已缩水近六成。2018 年营收 6.4 亿元，毛利 3 亿元，但亏损近 9 000 万元。2019 年一季度的营销费用，同比大涨 40%，达到了 2.1 亿元。"网红"是用来吸引用户的，结果花了这么多钱，仅把"网红"人数从 93 人增加到 133 人，而带货能力强的，却还是那三四个"台柱子"。成本如果平摊到每个交易用户身上，是多么惊人的数字。

从 OTO 到 OMO

OTO(online to offline)，顾名思义，从线上获取用户，再交给线下提供落地服务。判断公司模式是不是 OTO，并不需要看公司是否承包了从线上到线下的所有服务。比如携程，它不开航空公司，也不运营酒店，后半段的线下服务是由合作伙伴提供的，我们仍把它叫作"OTO平台"。

也有每一环全是自己干的，比如威尔士健身房。你通过某种渠道了解这家公司，并下载了它的 APP，预约课程后，还是要到它的实体店里，借助器械自己练，或是请教练上课。当然，它的 APP 也可以把其他品牌的健身房搬到线上，像"全城热练"APP 一样，赋能别人。是用连接的方式做平台，还是只做自己的店，和上文说的"自营"还是"加盟"，逻辑上是一样的。

在老霸主 BAT 的世界里，线下场景的使用都不多，无论是"淘宝"和"天猫"卖货，还是"腾讯游戏"，包括百度的竞价与广告模式，通过线上，基本都能完成各自的服务和交易。而以"美团"、"滴滴"为代表的新巨头们，几乎都利用了线下场景，以产业互联网的方式，延伸了服务。

作为中国第三大互联网公司，"美团"专注本地生活，服务场景几乎都在线下，类似全能版的"携程"，从外卖到团购，从酒店到旅游，围绕吃喝玩乐的都被它"OTO化"了。在与大众点评合并后，"口碑"作为消费者选择的重要依据，也被成功整合进了生态中，美团市值目前已经超过 5 000 亿港元。

OTO 的出现，是消费服务业被移动互联网改造的必然结果。"获客"方面，王兴为什么选择了"到店"的 To B 模式，而不是自己直接经营呢？这是美团和传统服务业的主要区别。一个是成就别人的思维，做大蛋糕，与供应链上游合作，帮助他们提高出货能力，顺便赚钱；一个是挤占上下游企业的利润空间，或是通过兼并收购，直接进入相关领域，和别人抢蛋糕。

数据已经证明了，前者更有生命力。

2019 年的全国两会，马化腾带来了一份名为《关于加快发展产业互联网，促进实体经济高质量发展的建议》的报告，获得强烈反响。什么意思呢？就是告诉大家，没有必要扎堆，去抢供应链上相同位置的事，历史已经充分证明，这样做只能换来行业红海一片，产能过剩，谁都赚不到钱。不如互为上下游，大伙协作分红，为彼此赋能，就能在一起愉快地"玩耍"。

一说到 To B，我们首先想到的是找 B 端客户，特别是在一些"低频"领域。比如快修汽配行业，大家都觉得毛利高，一个配件从出厂到车主手上，有些要翻上十几倍。但靠开店 To C，存活下去就特别难，主要是因为车属于耐用品，换个刹车片、机油、空调滤清器、轮胎，一般都要等一年以上，这也是为什么途虎、新康众和上汽车享家，即便有巨头撑腰，却依然持续亏损的原因，收入的增长，根本覆盖不了高昂的"获客成本"。

因此好多人不开门店了，跑去做 SaaS，希望通过管理门店的"进销存"，顺理成章地做门店的供应商。但很不幸，因为汽配件的 SKU（标准产品单位）成千上万，专业度高，供应链上的利益又盘根错节，每次喊出要去中心化的，最后都败兴而归。结果到目前为止，还没有出现一家能盈利的平台公司。

　　还有一些人本来是在 C 端毛利高的领域,比如小龙虾,结果听说 To B 获客成本低,店不开了,改去做小龙虾的养殖或批发了,然后卖给餐厅。**简单地选择把客户由 C 换成 B,是一种做供应商的"上游思维",或者叫"卖方思维"。**成为"上游"谁都愿意,等于找别人做客户,帮助自己去库存,这在稀缺产品或强势品牌产品的情况下,是适用的,可惜这样的机会很少。

　　传统的电商平台,把市场搭在了网上,帮商家在这个新市场里开店,收"入场费",或者免"入场费"收"停车费",也就是收"交易佣金",本质上还是在做房东的事。除了检索和支付更方便外,和"沃尔玛"这样的线下卖场相比,差异并不大。而产业互联网则不止把服务拉到了线上,为了赋能合作伙伴,还进一步把服务伸回了线下,并由此演变出了很多新的玩法。

　　像美团、58 同城、携程网,哪一个不是争做供应链的"下游",变着法儿地服务 B 端? 以餐饮服务为例,过去把门店的信息搬上网,主要是为了展示,以方便客户"到店";而把外卖服务加入进去后,就变成了"到家",帮商家把收入范围延展到过去没有能力触及的客户。有人说商家也可以选择自己送外卖,可以是可以,但效率一定不如专门干这件事的人,且成本还更高。

　　所以,在该模式下,"美团"帮商家降低了"获客成本",并省去了自己开餐饮店的所有营业成本,不持有一家店,却成了全球最大的餐饮公司。**自我"降维",争做"下游",看似很傻,相当于甘愿做别人的渠道,帮人卖东西,但实际上自己往往赚得更多。**对于合作伙伴来说,这样的做法,令他们举双手欢迎,谁不喜欢客户,或是能带来客户的渠道呢！

我有一个"90 后"的朋友，是个连环创业者，大学期间就在搞电商，如今又找到了给商家赋能的方法，不仅仅是简单地"导流"。他发现有几十万关注量以上的公众号，普遍存在一个痛点，即变现困难。过去靠接广告变现，饱一顿饿一顿，而且还要依赖广告主的预算，显得很被动。这些"号主"除了等待广告收入外，都想主动卖商品，但又不知道卖什么，还不能破坏用户体验。

为此，他创立了"潮谈"，通过高品质文章或问答等方式，帮自媒体人"爬取"客户在阅读中留下的各种蛛丝马迹，沉淀出行为特征的大数据，进而形成现有用户的"画像"，再利用差异化的选品，去精准匹配。另外，他的系统具有 AI 能力，可以学习每次匹配中成功或失败的逻辑，自动改进算法。这样，"号主"都乐意把用户资源零成本地交给他，并"喂"进了他的系统，提高匹配精准度。

从这个例子可以看出，如何用"下游"思维，为"上游"更好地赋能，关键在于能不能获取并运用好数据。过去没有数据，我们不知道谁买的，不知道他有什么行为特点，也不知道他下次还来不来，什么时候来。OTO 丰富了数据，帮助我们部分解决了以上问题，使对"留存"和"复购"的管理成为可能。要知道，让客户再买一次和增加一个新客户，对降低"获客成本"、提高净利润率的影响是一样的。

但从数据角度看，这些还不够，而 OMO（Online Merge Offline）的出现，使线上和线下的数据被全面记录，为两端的场景融合提供了更多支持。光看"Merge"这个词，是不是就有点霸气侧漏的感觉，字面翻译是"合并"的意思，那么究竟怎么 Merge 呢？

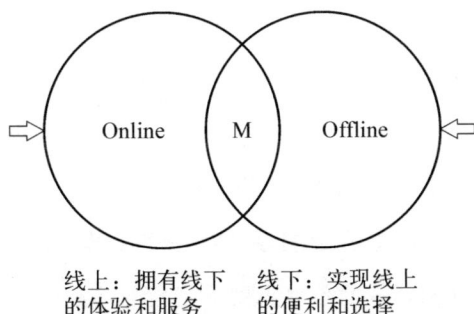

线上：拥有线下　　线下：实现线上
的体验和服务　　的便利和选择

　　我们可以想象一下，过去有两个世界：真实世界和数据世界，它们之间只有很细的"管道"相互连接，细到只能通过少量的信息，比如一些交易信息，因此**真实世界的模样，经这条管道压缩后，在数据世界中的投影，已经面目全非，**也就没人在意这些投影的价值。而随着芯片、传感器、算力等技术的发展，这个"管道"被撑大了，大到真实世界的数据可以无损地经过其中，"不失真"地抵达数据世界的那一侧。此时，真实世界和数据世界就重合了，不分彼此。

　　OMO 就是干这事儿的，不放过用户在现实世界中的所有线索，尽可能忠实且完整地记录各种行为数据，使整个真实世界被实时同步到数据世界中。这就使提供服务的商家，有能力回归到商业的本质，将"获客成本"降到理论上的最低，实现利润率的最大化。此外，依托这些数据资源，还可能变异出其他的场景与变现方式。

　　举例来看，共享单车是做骑行服务的，当被装上传感器时，就可以在"散养"的状态下触及大量的用户，且无须人力看管。无论单车是静止还是运动，加速还是转弯，这些行为的"影子"——数据，都被上传到了云端。每一次骑行，用户的重量、速度、距离、位置、路线等数据，也同样被记录,这些"一级数据",经过分析加工,会形成应用层面的"二级数据",来指导运营策略。比如一个区域应该投放多少?是否应该分时定价?能不能形成非机动车交通安全解决方案?很快,"摩拜"和"哈啰"公司,会比你更了解你自己的习惯。

这种"后 OTO 时代"的新打法,使得线下数据可以"反哺"线上,其结果,使线下实体和场景的价值得到了空前的提高。互联网的上半场靠卖流量就能花式地"割韭菜"。"趣店"(QD.us)在美国上市后,市值曾一度高达 117 亿美元,主要就是给金融机构批发流量。进入下半场后,随着流量红利的逐步消失,缺少线上与线下数据融合的企业,日子就越来越难过。"趣店"的逾期和坏账在这一时期开始攀升,市值在2020 年年初跌落至不足 10 亿美元。

零售业"获客"的主战场,已经从线上转移到了线下,谁能利用OMO 的思维,借助新科技进行数字化改造,未来就在谁的手上。这几年,阿里不仅果断入股高鑫零售,一次性将大润发等四百多个品牌卖场收入囊中,还启动了内部称之为"一号工程"的"盒马鲜生",在 2018 当年就开了近 100 家店;京东也在"新零售"上排兵布阵,7 FRESH 生鲜超市项目,计划在未来三到五年,开设 1 000 家;腾讯继续加码永辉超市,也是看中其一千多家门店,并押宝"超级物种"项目。

传统商超长什么样,大家一定还记得,客户拎筐或推车自选商品,然后去结账处排队付钱离开。这个流程下,店家并不知道客户的名字,也不知道他们来过几次,是偶尔路过还是家住附近,常买哪类商品,一般买什么价位等,只知道一个时间段里共产生了多少笔交易、收了多少钱。这就造成了几个问题:"坪效"多少全看运气,库存的"水位"容易失控,仓库位置可能不合理,客户体验一般。该模式下,即便推出了商超的 APP,也是为了使消费端的信息数据化,也就是"线上的数据化"。

而采用了 OMO 方式的店,可以使供给侧也数据化,也就是"线下数据化",不光节约了人工成本,还可以将门店里发生的各种数据反向赋能给线上。比如,通过了解客户在店里不同货架的停留时间,可以判断客户喜好,实现线上的精准推送,也能分析客户的行进轨迹,优化商品的摆放位置;追踪客户历史购物频率,可以预见客户冰箱里的存货情况,并推测其下次消费的时间,做到适时提醒,也可以动态调整仓库商品结构,为畅销品提供更大空间;利用对外卖送达时间的掌握,可以推算客户和门店的距离,更好地管理和分配外送订单。

我们是算法,还是别人算法中的数据,是创业者要问自己的。将供给侧数据化,可以减轻消费侧的获客压力,把后台搞"重",搞得更智能,才能使前台轻装上阵"干大事"。就像美国的五角大楼,指挥千里之外的海豹突击队执行任务时,每个被武装到牙齿的特战队员就像一个个线下门店,在司令部的眼中,就是个移动的传感器,不断在为总部传输各种军用数据,这些数据通过计算机实时加工后,就是一幅战场的整体拼图。那些靠肉眼作战的对手,即使武器精良,也会在大数据的笼罩下,像二维生物遇见三维生物一样,被"降维打击"。

网络效应

数据赋能的另一好处,是可以形成"网络效应"。

在一种状态下,当每增加一个新用户时,现有的其他用户都能受益,且当某个用户试图离开这个平台,会有来自其他用户无形的力量将他又拉回来时,我们就说这个平台具有"网络效应"。比如淘宝,卖家多了买家就多,买家多了卖家也就多,会呈现交替上升的现象。但这不同于"病毒式传播",后者突出的是产品的爆发性,而"网络效应"是指网络中的不同参与者间双向的、相互赋能的,并能使整个网络价值指数化增长的体系。

社交平台就极具这些属性。看看身边,还没听说谁能离得开微信,"日活"用户已经超过了 10 亿,腾讯早就不需要做任何营销了。当你想远离它时,你的家人、朋友就会把你拉回来,连企业开个电话会议都习惯用它。如果你想换个平台,转移的成本约等于你和所有联系人之间的交互价值,这也是阿里的"来往"没做起来的原因。

在这类平台中,生产者与消费者的界限往往很模糊。你在"朋友圈"发照片写感想的同时,又在看别人发的东西,内容生产者和消费者双方不断交互角色。这种借助用户来产生内容的模式,被称为 UGC(User Generated Content),维基百科就是其中的典型代表。不同于由专家分工完成的百科全书,维基百科借助了每一个读者的时间和知识来生产和完善它的内容,近乎免费地构建出了新的"图书馆",还不用付作者费用,内容时时更新,也不会过时。

"90 后"已经习惯了这种 UGC 模式。当身边人的奇闻异事、才艺表演呈现在屏幕上,最好还常常伴有失误和尴尬时,你会觉得这才是真实的生活,比各种"权威发布"更有意思。B 站借助目不暇接的"弹幕"、别出心裁的创意,营造出了一个"UP 主"的精神家园。在这里,内容生产者和粉丝更容易找到彼此,并把这些内容情不自禁地分享出去,成为 B 站的免费代言人。

同样的套路也出现在知识付费领域,活得不错的公司都是利用"网络效应"的典范。就在吴晓波的巴九灵借壳全通教育(300359)失败后不久,罗振宇就请中金公司正式启动了 IPO 辅导,冲击知识付费第一股。前者靠个人 IP 引流变现,后者用平台赋能他人,单看模式,"罗胖"就已经赢了。带着收割"焦虑税"和"智商税"的争议,后者把学知识这件事简化成了听书。

从"得到"APP 运营开始,公司便启动"去罗胖化",将"说书好的"和"爱求知的"两群人搬上线,让他们之间进行化学反应,彼此成就。效果很惊人,仅北大教授薛兆丰一个人的专栏,在 2017 年的订阅用户就超过了 18 万,按每人 199 元订阅费计算,薛教授的"带货"能力超过了 3 500 万元。

"网络效应"的另一种实践叫"社交电商",这词看似新潮,其实很老套。为了降低"获客成本",过去的人早已想出了解决方案,卖给身边的熟人就好了,信任成本最低。大家可能还记得"安利",曾一度火爆得不得了,不仅大爷大妈,还有不少年轻人,都怀抱着飞黄腾达、在此一搏的决心投入其中,把家里变成仓库,把朋友变成渠道,天天开会打鸡血,四处见客不嫌累。

今天的微信,让"熟人生意"这件事变得更加简单,只要脸皮够厚,只要抱着所谓"利他"的心,就能先催眠自己,再影响朋友。有时一没留神,我们就会被人拉进某个群,接着就是一连串"福利":群主先发个小红包,然后利用人的惰性,告知大家不用再去小区的超市和水果店,就有人送货上门,价格还比实体店便宜,如果能介绍其他客户,价格还能更便宜。

云集（YJ.us）就靠这个路子，成功登陆美国资本市场，"环球捕手"、"花生日记"虽然经常被罚，但生命力似乎依旧很顽强。不考虑这些公司营销是否超越三层、涉嫌传销等监管问题，仅就模式本身来看，它们改变的是成本结构，利用社群的网络效应，降低了平台的"获客成本"。**在这类模型里，客户不再是简单的客户，而兼具了买家和卖家两种角色，**这等于把商品的流通链条拉长了，就像商业银行对外贷款所产生的"乘数效应"，营业额被不断放大，而"获客成本"却并没显著增加，只表现在给每一层的佣金上。

当然，社交电商模式与生俱来的短板，就是在没有"核心商家"的情况下，如何保证商品的质量，如何解决现代人最在意的健康与安全问题。也许过不了多久，区块链等技术就能彻底解决这些问题，但这种交易的模式依然会面对诸多法律方面的挑战。

需要提醒的是，"网络效应"并非能适应所有模式，比如在 To B 模式下的运用就会显得力不从心，我们很难让 B 和 B 之间产生像 B 与 C 之间那样丰富的反应。C 的需求是多元的，会在不同类型的商品和店家中跳转，而 B 目的明确，采购需求是直接的，根据预算买完就走，很难和其他买家或是不同品类商品的卖家间有太多的交互，也就无法形成"网络效应"，这也是很少见到大型 To B 线上平台的原因。

3
产品与用户

　　这里说的产品,是解决方案的概念,而非狭义的硬件。现在很多企业,软硬件和服务打包在一起,甚至不少公司不提供软硬件,输出的全是服务,这些都是本节要谈论的"产品"范畴。

　　如果将模式打法比喻成"正确做事"的"药",那么产品便是"配方",同样治疗感冒,"白加黑"和"板蓝根"的配方就不一样,药效也不同。我们讲"模式",主要研究的是怎么靠它降低公司的"获客成本",而本节讲的"产品",更侧重于如何用它来增加公司营业收入。

　　过去一说到产品,我们容易把它静态地理解为成本中心,这么想也没错,制造业的思维,琢磨的是怎么弄到更便宜的原材料,雇佣到更廉价的人。现如今,互联网助推了行业升级,产品不再"沉默",通过对它的人格化塑造,产品自己就能发出"声音",和它的用户自主"沟通交流",并得到"粉丝",进而能动态地改变公司的收入结构。

产品是企业的基石,一款产品的成功足以造就整家公司。作为和客户沟通的"媒介",产品在最前端,而公司在后端,有需要时才会出现,不少情况下,产品早已妇孺皆知,而背后的公司却显得"默默无闻",好产品的影响力超过公司本身。好比很多人都玩"王者荣耀",未必知道开发商叫天美工作室;好多人看"今日头条",却不知运营公司叫字节跳动;我们品尝了碳酸饮料的冰爽,才知道可口可乐;听到了刺激的轰鸣声,才了解法拉利。

在管理层面,企业主也常依据产品类别来划分人力组织结构;在财务层面,不同产品被列为不同盈利单元,分开规划与核算;在资本层面,优秀产品往往被剥离出母体,分拆上市。

警惕"产品跑偏"

谁都想做出一款毛利高、受客户追捧的"爆品",成为公司的"现金奶牛",而最后交付的,却常常是乏味的、令人兴奋不起来的,且市场上还有一堆替代品的东西,毫无产品竞争力。究其原因,可能是产品定位不清,缺少辨识度;可能是产品门槛高,使用体验不好;还可能是产品缺少交互性,传播速度受阻等,但结果就是收不到钱,或达不到预期增长。

产品是公司品牌的落脚点,也是价值主张的具象表达。在产品运营的早期,能够正确评判外部的各种信号,是一项重要能力。有的团队一看见差评或投诉,就变得很紧张,内部分析会一不小心就开成了批斗会。销售团队会跳出来,用客户反馈来压产品团队,以便为可能的业绩不达标提前做好铺垫。如果会议召集人此时思路不清,很可能把方向带偏,变成了部门间的相互指责,并导致老板因为暂时的营销数据而对产品的未来产生怀疑,进而缩减资源,打乱原定的方向和研发节奏。

做产品,从来不是一件靠臆想可以干好的事,而是小心翼翼,在混沌中一层层拨开认知迷雾,遇见真相的远行。这与做人有几分相似,不管你如何努力,都无法取悦所有人,但假以时日,一定可以通过对人性的理解,在身边留下一群志趣相投的朋友。

朋友少,不能怨别人眼光不好,做大做强自己,身边朋友自然就多了。怎么才能做强自己? 可能要留意你的体型、着装、姿态,这些相对好解决,更要拓展眼界、升级思维、提高谈吐,这些比较难。一个人的吸引力,在"底层代码"的层面上,不会超出以上范畴。它们都来自哪儿? 既有故乡和家庭环境的基因底色,又受到从事的行业、经历的挫折、遇见的人、读过的书等后天因素的影响。

同理,产品卖不动,用户上不去,抱怨消费者审美差也没用,把产品精进为"酷品",自然有客户大半夜爬起来,跑到店门口排队。成为"酷品"要具备哪些要素? 外形设计让人兴奋、材料摸着舒服,这些门槛都不高,真正拉开差距的,是看产品如何解决用户需求。比如上手是否简单,核心功能是否突出,品质是否稳定,有没有超预期的体验,等等。

李嘉诚在给长江商学院作分享时,曾将成功的心法总结成八个字:"建立自我,追求无我。"**开发产品,恰好是一个从"自我"到"无我"的渐进过程,**产品是构建自我的基础,没有产品,也就无从谈起一家公司。而无我的状态,则是验证自我的最佳环境,把自己放空,将所有的假设放进市场,广泛倾听客户的声音,才能像一个可塑性强的青少年,在摸爬滚打中取得进步。

如何充分利用每次被"摔打"的价值,在相同的时间内,汲取更多营养,缩短建立自我的时间,是公司规划产品的方针与指南。一些公司认识到了试错的重要性,却混淆了发力的方向,以为在产品广度上的全面发展,就是对探索"自我"的最好诠释。

荆棘之路上,干扰和诱惑总是如影随形。自律的团队,会设计产品"看板"表,贴在公司醒目的位置,利用制度约束,时刻提醒自己戒骄戒躁,先在已经启动的项目上,穷尽各种方法,获得宝贵认知后,再谈别的。在这张表上,管理被分成"正在开发"、"已经完成"、"正在验证"等几个阶段,每个阶段只限填三项产品,并根据优先级排列。规则是只有当一个产品成功进入到下一阶段,腾出了其表格位置后,才能安排其他拟开发产品加入。

简易产品看板表(中间两项的产品数量通常不止三个)

阶段	项 目			项 目			项 目		
	产品	状态	负责人	产品	状态	负责人	产品	状态	负责人
正在开发	A			B			C		
已经完成	D			E			F		
正在验证	E			F			G		
等待开发	H			I			J		

缺少定力的企业,很容易被市场扰乱节奏,将"产品线"搞得又长又乱。"长"代表SKU(库存量单位)多,一多就容易"乱",管理难度和

成本都会成倍增加。 SKU 再多，客户不愿意为之买单，也等于蒙眼打枪，子弹怎么飞全没方向。有人说小米 SKU 多，但小米的产品生态也不是一天养成的，而是在手机这个核心单品站稳后，才开始逐步拓展到其他硬件领域的。

小米很在意为每类产品树立差异化的"标签"。其控股的华米科技，主要做可穿戴设备，但在这个竞争激烈的市场，以什么形象占领客户心智，成了创业团队早期面临的一项大难题。首款 AMAZFIT 智能手表在功能上并没有侧重，看似无所不能，却难以让人记住。而后经过团队长达半年的反复论证，将这款产品的定位，修正为运动型手表，忍痛把与此无关的功能和配置统统砍掉了。破茧成蝶后的华米，很快成为小米生态链的销售冠军，并一举超越 Fitbit，成为全球最大的智能穿戴设备服务商。

产品线杂乱的公司，想的不是集中精力先搞出一款叫得响的产品，并以此建立形象，而总是把收入的增长寄托在"下一款产品"上。对上一个产品的失败还没作足够的复盘与反思，还没搞清楚问题出在哪，就仓促地推陈出新，用一个同样未经验证、自作聪明的认知，重复着过去的错误。新瓶装旧酒，既分散了企业的精力和资源，也容易造成新老产品同步进入市场，企业内部产品之间的自相残杀、互相掣肘。

什么叫**"未经验证的认知"**？就是在市场上还没有成功的先例，换句话说，你以为的商机，是不是存在真实的客户需求，根本还不知道。不知道并不可怕，可怕的是不去验证就想当然。鸦片战争后，英国曼彻斯特的商人兴奋不已，面对中国这块巨大的处女地，他们认为本国的睡帽产品，理所当然地可以在 4 亿人的新市场里覆盖到 20% 以上的人群。

于是,他们让棉纺织厂开足马力,夜以继日地生产,直到运往中国后才惊讶地发现,中国人根本没有戴帽睡觉的习惯。

Ipod 的成功看似偶然,实则是乔布斯做了充分的调研后才做出的尝试。当时索尼 Walkman 随身听的畅销,已经帮苹果做了一项验证,即人们是愿意在公众场合佩戴耳机听音乐的。这个证明很重要,但还不够,要推动产品继续研发下去,就得去证明另一个未被验证的事情,即人们是否愿意为原版音乐付钱。很幸运,第二个问题的答案是肯定的。

有几种错误认知,在不断被"证伪"的情况下,依然没有引起一些创业者足够的重视,比较典型的有**"技术式跑偏"**。就像警察抓小偷,追着追着,就变成了和小偷比赛谁跑得快。很多企业在乎的是自己能做什么、能生产什么产品,却不太在意客户需不需要,一旦有新技术出现,创业者就有冲动去效仿,但大费周折做出来后,发现根本就不是市场所需要的。

比如某些屠宰加工企业,为了升级技术,高价引进了德国的设备,招聘了最好的技工,能将一头猪分割成 200 多个部分,形成 200 项SKU,甚至连切猪脚都有花样,还能再分出是否"带筋带肉"等几种类型。确实比人工干要厉害,但就是用处不大。当功能被过度开发时,研发投入便不再产生经济效益,而是变成了对资源的浪费。

有的机器人公司,在政府的高额补贴下,请了大批博士,做着背离市场、自娱自乐式的"创新"。其中上海有一家公司,为我兴致勃勃地展示了拥有数 10 个传感器、3 个摄像头,并配有麦克风、手臂,能和人眼神交流的机器人。这款产品用于餐厅服务,它的仿真能力很强,但很遗憾,出货量非常低,那些花了上万元买回去的餐厅,除了用它来目送客户离开,发出一句"欢迎再次光临"外,几乎没有其他价值了。

其次是"**体验式跑偏**"。你坚信客户用这东西更便捷,体验更好,所以客户肯定会买,如果客户不买,一定是客户出了问题。这就像奶奶带孙女,总担心她着凉,衣服尽量让她多穿,于是有了句话:"有一种冷,叫奶奶觉得冷。"谁说客户一定会为产品创造者更多的"爱"买单?他们只关心这种体验是不是及时和必要。

之前听樊登讲过个故事,他的一个朋友发明了一款自动汽车罩,机器吸附于车顶,利用小电机,可将车罩罩下或打包收敛,为那些自己动手"罩车"的人提供一键式的"舒适"服务。可是产品一投向市场,却发现根本卖不动,原因很简单,除个别豪车外,谁没事会把车罩上?这个错误代表了一大类不顾实际的创新,**当你还不了解用户是谁时,那么也不会知道什么是"质量"和"体验"**。

还有"**渠道式跑偏**"。迫于销售回款的压力,一些企业把营业额的增长错误地等同于要尽量多地占领零售商的货架或资金,并希望以此提高在中游渠道上的话语权,使合作关系更为紧密。在这样的认知驱使下,为了扰乱竞争对手,建立局部优势,公司往往答应渠道商针对当地情况,设计专属产品的要求,这不仅会削弱核心产品,还会使消费者被分散的 SKU 干扰,难以理解品牌的价值导向。

以上这些常见错误有个共同点,就是客户的"需求假设"都是建立在"以为"而不是"被验证"的基础之上,那还谈何定位?**想要占领产品货架,就先得研究消费者的"心理货架",在这个过程里,没有什么是可以想当然的**,只要未经证实,任何想法都还只是"假说"。创业者的一厢情愿和客户的付费意愿不是一回事。

那么用户到底要什么呢？市场的需求调研可以部分地回答这个问题。

一说到用户需求调研，我们会想到什么？上网搜搜行业新闻或分析报告，认真点的，会做一个调查问卷，然后在街头巷尾找人填，大多数企业都是这么做的。

客户倾向于勾选他们认为正确的选项，而非真实想法的选项。抽象且空洞的问题，让样本的答案变得令人沮丧，客户的各种偏好，看上去市场都有相匹配的产品了。以调研矿泉水市场为例，如果问题是"你爱喝矿泉水吗？"或是"你觉得喝水有益健康吗？"，80%以上的人都会回答是，而事实上，他们中相当多数平时可能只喝碳酸饮料。

更有意义的工作，是找到促使客户产生购买行为的决定因素，从而发现究竟是什么东西，决定了交易的发生。进一步调研会发现，原来一部分重视养生的人，是看中矿泉水的弱碱性，有利于防止癌症；另一部分青年人和学生，更看重瓶子的设计和美感，拿在手里显得很酷。这些才是促使他们购买的真正动因，也才对产品的设计有参考意义。

有效的调研，不仅仅是待在办公室里，看看专家文章或网友的吐槽，而是要深入田间地头，跑遍一线市场，走到顾客、供应商、渠道商以及竞争对手当中去，和他们经常泡在一起，才有机会了解别人尚未发现或是不太愿意去做，但会有相当多的用户乐意买单的东西。

锁定产品"破局点"

Logitech（罗技）公司，在 PC 兴起后，并没有进入到竞争激烈的电脑显示器、硬盘、内存等领域,而是在走访用户时意外地发现,电脑键盘和鼠标在频繁的使用中,存在按键弹性不好、灵敏度不高等问题,而这些外设产品,恰好又是当时的巨头们觉得不重要、不屑去做的非主流业务。于是,这家公司就从客户在意的小问题出发,通过这些当时并不起眼的产品,成长为曾占领市场 55% 的份额,年收入过百亿元的设备"巨兽"。

我们把这样深度细分的领域,称之为"利基市场"。所谓"利基",来自法语 Niche 的音译,最早指法国人在建造房屋时,常会在外墙上凿出一个不大的"神龛",虽然小,但洞里有乾坤,后被人引用形容一个大赛道上的小切口。这个市场比所谓的细分市场更窄,也更聚焦,经常成为那些巨头日后创业时规划产品的重要依据。随着这些市场逐渐变大,它们会与其他市场相结合,并能衍生出新的"颗粒度"更细的利基市场。

日本企业 YKK,同样是在深刻了解客户需求后,由一个小产品起步,不断精进,成长为商业帝国的。他们在消费者采访中发现,人们在选择服装时,往往会被拉链这种不可或缺的辅料困扰,是否顺滑耐用相当程度上影响了他们的购买行为。一根拉链无法成就一件衣服,但可以轻易毁掉一件衣服,这也引起了成衣厂商的重视,YKK 在找准了产品定位后,很快垄断了这个市场。如今,年出货量达百亿条,占领了日本 90%、全球近 40% 的市场。

要找到利基市场,可以瞄准一个常规赛道的"边缘"进行构思,无论这个分支多么狭小,只要能找到这样一个产品,并借助它成为这个领域的第一名,就有可能"改变世界"。

比如一说到游戏,大家很容易想到 RPG(角色扮演游戏)、MOBA(多人在线战术竞技游戏)等形式的内容,而休闲类型的产品则显得比较"边缘",大厂不太愿意做。而回到用户心理,促使他们玩下去的关键往往不是大制作,而是"动力、压力和释放"。有动力,用户会一关一关地玩下去,适度的压力,又能让他们感到不无聊,具有挑战自我的刺激感。因此,一些产品先将用户的"挫败感"积累到一定程度,再通过高分、社交排名等方式,使压力得到释放,令玩家得到满足和解脱。

由两个人,仅用时一天半就完成的第一版《别踩白块儿》,就是这方面的高手。产品画面极简,简单到不像个"游戏",更像是"小程序",仅有黑白两色,连《入门指引》都省了,新人一看就能上手,任务只有一个:按对黑块。在未做推广的情况下,上线一个月,就摘下了 iOS 和 Android 的总榜冠军,一年积累了两亿多用户。这种每局不到 1 分钟,可以充分利用碎片时间,但又易学难精的设计,让客户玩到根本停不下来,总觉得更好的成绩就在下一盘。

微信小游戏"跳一跳"也是这么做的。代码和美工也都少得可怜,却让用户和它难舍难分,"上进心"爆棚,特别是加入了好友排名后,更激发出玩家"一定要跳过他"的念头,不然似乎有点儿没面子。于是玩家会自我激励:只要按得再稳一点,跳得再准一点,超过某某我就不玩了。这种隔着屏幕的暗自较劲,令人兴奋,当超过预先计划的那个人后,又会想着超过下一个。

发现了一个切入口,并不代表什么,由于命题比较开放,有时比没得选择更令人纠结。一开始天马行空的自由感,可能很快会转变成一种不安,你不确定这东西能不能火,有没有足够的客户和留存,但能看见账上的现金一天天地减少,这会干扰你试图聚焦的尝试。但当别人已经搞成功时,你心里会踏实得多,因为问题变得具体了,从开放式的"探索性问题",变成了封闭式的"技术性问题",难度好像一下就降低了。

这个现象给了我们一种启示:**要找到产品规划的突破点,关键得将需要解决的问题变成一个"定义域"尽量明确、"切口"尽量狭窄的收敛性问题,并集中优势力量,获得单点突破。**毕竟,对于创业公司而言,资源是相当有限的,什么都想做会"死"得很难看。不少公司,用战术的勤奋掩盖战略的懒惰,看上去很有目标,总是在做"加法",不断迎合各类客户的口味,想着四面开花,然而始终没有一个能拿得出手的产品。**当一个公司的核心产品开始变复杂时,说明它的产品策略一定出了问题。**

我们看曾名噪一时的 HTC,他们的高管团队总是将症结归结到营销部门,却对产品上的无作为没有多少办法。从 G1 到 G14,似乎每次产品出新都是公司的旗舰产品。资源的平均投放,也令其后推出的One 与 Butterfly 系列陷入了混乱,这等于把选择的难题交给了用户,而用户搞不明白,只能去选别家的产品了。HTC 并非对问题一无所知,只是朦胧地感觉到,需要对产品进行更精准的分层,但却没能落地到一个收敛性的问题上。

当然,还有用户吐槽 HTC 在设计上也有缺陷,这是另一个话题,这里多说几句。自从劳拉·里斯的《视觉锤》一书畅销后,有些企业便产生一种错觉,以为产品成功的关键因素,是外在的"视觉辨识度"。作者提出了一种观点,认为**"产品的竞争不在物理层面,而在心智层面"**,而视觉作为标签和符号,反映出的是产品的价值观和态度,特别在所谓

"关键时刻"（Moments Of Truth，MOT），可以占据用户右脑，留下难忘的第一印象。

这话本来颇有道理，但如果被企业曲解，认为视觉就是占领用户心智的唯一途径，则以偏概全了。"视觉"无疑是个加分项，但这属于传播学的范畴，而非产品的根基。对于初创企业而言，比视觉重要得多的，是将用户的需求转换成一个不能再分的"封闭式问题"，如果这个问题已经具体到无以复加，意味着问题实际已经解决了一大半。

猎豹移动（CMCM.us）的傅盛，在思考怎么做清理工具时，就把产品的定位，从"要做一款最好的清理软件"这类情怀式口号，回归到"先覆盖全球 6 亿用户"这样一个封闭式目标，而后又聚焦到"即使先用其他软件清理一遍，再用 Clean Master 清理时，还能清出很多垃圾"这样一个更具体的目标上。当时，公司多数人是不赞成这一产品策略的，因为傅盛要求将已经有上亿用户的"电池医生"项目上的开发人员，都投入到日下载量二三十万次的新产品上，并且很多程序员觉得，应该去做主流的安全应用，而非边缘的清理类软件。

的确，那时全世界也找不到一个公司，愿意用多达 200 人的"重兵团"，做一款小小的清理 APP。然而傅盛却不这么看，他敏锐地发现，在 Google 上搜索"Clean"这个词的数量，是"Security"的两到三倍，**数据比经验更重要**，必须率先在这个点上实现突破。于是，他将能投入的所有人都发动了起来，就"清理垃圾大小、清理效率和内存占用"等关键问题，快速拿出了方案。

不是该行业其他企业家没这个魄力，这当中主要差了两点。一是每个人对"破局点"有不同看法，二是有没有将问题收敛到一个程度，使团队的方向感更加明确,而不会因为方向模糊便搁置问题,从而错过了机会。通过这套方法,Clean Master 在每个模块上的投入,实现了比竞争对手多五到十倍的"优势兵力"。此后仅一年,APP 的月度活跃客户暴涨到了 1 个亿。

这种寻求"单点突破"的产品规划思路,在解放战争中的各个大小战役中屡试不爽。规划辽沈战役时,双方统帅都在反复研究地图,权衡"破局点"的位置。毛泽东深谋远虑,坚定地主张不惜一切代价,先拿下战略咽喉锦州,切断国民党华北军出关的可能性。事后证明,锦州这个"单点"的正确选择,或将东北解放的时间提前了 2 到 3 年。

选好这个"突破点"后,就要开始缩小"定义域",层层递进地去找出那个终极的收敛问题。首先要问"如何拖住正在沿辽西走廊东进的国民党兵团",这个问题有点大,那么接着问"在他们的必经要道上,选哪个阻击点比较好",这就让指挥官发现了塔山这个咽喉要地。接着,更收敛的问题是"塔山易攻难守,如果投入 10 万兵力够不够,至少死守3 天行不行"。

当这些问题清楚了,战士们的注意力,就开始集中到"怎么守三天"这个具体问题上。然而,此时的敌人装备精良,人数更多,且来势汹汹,那么在战术层面,到底该怎么守住塔山呢?

这就要从"假设验证"中去寻找答案了。

验证"需求假说"

看上去热闹非凡的企业,有时不过是一场幻觉,一些创业者仅凭经验蛮干，规划产品时固执己见，不顾市场变化一意孤行。面对失败，他们的总结往往是"大环境不好"、"政策不利"等，这样的思维方式，结果不好也就不意外了。

对于低成本产品来说，这种冒险都不值当，更别说工业级的试错了。我曾去江西参观一家电动汽车企业的生产线，占地950亩，上千台冲压、焊接、涂装与总装机器人，几千家供应商，年产能15万辆，目前一辆车都未卖，已经花掉了几十个亿。除了抵押方式外，银行原则上都不太敢给贷款，主要还是担心将来的还款来源。有造车硬实力的企业，将来新车有没有市场、能不能打开局面，都还是个巨大的未知数。

要避免一条路走到黑的"单线程"思想，将产品可能的路径性偏差止于早期，就需要将产品与用户的互动置于研发完成之前。不同于某些公司正式开业前的"试运营"——那可能都已经晚了，而是在每推出一个模块，乃至对一项小功能作修改前，就能在潜在用户间同步进行验证，即使此时的产品卖相看上去还很简陋。这个方法，能保证产品研发中所投入的每一步都有助于促进用户最终的购买行为，或者说没有资源和努力是被无故浪费掉的。

验证的形式，远没实质重要，史上最快破10亿美元营业额的产品，充分诠释了这一点。Groupon是美国最大的团购网站，美团的灵感也是来自它，最早起步时，这款产品长得和现在完全不一样。创始人深知，产品是验证需求的外在表现，真正重要的，是要搞清楚"团购"这种形式，究竟是否受人欢迎。于是，团队先拿T恤做实验，在一个博客中发帖，只要跟帖的人，均可以享受到这件T恤的折扣。结果发现需求非常大，基于这个几乎不需要成本的验证，他们才开始用PDF文件和邮件先做团购服务,后来量大了,才升级到应用软件的。

由此可见,**验证,特别是小范围验证,是判断公司正在做的工作有没有意义的主要依据**。对此,在《精益创业》这本书中,这样的验证被取了一个生动的名字——MVP(Minimum Viable Product,最小可行性产品)。意思是行不行拉出来遛遛就知道了。Groupon 在早期采用的PDF 文档展示的办法,正是那个阶段他们的最小化产品。

随着需求部分的被验证,其他方面的验证也可以随即展开,比如分档收费方式的验证、服务流程的验证等。书中举了一个生动的例子,一家企业看中了印度的洗衣市场,理由是只有 7% 的印度家庭有洗衣机,而且等待取回的时间长,还往往洗不干净。于是,公司做了第一个实验,在街角处放了一辆经改装的货车,里面放满洗衣机,看看有没有客户来,结果发现车前很快就排起了长队,至此,需求假设得到了验证。团队接下去又琢磨,怎样才能通过产品创新,进一步增加收入呢?

于是,团队又提出了第二个假设:对于着急拿衣服的客户,如果让他们先于普通客户取货,他们应该愿意付更多的钱吧?于是,他们又启用"最小可行"的产品思维,在一个区域做了尝试,推出了价格高两倍,但四小时内保证能取货的产品,结果发现依然门庭若市,这个产品分层假说又被验证了。同时,公司发现了一个有趣的现象,这些印度人在把衣服送到洗衣点后,一般都在附近不走,一问才明白,他们担心货车带着衣服跑了。这个意外收获,一不小心推翻了团队关于"货车外形的洗衣房是可行的"假说。他们立马改造货车外形,让它们看上去更像是个稳定的摊位。

　　为了保证验证的持续性，要量化地衡量每次产品迭代的效果，在每一次小创新后，将用户数据记录下来，并和实验前的数据相比较，特别是观察用户转化率、留存率、平均留存天数、复购率、平均付费值等关键指标（这些概念，将在后文中详述）。不要将虚荣的内容放入衡量指标，这会使行动偏离正确方向，即使一开始得到的都是坏消息，也非常有价值，至少可以让团队知道这个方向不行，不用再浪费时间了。

　　公司可以在每次产品调整后，继续做小范围的"灰度测试"，比如追踪 100 个或 500 个广告点击的用户数据，来评估产品的表现。也可以把这些用户样本分成两拨，在同一时间内，对他们做 A/B 测试，让其中一部分用户使用 A 方案，其余用户使用 B 方案，再对比不同方案下的衡量指标。当年奥巴马的竞选团队，就同时做了 6 个风格迥异的募捐网站，最优的版本将网站的注册转化率提高了 40%，对应了近 6 000 万美元的募捐资金。

　　测试的结果为产品的改进提供了指导方向。比如数据告诉团队，产品所用材料的轻重，与用户的使用意愿高度相关，则在最初阶段，产品的改进方向就应该围绕改进材料展开。如果发现数据和假设的关联度较低，无法指导决策时，则需要转换认知，重新进行假设，直到假设有效为止。

　　通过验证的产品，只能证明客户愿意付费，有一定市场，但这并不能说明它是一款增长有保证的产品，而如果产品的"增长假设"不成立，则企业的根基还是会出现动摇。让人放心的增长，需要具备"爆品"的特征，用户使用后，画面应该是这样的：嘴角上扬，并觉得好东西不该独享，便把它介绍给身边的朋友，让他们也用，即便遇上陌生人，都有一种分享的冲动。过去的苹果 iPhone 4,现在的华为 Mate 30,都具备这些特征。

　　存量用户的反复使用以及他们介绍的新客户消费,和市场化营销所获得的新用户消费,对于营业收入来说都是一笔无差别的增加,所以企业喜欢两手抓,但对于创业公司而言,恐怕并不适用。后者的思维,侧重外延式打法,资源主要涌向各种渠道,比如借助传统媒体、新媒体、社交网站的流量,通过"软广"或"硬广"来带动销售。但这种"消耗战"在一定时间内要忍受赔本赚吆喝的情况,一旦现金流枯竭,后果将不堪设想。此外,管理难度提高,管理费用会同步上涨,盈利挑战非常大。

　　不同于在正面战场拼勇斗狠,创业者的主攻点,应该回到产品内部,让产品自己"说话"。我的一位企业家朋友,创立了万位科技,最早做车联网的位置服务,现在的业务场景已经延展到物联网的各个方面。不同于该行业多数公司,只会简单依靠价格战,在硬件上死缠烂打,他更在意硬件与软件的结合,更在意数据的安全和运用。为此,他们自主研发出了一套"黑匣子"和"数据大脑",借助 APP 全天候为客户赋能,并已开始引领市场。

　　2019 年忽然被刷屏的现象级产品"ZAO",虽然因为客户协议上的法律问题,结果并不好,但其快速火爆全网的原因却耐人寻味。用户仅需上传一张照片,便可轻松通过"换脸"技术,秒变为影视剧的主角。

　　它并非第一个"换脸"应用,早在 2017 年,这种技术就在 Reddit 论坛上出现了。此后,一款名为"颜技"的 APP 高调发布,却始终没火起来。ZAO 分析后决定,加快"换脸术"的生成速度,并将产品做得更简洁,仅保留视频换脸和表情包换脸这两种玩法,既降低了用户场景选择的门槛,又切中人们爱美和自恋的本性,凭借用户不自觉地转发快速裂变。

要让产品自己"说话",就要使产品像 ZAO 一样,自带"传播小马达"。产品的"传播力",总是自内而外的,宣传和鼓励从来都不难,难的是用户自发。比如微信"抢红包"这个功能,本来是为用户绑定银行卡这个目标设计的,上线后腾讯并没有大肆宣传,而这个功能本身,却准确击中了用户的兴奋点,使大家忍不住去抢,并发红包给其他人。

在验证了"抢红包"这个玩法后,如何应对"竞品"可能的克隆,加快用户增长,巩固先发优势,是产品团队需要持续考虑的。这时,产品的交互机制,就是客户增长的下一级火箭了。

具体而言,应该将红包功能放置于哪层页面?应该默认"拼手气"还是"普通"抢红包模式?什么情况下让每个人抢到的金额可见?是否对玩家的"手气"进行排名?如果要排名,是按金额的多少还是按抢到的时间来排?这些交互使得产品除了在"终点"被动等待市场的表现外,多了一个在过程中掌握变化的机会,可以利用客户留下的诸多"线索",学习他们的行为,将自己进化得更"聪明"。

打造"动物性"产品

在幼儿教育上,有两种截然相反的观点:一种是把孩子当"植物"培养,认为他们的想法不重要,甚至有些危险;另一种则是把孩子当"动物"养,在乎他们的思想,留意他们的心情,倾听他们的反馈,引导他们的兴趣。研究人员跟踪和对比后发现,将来取得成就的多数是后一种类型。

同样,在规划一款产品时,传统的静态思维,总是单方面强调产品静态的"工具性",而忽视产品自身动态的"成长性",使得产品在设计阶段,就已经烙上了深深的"植物性"特征:不够开放、无法交互、难以迭代。这就排除了产品和客户建立对话机制的可能,使产品所能获得的"情报"大大地减少。

当产品处于一个高高在上的、封闭而没有回响的状态时,受苦的其实是团队自己。**培养产品的"动物性",正是建立产品交互机制的核心,这个把产品当"人"看的价值观,可以让"调研"无孔不入,在与用户交互的每个场景上安插"眼睛"。**

反过来想,交互的作用,实际是创造一种"指令性的语言",让操作它的人能够顺利完成这个指令,达成产品自己的目的。因此,交互的设计,不会像堆积木那样固定地拼凑,而更像是橡皮泥,在一定规则下作不同的变换,任何脱离场景的交互都是不切实际的。每种场景都有与之适应的交互方式,这些方法是产品经理要经常研究的。有先见之明的创业者,自己往往直接扮演成"产品体验经理"。

比如我们在首次打开一款 APP 时,会跳出选项"你感兴趣的话题","你的教育水平"等,标题写得很直接——"让我们更了解你"。在你打算卸载一款应用时,除了企图留住你而出现的"是否狠心删除"的选项框外,有时还会弹出一个列表,显示类似"请告诉我分手的理由,以便让我们做得更好"这样的话。在你使用的过程中,后台会默默记录你的行为,学习你的喜好,持续修改和完善你的画像,并不失时机地主动为你筛选并推送一些内容。这类交互,主要为了获取你更多的信息,帮助产品朝"千人千面"的方向发展。

在电商平台,客户的购买行为受商品评价的影响很大,有些执着的客户,会孜孜不倦地在评论区里挖掘"差评",为不买找个理由。商品的品质再好,如果评价寥寥,客户就不太敢碰。为了鼓励用户参与,APP既可以调用相机,省去写文字的麻烦,又设计了如积分、虚拟币乃至直接"返现"的正向激励,还会对不评论客户,在他们点击返回时弹出提醒,告知他们如果离开,将会影响权益。**这是利用人们对"沉没成本"可能损失的厌恶,反向刺激用户为平台多多"捧场"的交互。**

当我们在等待跳过广告页时,常会在页面的右上角,出现一个"倒计时"显示,并配有"跳过广告"字样的选项。在文件传输和软件升级时,也会看到一个完成多少或剩余多少的进度条。在提交订单时,如果内容填写不完整,会弹出"未填商品数量"等的引导性文案。这些交互设计,主要用于在操作过程中管理用户的预期,避免客户可能产生的不安全感。

在多人消费的场景下,相比总价,平均价格更能影响用户的决策。我们在美团点评等APP上,经常会看到餐厅"人均消费"的金额,这个设计让客户感觉很友好,可以省去自己计算的麻烦,并方便和周边其他餐馆比较,**消除客户的潜在顾虑,产生一种"一切尽在掌握"的满足感。**

再看常见的"离开当前页"的操作情景。我们可以观察Kindle的电子书,它的交互方式基本为沿屏幕中心区域,自左向右或自右向左滑动翻页,这就非常符合人们日常的翻书习惯,即"费茨定律"所揭示的:距离越近,操作越快。而如果需要在左上角或右上角的顶部区域完成点击,则控件离中部的核心区较远,用户会觉得比较别扭。

　　优秀的产品,几乎有个共性,就是都善于利用**"奥卡姆剃刀"原理**,将不必要的内容统统简化或删除,本着"断舍离"的精神,追求"极简",无论硬件还是软件,最好连上了年纪的大爷大妈都可以轻松使用。这是因为用户是"懒"的,在面对较多选择时,容易烦躁,注意力难以集中,反应的时间也就更长,特别对于那些有"选择困难"的人来讲,简直是一种折磨。

　　比如在页面设计上,就需要我们化繁为简,让用户能够立刻明白本页的重点,这需要从内容和视觉两方面入手。内容方面,首先可以从类别上进行分组,把同一类型的内容放在一个菜单栏里;其次将一个"事件"拆分,让客户分步完成操作,一个页面只做一件事;另外,明确主次,对重点功能和辅助功能加以区分。

　　视觉方面,要利用好用户视觉的"第一落点",也就是在"眯着"眼睛都能识别出的"高亮"地方,去表达本页的核心。有条件的公司,还可引入"眼动仪"来记录眼睛运动的各项数据,绘制眼动的轨迹图和热力图,通过定量指标,分析眼球的活动规律。

　　根据"复杂性守恒"原理,要使人机交互得简单友好,就必然要对技术部门的水平有要求,换句话说,**用户的简约易用,是要以后台的强大处理能力为基础的**。比如早期的电视遥控器,到处都是按钮,很多按钮可能从未被碰过,现在都合并成一个键,将操作界面转移到电视屏幕上去了。手机的演变同样如此,到今天功能键的按钮已

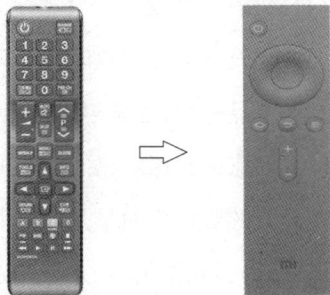

遥控器的演变

经消失了。全靠芯片和操作系统的进步,使用户得以享受产品,而不是把时间花在寻找按键上。

追求极简的同时,也要兼顾用户的思维惯性,比如某些手机在"指纹录入"这个交互上,采用的是录完后直接返回,即可自动保存的设计,所以在录完后的页面上,并不会出现"保存"按钮,只剩下一个"删除指纹"的按钮。这样设计的初衷,是为了给用户"减负",但这有悖于用户的习惯,担心直接返回的话,刚录入的指纹并没有被保存。还有用户会看错,直接点击屏幕仅有的"删除指纹"按钮,造成了误操作。

"防错"设计,可以规避用户的错误,使他们能更放心地使用产品。比如有人担心,如果在飞行途中,有人因为某种原因,跑去开飞机舱门怎么办?其实在飞机的设计中,就充分考虑了这一点。所有客机的舱门,在飞行中是被自动"锁死"的,靠人力打不开,而且试图开门的话还会立刻触碰报警装置,机组人员可以第一时间发现和解决。又如填写电子表单时,有人担心不小心出错,会导致满篇都白填,更好的交互方式是,在写每个空时,内容可以实时得到校验。对于上传或保存中不可逆的重要内容,应该在醒目位置作出提示,同时在点击前,最好加上"再次确认"的交互。

在设计交互方式时,除了对用户心理和行为进行研究,**另一条路径是做竞品分析,去学习那些已经培养出用户习惯的做法。**针对硬件,可以买回家拆开琢磨,如果其中某个部分涉及专利,可以上专利局网站,查公开的数据。如果是互联网产品,下载并操作他们的 APP,从 UI(用户界面)到功能模块,从架构逻辑到按钮设计,研究好的应用是如何做的,站在别人肩膀上,可以避免走很多弯路。

但这也催生了山寨现象。我们看热门电商的主界面，都像是同一个产品，只是换了身马甲就出来了，连"搜索条"的大小与位置、商品展示框的尺寸等细节都一模一样，搞到后面，谁抄谁的似乎只剩下"哲学意义"了。如果说这种细节上的"像素级抄袭"是"工匠精神"，未免让人脸红，但借鉴已经被用户验证过的交互方法，却能让用户觉得使用起来更简单。

除了以上那些简洁、人性化的考虑外，有些交互是用来激发用户的某种情绪的，比如好奇心。"盲盒"是2019年的现象级产品，仅天猫"双11"当天，POP MART（泡泡玛特）的5.5万个"盲盒"就在9秒钟内被洗劫一空，毛利率高达60%。在"闲鱼"APP上，累计已经有近100万用户进行了二手"盲盒"的买卖。

"盲盒"这类创意产品，距今已经有三十多年的历史了，前身是日本的"扭蛋"，里面装着不同的玩偶人物。产品本身并不稀奇，但它的交互方式却很特别，不同于其他商品的包装盒，它的盒子上不写任何款式和标识，客户买完后，并不知道里面装的是什么，直到打开它的那一刻。对于粉丝而言，他们买的不仅是玩偶本身，而且还有盲选时的紧张和拆开时的兴奋。

产品的交互，方法还有很多，我们不必拘泥于形式。只要通过与人的互动，能够让产品更多地掌握用户行为中留下的线索，更好地激发用户的购买行为，就都是有效的尝试。

在交互中，除了要对所有客户有一个整体认识外，还应该特别关注其中的"活跃用户"和"大客户"，他们的存在，就像发酵反应中的"酵母"，具有催化其他人的作用。**当这些客户在某页面经常有效"停留"，**

或是频繁使用某项功能时，可能就是该产品的"增长引擎"出现了。而后的工作，便是乘胜追击，使"这样的事"更多地发生。

比如，当"微博"发现他们的活跃用户热衷于看明星、大 V 的个人状态更新时，就增加了推荐功能，为新老用户匹配感兴趣的公众人物；当"抖音"发现他们的用户在翻页时，期待的永远是"下一个"短视频，他们便着力加强算法，扩大创作源，丰富背景音；当"陌陌"发现陌生人之间可以借助唱歌来快速"破冰"时，他们就开始转型做线上 KTV 直播，借助"聊天室"的"房间"，帮助陌生人释放情感、拉近距离，仅 2019 年前三个季度就赚了 20 个亿。它们的共性，都是通过对用户"兴奋点"的捕捉和发力，使产品走上了通往"爆品"之路。

《设计的法则》一书对"兴奋点"有着生动的解读，当产品利用各种交互，找到让用户专注在当前情景中，暂时忘记外界真实世界的方法时，就会在用户心底激起一阵"心流"（Mental Flow），正是这种"心流"的作用，让用户对时间麻木，更愿意重复地使用产品。根据这种描述，对照我们的经验，首先想到的可能是 VR、游戏和影视剧，然而能带来同样效果的，还远不止这些。在我第一次使用"有道"APP 时，就出现过这种"心流"的感觉。

它有一个"实景翻译"的功能，对着一种文字拍照，就可以迅速译成另一种文字，虽然这种视觉识别在技术上并不新鲜，但在翻译场景上的应用却令我兴奋。在好奇心的驱使下，我不自觉地搜索起身边的各种东西：书、矿泉水瓶、药盒、塑料袋，只要上面印有文字，都统统拿过来扫一遍，就不信它都能识别。**那一刻，甚至有种希望它哪里出错，但又暗自为它打气的复杂心情**，就像探险一样，完全沉浸其中，不知不觉就过了大半个小时。

　　平衡车也是一种让人上瘾的产品。当女儿第一次接触它时,一开始只会前后移动,后来她很快就掌握了转弯技巧,不到电池没电根本停不下来。这种借助陀螺仪和重力传感器的发明,可以感受人体前倾或后倾所产生的重心变化,并通过调节系统掌握平衡,将过去依赖双手的人机交互改成了依赖身体姿态,仿佛根据你的"意念",车便可自动完成操作,令人沉浸其中。

　　在"心流"这种"生物电"的作用下,客户喜欢使用产品,愿意与之交互,这就形成了一个良性循环。用户每次操作的行为数据都被产品的"眼睛"所捕获,再根据这些线索,修正自身的缺陷,将每个用户的体验,尽可能调整到最优状态,促使他们更多地使用产品,并产生出更大量的数据。产品的"生长",就是在这样的"动物性"交互中完成的,生长的过程,也向用户输出了"情感",传递了"价值主张",所有这些,才让用户真正记住了它们。

深挖用户数据

　　紧盯用户增长的企业,创始人思想始终会保持警惕,因为他们明白一个道理:**如果企业不能持续保持增长,那么它就正在衰亡,换成美团的口号就是**"go big or go home"。这些企业至少会每周召开"增长会议",甚至任命首席增长官(CGO)来审视产品的"需求假设"与验证过程是否有效,监测"动物性"产品留下的各种交互线索,并选择团队下一步要进行的实验内容。所有这些,都是为最终的各项用户指标服务的。

说到指标,先来看看一个互联网产品和用户交互的四个主要过程:新增、激活、变现、留存。新增是指用户无论借助什么途径发现了我们,并下载了应用,但尚未付费;激活是让用户频繁使用,如果不用,也就没有后两步什么事了;变现是最关键的一步,也是用户的分水岭;留存的时间,直接决定了用户的"生命长度",用户可能在付费前离开,也可能在多次付费后离开,但那个日子,便是用户对于该产品的终点。

以上这个过程,实际是个营销漏斗,每一环节向下一层转化,能转化多少,叫作转化率。因此,我们至少能得出三个转化率,即激活率、变现率、留存率。如果把这个漏斗拉长,还能把用户的转介率(Member-Get-Member Ratio, MGMR)算入进来。这样,**用户的增长问题就变成了具体的如何提高这几项转化率的问题了。**在横向比较后,很容易知道以上这些步骤中,哪些转化率比预期或同行业低,找到薄弱环节予以重点攻克。

在四个阶段"转化漏斗"的共同作用下,构成了总注册用户数、新用户数、活跃用户数、付费用户数、流失用户数、总成交额等宏观数据,并可据此计算出整体付费率、ARPU(每用户平均收入)值、留存率和复购率等指标。这些指标,就如同财务上的"资产负债表",可以客观全面地反

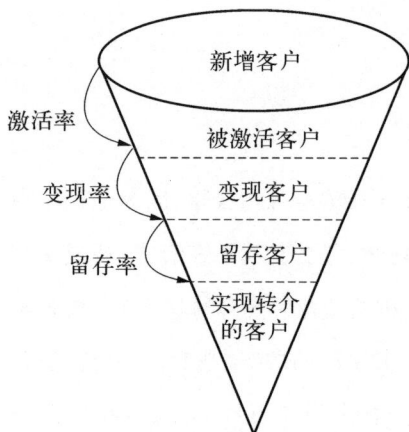

激活率
变现率
留存率

新增客户
被激活客户
变现客户
留存客户
实现转介的客户

用户漏斗原理

映产品的整体表现。其中，一些指标可以再分，比如增加时间刻度，活跃用户数即可细分为"日活用户"（DAU）、"月活用户"（MAU），留存率又可分为七日留存、月留存、季留存等。但这些都是静态数字，我们要把这些数字，通过拆分和组合，得出更具指导意义的结论。

首先，需要先对这些用户指标设定评判标准，不同行业，标准不尽相同。以"活跃度"为例，对于"钉钉"这种办公应用来讲，一到两周不用，就算"非活跃"用户了，而对于优酷网来说，可能要以三个月为衡量标准；再以"留存率"为例，对一款游戏来说，如果它的七日留存率超过10%，就已经不错了，而如果是一款打车软件，七日留存率是这个水平则非常堪忧了。在标准确定好后，接下来就可以建模分析了。

经典的 **RFM 模型**（Recency、Frequency、Monetary）是根据用户的活跃度、忠诚度和消费力这三方面来划档的。如将活跃度分为近 30 天、60 天、90 天、半年内的交易；将忠诚度分为累计消费过两次、四次、六次、八次的；将金额分为 100 元以下、500 元以下、1 000 元以下和超过1 000元的。再将这三维数据排列组合，来区分用户类型，如"活跃度高消费力强、活跃度高消费力弱、活跃度低消费力强、活跃度低消费力弱"这几类。（因为是三维数据，还可以基于活跃度和忠诚度产生出更多组合，这里不再展开。）

团队可以采用"靶向治疗"的方式，就以上这几类用户，对症下药。如第一种类型，要作为核心用户重点经营，继续加大投入，促使其复购；对于第二种人群，不必太在意他们每次的消费金额，侧重于发挥他们的口碑效应，并可尝试鼓励其"以老带新"，转介用户；第三类用户，要特别注意，他们有消费能力，但因为种种原因，产品忠诚度还不高，正是

"竞品"重点抢夺对象,未来有流失可能,需要投入专项资源加强关怀,提高紧密度;最后一种,可由其自由发展,毕竟,并不是所有用户都能带来足够多的效益。

就其中第二类用户,如果展开一下,还可以从他们的社交行为中,进一步去细化用户价值。比如建立一个"传播价值"的模型,设定一个时间段,观察在这段时间里,他们的发帖数、评论数、参与"活动"数的变化,来分析该用户在尚未消费的情况下,可为产品带来的传播力。和此观念相近,有人认为只要用户还在,早晚会有机会,他们提出了另一种分析模型。

这种模型叫**生命周期价值模型**(Customer Lifetime Value,CLV),它的用户分类依据,变成了讨论未来付费高低和当前付费高低之间的关系,只有当未来盈利预测和当前都不好时,这样的用户才会被放弃。如果用一个公式表达,可以写成 $CLV=P/R$。其中 P 是从用户处取得的年度收入,而分母变成了"年留存率",一个相对较虚的指标,这意味着只要用户尚未离开,还在使用产品,其 CLV 也可以很大,这其中也包括了那些并未带来现金流的人。

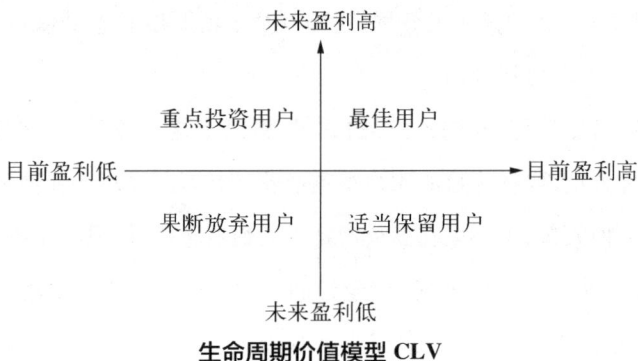

生命周期价值模型 CLV

在存留的用户里,再仔细看,会发现**不同购买次数的用户,和他们对收入的贡献、复购率、平均客单价也会呈现出某种关系**。比如分析一家服装店,可能发现购买三次以上的用户再次购买的比例可以达到50%以上,且间隔时间更短,而所有用户的平均复购率这时只有15%。也可能发现购买超过四次的用户平均客单价1 000元,而首次购买的平均价,只有300元。换句话说,随着购买次数的增加,用户收入贡献曲线会高过人数变化曲线,因为复购和单价都显著不同。

　　而复购和单价之间,也存在着关联关系。在购买次数相同的人群里,平均客单价1 200元以上的用户,复购率可能达到60%,而客单价不足200元的,复购率不足10%。什么叫"强复购"?标准要视产品属性而定,如果我们把"粉丝"定义为购买过五次以上的用户,则在客单价200元以下的消费者中可能几乎找不到,大概率存在于客单价在1 200元以上的用户里。

　　如果觉得以上模型有点复杂,最简单的替代方法是"二八法则",或者叫**"帕累托法则"**。无论新用户还是老用户,先找出那些能为产品带来80%以上收入的人,重点维护他们,这样,即使是新用户,复购的可能性也会大大提高。

　　在很多游戏公司的年会上,都能看到坐在第一排的,并不是公司的高管,而是他们请来的VIP重度玩家,这些人里的每一个人在游戏上的年消费额都可能高达数百万元,几乎可以撑起整家公司。

　　不难发现,以上这些分析方法,都是指向用户的"复购"。想象一下,一款产品的增长,如果总是来自新用户,而老用户不断向下掉,那么任何所谓的内生式发展便都成了笑话,靠"拉新"才能存活的产品,是不会有未来的。毕竟,除了极少数有垄断地位的"爆品"外,无论哪种模式,还没有哪一个产品新用户的获取成本能够低于老用户的复购。

想让用户复购,就要琢磨他们为什么会离开。我们都知道,自然界的放射性元素都有"半衰期",也就是当它们衰变到原来的一半时所花费的时间。用户也一样,通常每个新用户在第一次购物后,都有一个短暂的兴奋期,我们叫作"活跃期",这是产品占领用户心智、推动其复购的大好时机。用不了多久,随着新鲜感褪去,"沉默期"将来临,如果是耐用品或"低频"使用的产品,这一时期会来得更早。就如"艾宾浩斯遗忘曲线"的拐点临近,用户对产品的热情加速消退,这时表现为互动减少,但仍有登录或使用,这是挽救他们的最后机会。

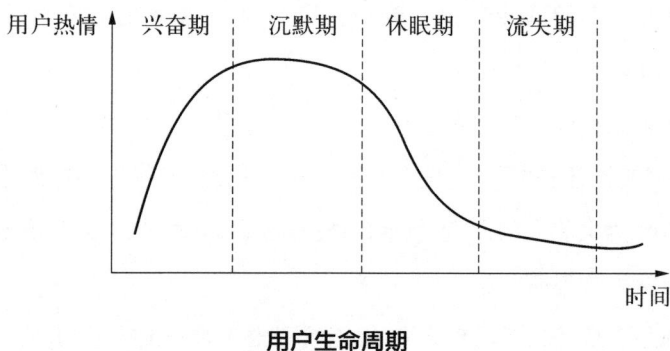

用户生命周期

这一阶段后,用户便不可避免地跌入漫长的"休眠期",就像银行的休眠账户一样,再无声响。这种状态和已经失去用户并没本质区别,只是在形式上他们还存在。最后便是"流失期",导火索可能是用户碰巧自己想起来,主动操作的,也可能是因为被产品不当提醒后离开的,但无论哪一种，都让"激活"的动作显得有些多余。这就像谈恋爱一样，当彼此久无联系，感情已经"凉凉"时，一方再去冷启动，难度极大。

　　验证假设，果断行动，贯穿在产品规划、用户分析以及延长产品生命周期的始末，这是公司借助产品立稳脚跟、获得现金流、赚取利润的关键。而思考、组织与落地这些工作，靠的全是团队。优秀的团队，即使出师不利，或陷入困境，也总能在踉跄中找回平衡，化险为夷。而如果人不行，哪怕开局有利、形势大好，最终也难逃失败的结局。

4
团队与文化

　　团队人员的外在条件有很多,比如年龄、学历、经验等,但所有这些都和组织的成败没有必然联系。我们可以举出很多由学霸组成的豪华团队,最后死得很惨的例子,也能说出不少"学渣"和外行人最后功成名就的故事。是什么左右着团队的成败? 又是什么毁掉了公司的前途? 带着这些问题,我先后走访过 300 余家企业,上到创始人,下到普通员工,都是研究的对象,通过大量对比和交叉验证,让我渐渐明白了其中的玄机。

猫鼠游戏

　　我有个习惯,喜欢挑临近下班的时间,突然造访公司,不是为了蹭饭吃,而是想看看这时的团队,都在忙什么。不出所料,大部分的公司在此时都处于"换岗状态",员工之间聊着天、看着表,为接下来去哪吃饭做准备。时间一到,就像听见了下课铃声,他们便鱼贯而出,楼道上、电梯间,瞬间被兴奋的人群挤满,很快,公司里就剩下老板一个人孤独的背影。

有人可能会问,下班了难道不该走吗?这里想谈的,根本就不是该不该走的问题,而是一种"员工心态"。不少员工有种"雇佣军"心态,想的是拿多少钱、干多少事,这听上去有点悲哀,其实问题出在了老板身上。一些创始人还抱有控制性思维,等级观念严重,这不仅制造了隔阂、增加了彼此的不信任感,还严重阻碍了生产力的发展。于是"上有政策、下有对策",管理变成了你追我跑的"猫鼠游戏"。

此时,一些和管理学沾点边的东西,摇身一变成了香饽饽,针对运营中无休止的内耗,提出了很多"治标"层面的方法,比如绩效考核体系、过程管理机制、员工行为规范等,令不少企业眼前一亮。由于这些创业者在过去的野蛮增长中很少关注业务以外的东西,**所以他们一旦重视起来,就容易走到另一个极端,因缺少独立思考而被各种"花式"理论忽悠。**

比如有的公司觉得自己管理混乱,很多事一到执行层面,就推动不了,于是成立了"业务管理部",并组织干部去上MBA(工商管理硕士)。学成归来后,这些人一致认定,公司的关键问题是管理工具落后,于是向老板建议,上线了ERP(企业资源计划)系统。然而很快,由于大家都忙着熟悉系统,疏于对客户的服务,投诉开始增加了,经班子开会讨论,决定设立"客户服务部"。部门刚设立就发现,投诉的影响已经蔓延,网络上出现了负面新闻,便火速组建了"品牌公关部",专抓舆情监控。

　　这一阶段,新设立部门的招聘,消耗了人事部很多时间,怎么办? 人事部决定自己部门先招人,来补充人手不足。不久,随着部门的增多,扯皮的事开始冒出来,为了让团队融洽、协作顺畅,公司成立了"总裁办",专门协调和解决各部门间的这些问题,可是运营了一阵子,发现效果并不理想。接着,班子又开会研究、达成共识,认为这些问题是公司制度尚不健全所造成的。

　　谁来完善制度呢?"秘书处"随之建立,全面负责公司各项制度的修订工作。制度一经推出,执行得怎么样,又成了新问题,因为如果没人抓落实,很可能就沦为一纸空文,以后再推什么制度或要求可就没人在意了。想到这里,领导下了决心,再增设一个"监察部",检查各项制度的落实情况。

　　部门一多,官就多,仅各部门的二把手就成了一道景观:什么张副总、王副主任、李部长助理,他们排起队,可以组成两支足球队。同时,会议和文件的数量也在快速增加。"总裁办"觉得这样下去不行,他们协调起来很累,为了减少摩擦,建议老板成立一个"改革办公室",用来行使部分决策权,并削弱各个"小山头"的势力,同时再建个"档案室",替各部门统一保管重要文件。新部门设立后,老板转念一想,不对啊,如果"改革办"的权力太大,滋生腐败怎么办? 谁来制约它呢? 于是再设立个"内控部",负责搜集情报。

　　这一切看上去似乎都事出有因,运作得井井有条,但公司的管理效率却在节节下降,业务发展非但没推进,由于管理成本的快速上升,利润还下降了。

终于,老板忍无可忍,组织了一次公司中高层的反省大会,要求每个人都说说原因。大家七嘴八舌,看上去都很关心公司的样子,有的说"客服部"没做好,导致其他部门要善后的事特多;有的说"监察部"工作不力,制度都很好,但没有真正落实;还有的说"总裁办"的人混日子,没有起到协调的作用,使一些工作停滞不前。老板听着直冒火,反省大会变成了批判大会,都在指责别人没做好。为此,他要求各个部门从自己找原因,至少总结三点可以提高的地方。

现在,我们让画面定格在这个位置,看看究竟谁错了?

毫无疑问,团队肯定有问题,但保护自己,在组织里争取生存空间,是人的本性。站在公司角度,让每个团队找自己的问题,老板这句话本身也没毛病。可惜他们没意识到,公司问题的根源,是机构臃肿的问题;臃肿问题的背后,是管理思路的问题;而管理思路的背后,则是老板的认知问题。**如果一个组织的发展要靠人盯人,那么各个团队的才华必将自我抵消,"政治"因素多了,"业务"要素就少了。**

老板这时也很困惑,说好的精细化管理,怎么越管越倒退了?是不是这些主管没能力,应该考虑换一批人?是不是不该重视管理,恢复到"无为而治"的状态?这就是不少创业者的思维轨迹:一旦遇上困难,喜欢绕着走,不探究问题的本质,应付完表象后,便鸣金收兵。我们不妨想想,为什么巴菲特在掌管数千亿美元时,公司也才19个人,他是怎么做到的?

团队由人组成,要研究团队,先得研究人。

记得当年在清华,我最爱听"组织行为学"这门课,主要是因为故事和案例多。在教授的推荐下,我饶有兴趣地翻了课外读物《怪诞行为学》《狡猾的情感》等,发现无论是群体还是个体的行为特征,都附着了各种人性的弱点。后来在自己创业以及调研别的公司时,发现这些规律反复出现。创始人要做的,不是和这些规律作无谓的对抗,而是去更好地利用它们。

自私与贪婪,是人的本能,几乎刻在了每个人的基因里,因为基因本身就是自私的(可参见《自私的基因》一书)。有人说不对,我就不自私,我很乐于分享,其实那是因为触发条件还未达到,一旦环境和资源恶化,几乎所有人都会不假思索地先考虑自己。这听上去有点冷酷,但也正是通过这种自我保护机制,人类的基因才得以延续。

为什么上面这家公司的管理无效?从自然的视角来看,他们的管理动作都是"违背人性的"。人性要"自私",结果你让每个部门都多了几个对立面;人性要"贪婪",而你的设计中,却并没让他们明白,究竟怎样努力才能赚更多的钱,或得到其他奖励。

怎么才能顺应"自私"的人性呢?首先要承认和接受人是有"私心"的,而不是装作不知道。"私心"并不总是贬义词,在这里,是相对组织的"公心"而言的。大多数情况下,它们并不一样,但也有例外,就是当员工的"自私"之处恰好和创始人或公司的"自私"之处相重合。可能吗?当然!但这需要管理者的洞察和引导。

人人成为经营者

长征路上的红军战士,面对敌人天罗地网般的"围剿",爬雪山过草地,九死一生,还有着"乌蒙磅礴走泥丸"的乐观精神,是因为这些人发自内心地认同一个信仰、一种使命。

对于年轻的员工，不要以为他们还像"50后"、"60后"那样，付了钱，让做什么都理所应当，这些人眼界更开阔，思想也更活跃，在找不到兴奋点的情况下，可能一言不合就辞职跳槽了，这成为当下企业离职率（Turnover Rate）比过去高的重要原因之一。作为公司一方，如果招了人就往业务部门一放，除了派活儿，再也没人和他深聊过，没人告诉他公司"信仰"什么，为什么要做这件事，那么怎么指望员工能从工作中，看出他自己的"私心"与公司的使命有什么关系呢？

很多公司把"使命"和"价值观"这些概念混为一谈，以为就是"创新、高效、奉献"之类的空洞口号。恰恰相反，**使命是一个具体的、长期的、令人兴奋的总目标，能把大家的思想团结到相同的轨道上**，让团队里每个人都清楚，如果做成这件事，对自己的意义和回报。这时，员工的"私心"就和公司使命重合了，每个人就能被自己动员起来了。

还记得毕业不久时，看过的一本很薄的书，叫《鱼：人生课》，讲的是美国西雅图"派克鱼市"的故事。就这么一个卖鱼的市场，电影《西雅图不眠夜》到这取过景，爱立信等世界500强公司来这取过经，此外每年还有1 000万游客从世界各地慕名而至。可就在20世纪80年代，这里还一片衰败，濒临倒闭。老板发现自己卖的鱼虾螃蟹品质虽好，但和其他市场比，很难再玩出什么花样，于是决定从市场的定位入手，将"给人带来快乐"作为使命，打造一个全新的环境。

要想让客户快乐，自己就先得快乐起来。为此，员工从柜台后面走了出来，和路过的客户搭讪闲聊、插科打诨，甚至各种恶搞。为了快乐，鱼的流转过程也被改造，当顾客挑好鱼后，鱼贩把鱼抛向空中，丢给负责清理和打包的人,扔的时候还要大声吆喝,接鱼的人和其他员工也随之大声起哄,引得不买鱼的人也在一旁围观拍照。练就这种"飞鱼"绝活不是一朝一夕的,鱼身很滑,没有功底容易失误,这促使员工平时就自发地互扔,像玩游戏一样。就这样,上至老板、下至伙计,在生产"快乐"的使命驱动下,每个人用"玩"的心态,长年累月保持着高昂的热情,不断给客户带来惊喜,这就是他们的"鱼市哲学"。

同样,在杭州文一西路上的"阿里城",每天晚上九十点钟,照样灯火通明,我去里面和他们开过一次会。从他们在电梯里抱着电脑的密切交流、楼道间三三两两热烈的讨论、会议室内外对业务的紧张磋商中不难看出,能把公司干到今天这么大的这群人,的确有股特别的精气神。从淘宝、天猫到支付宝,从菜鸟物流、阿里云再到达摩院,无论它的哪项业务,都是围绕给企业赋能和"让天下没有难做的生意"这一使命和愿景展开的。统一的认识,能形成一种强大的"精神势能",兵不血刃地取得竞争优势。

散兵游勇,是公司使命不清的一项并发症,因为大家对公司为什么做这件事理解不一,看不见全貌,又没人出来讲清楚,就只能根据自己的猜测,各行其是。 我常做一个实验,向企业不同层级的或同一层级中不同的人询问,你们的公司到底在做什么? 为什么做这件事? 经常是每个人的答案都不一样。以一家做基因检测的公司为例,有的人说"我们是卖试纸的",有的人说"我们查基因缺陷的",还有的人说"我们是帮别人预防疾病的"。

拥有使命的目的,就是让团队形成一种共识。缺失这部分的公司,往往不用外界的竞争,自己内部就垮掉了。面对人性的贪婪,回避和限制是无济于事的。失败的团队,很大原因不是能力问题,而是意愿问题,他们不清楚为什么要这样干,更不了解公司的使命是通往何处,又怎么可能把公司当成自己的? 空洞的说教显得苍白无力,员工会产生一种错觉,认为公司明明知道,但故意制造信息壁垒,不愿同步给大家,一堵"心墙"就在团队与高层之间不可避免地竖了起来。

曾国藩说"义胜欲",就是提倡用仁义来顺应人性的欲望。**企业里,最大的仁义即是地位平等。这里的地位,不是指职位,而是公司的"主人地位",最直接的体现就是"股权"。**我们常听创始人说,员工才是公司的主人,证据呢? 不少老板虽然嘴上说得好听,心里却并不这么想,总觉得团队分得多了,自己就少了,把团队当"成本",是他们的惯性思维。

在这种"零和"观念的作用下,实际上把员工当成了"别人",觉得既然给了工资,为什么还要给股份。员工都是敏感的,心想既然公司没把我当自己人,那么没关系,我就用"公对公"的心态打个工,一旦翅膀硬了,有其他更有利可图的平台或创业机会,抬腿就走。**光打"土豪",不分"田地",已经无法适应当下这个快速发展的市场了。**

也有公司转变思想,开始学着设立有限合伙企业,利用员工持股平台,把公司的高管与核心骨干都装进来,变成股东,成为合伙人,使他们为自己而干,将公司利益与个人利益捆绑在一起。这个动作要趁早,那时的股份便宜,对团队的激励作用最大,一旦时间晚了,比如进入了"报告期"内(申报上市前的 2 到 3 年),就不是想给什么价都可以了,偏离公允价值所造成的"股份支付"问题,会令公司的利润蒙受一定的损失,这需要创始人留意。

员工持股平台在运作时，也有一定的诚信风险，通常，公司会在其中担任"执行事务合伙人"，有较大的操作空间。我曾遇到一家企业，利用这项权利，将合伙企业的股权抵押给了母公司的关联公司，并借了笔贷款，在借款到期后，故意不偿还，导致员工持股平台的股权变更给了那家债权人公司，间接回到了创始人手上。还有的企业连以上工作都懒得做，通过和员工签署附带条件的"代持协议"，并在条款中埋下伏笔，使员工的权益大概率无法获得。

另外，如果公司每年都决定不分红，而且也没有明确的上市计划，同样会让团队觉得自己手上的股权形同虚设。这种无力感来自身份错配，团队看起来已经是股东了，但对公司的经营与决策并没有任何话语权，甚至连财务报表都看不到。同时，其他业务部门的败绩与亏损，在股权已经绑定的关系下，反而作用到了自己头上，利益没看见，弊端似乎不少。

在激励不足时，最常用的方法是业务分拆，"事业部"的出现，就是解决这类问题的有效方式。当一个业务单元（Business Unit，BU）或是更小一级的单位可以有明确的收入来源，同时能计算所需的支出，且不妨碍其他业务时，我们便可把它分离出来，成为一个"子系统"，单独拿出来核算、运营和融资，在资本市场上市。

这种做法，受到了著名的"阿米巴"经营思想的影响，这个由日本"经营之神"稻盛和夫所创建的体系，正在被企业广泛采用。

"阿米巴"是一种单细胞生物变形虫"Amoeba"的音译，最大特征是能不断调整自我，以适应外界环境的各种变化。这个经营方法的核心，是通过一系列机制，将每条产品线、每道工序或是每个区域及城市都分割成一个个小"阿米巴"，**每个"阿米巴"都像一个"微型企业"，这就能**

使团队中的每个人都抱着企业创始人的心态来做事,激发出员工的最大潜力。

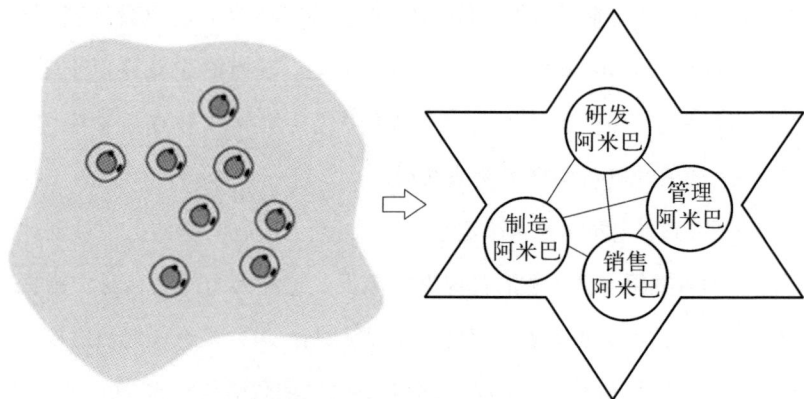

受变形虫启发演变而来的阿米巴组织

在这些小的业务单元里,员工自我控制开支,报销不再需要审批,团队有了尊严感。同时我们看到,自由带来的并不是无度,而是精打细算,员工自己就会衡量,是否值得花一笔可用可不用的费用。在过去,一笔支出无须多想,可能就用了,反正利润多少和自己关系不大,但现在情况不同了,在没有足够证据显示一笔支出会有效果前,员工会自发选择不用,只有这样,才能使自己的利益最大化。这说明,当团队利益和老板利益一致时,根本就不用操心他们的行为。

一次,李嘉诚宴请客户,餐后坚持自己买单,不开票报销,客户好奇地问他何故,李嘉诚说:"如果公司付了这1 000元钱,等于利润中少了1 000元,再算上公司20倍的市盈率,一顿饭市值就掉了2万元。"这是个段子,有些夸张,却反映出了每个人因立场不同,算账方式就不一样。作为老板,他的立场就是公司的立场,算账也是算市值这样的大账。而普通员工觉得我是我、公司是公司,请客户吃饭是为了公司,所以公司买单天经地义,不然自己就亏了,算的是小账。**团队有多成功,就看有多少人自愿和老板一样算大账。**

拆分后的每个"阿米巴",从过去的权力中心转变成为利润中心、能力中心,它们的定位不再是一个个职能部门,而是作为一个"五脏俱全"的业务单元,参与到一个个项目中。如何做预算、怎么定激励不再只是总部的工作,而是充分授权给这些单元,由它们先做计划。

兴奋之余,团队很快会意识到,项目组里需要懂产品、营销、财务、IT甚至谈判的人。对外招聘,当然是一个选项,但成本不低,也可以向公司内部要资源,也就是找另一个"阿米巴"。不限于劳务类的合作,其他产品或半成品都可以和内部结算,这就出现了"内部定价",就像银行内部采用的FTP(Funds Transfer Pricing,有偿转移定价)。这个定价机制既包括价格,也包含了服务质量、违约责任与赔付条款,根据市场水平,**会倒逼组织内的交易成本下降,否则,团队将会寻求外部的交易机会。**

此时的公司,变成了一个"阿米巴"式的赛马平台,靠能力说话,团队无须通过先博取上司的好感,获得发展晋升的机会,这就使海尔的张瑞敏提出的"赛马不相马"的理念从机制上得到了保证。具有竞争优势的"阿米巴"可以"合并同类项",成为更大更强壮的"单元";考核不过关的"单元"也可以被撤销或剥离。有了这个机制,就能保证这些"阿米巴"像人体的细胞组织一样,每隔一段时间就完成一遍自我更新。

创始人特质

保障模式与制度运行的基础是人，关键是创始人。 它不仅深刻地影响着企业文化，也直接决定了企业能飞多高和走多远。

一个好的创业者，首先应该是个好的思想者，企业的成败，归根到底是创始人思想的成败。 思想不会凭空冒出来，有思想的人，一般都有两个习惯：一是喜欢阅读，比如华为的任正非、娃娃哈的宗庆后等一批企业家，书架上总是摆着《毛泽东选集》《资治通鉴》，当公司遇到机遇或是挑战时，便拿起来翻阅，从中获得智慧和力量。另一个习惯是爱"复盘"，经历同样一件事，有的人可能没什么感觉，过了也就过了，不会在脑子里多转几个回合，拒绝思考，那必然得不到长进。而有的人却不同，他们有着很强的学习意识，珍惜发生的每件事，不放过任何能够吸收养分的素材，并能从中找出规律，获得启发。

创始人思想水平如何，首先看胸怀。

有的人格局小，计较眼前得失，这样的人难成大事。和员工算计，人家嘴上不说，内心可能充满鄙视；和客户算计，人家吃了一次亏，就不会再上第二次当；和股东算计，等于自毁联盟，今后再也别想和人家合伙做事。占小便宜，早晚吃大亏，算计别人，到最后伤的一定是自己。这些道理，难道是他们不懂吗？不是，**是他们的"算账体系"出了问题，人与人的差别主要就体现在怎么"算账"上。**

我曾招过一名投资总监，她的离职原因，既不是收入不到位，也不是厌倦了所做的事，而是上家公司的老板，格局小到令她抓狂。到什么程度呢？据她说，入职一年多，从没请她吃过饭，偶尔一起吃饭还要 AA 制。报销时不仅要写每笔打车费的事由，还要说明不坐地铁的原因。

最让她啼笑皆非的,是在她提出离职时,要求当着他的面,删除所有客户的微信和电话,理由是这些都是公司的资源,不属于她本人。大事上从未见到这个老板有什么主意,天天琢磨的就是这些芝麻绿豆的事,老板格局如此之小,很难看到公司有发展空间。果然,来我公司没多久,她就告诉我,听老同事说,上家公司已经倒闭了。

这种水平,能带好团队才怪了。一些已经到达一定高度的人,还能走多远,可否基业长青,也与格局息息相关。楚汉争霸时期,韩信平定了齐国后,有点膨胀,想借机索要一个"假齐王"的头衔,就开始试探刘邦。没想到刘邦听后大笑道:"韩大将军平定各诸侯国,立下赫赫战功,要做就做真齐王,做什么假的啊!"此时,刘邦正被项羽围困在荥阳,感觉韩信乘人之危,内心是愤怒的,但他不仅没计较,反而成人之美。为何日后坐天下的是刘邦,从中也可见一斑。

苏联领导人赫鲁晓夫,执政期间遇上过几次政变,其中最大的一次麻烦,是马林科夫密谋夺权事件。在非常不利的关键时刻,国防部长朱可夫出手相助,帮他一举反转,成功化解了危机。然而,赫鲁晓夫竟然开始算计起朱可夫,担心他手握实权,对自己的统治会构成威胁,在这次危机后不久,罢免了他的一切职务。结果这一短视的举动,很快被证明是搬起石头砸了自己的脚,在随后的勃列日涅夫逼宫中,再也没有人敢帮他了,那些他昔日提拔的下属,没费吹灰之力,就使他被迫放弃了长达 11 年的执政生涯。

有胸怀的创始人,可以包容和他性格不同的各种人,出于对人才的珍惜,即便下属和他争得面红耳赤,甚至拍桌子,只要对公司有价值,那些尴尬在他们看来都不值一提。他们在乎的根本不是态度,而是思考自己能不能像战国时的孟尝君一样，先聚拢到三千"门客"，这些人未必都要变成公司的员工，但有事时大家都能帮得上忙。而有的老板，特别在意别人对他的态度，搞得周围只剩下一群溜须拍马的庸才，那些虽有能力但情商不高的员工，早就被他用各种方式逼走了。这样一来，业务还没做起来，团队就先被搞散了，最后自己沦为孤家寡人。

要看到，有本事的人多少都有点个性，用人所长，团结一切可以团结的力量，才能成事。枭雄曹操就深谙此道，官渡大战后，连续推出了《求言令》《求贤令》《举贤勿拘品行令》等一系列人事制度，虚心纳贤。他以诗言志，在其作品《短歌行》中写道"山不厌高，水不厌深，周公吐哺，天下归心"，表达了不拘一格降人才的决心。

梁山好汉，个个身怀绝技，可为什么偏偏是五短身材、出身卑微、文不能安邦、武不能服众的宋江，坐上了第一把交椅呢？还是因为他胸怀最大，对兄弟们舍得付出，并能容得下各种性格迥异之人。在他看来，别人对不对他胃口完全不重要，要干事业，就要把各路有本事的人尽可能地团结在一起。这些好汉之间可能有各种矛盾，但唯独和宋江相处，感受到的都是"及时雨"般的温暖，不选他做老大，选谁做？

胸怀大的人，往往是乐观主义者，而乐观，是创业者极重要的特质。好多人自我感觉挺乐观，但一遇到困难，悲观情绪就会不自觉地流露出来，开始怀疑自己、抱怨别人。情绪是会传染的，这样的人领头，团队士气可想而知。"踏遍青山人未老，风景这边独好"相信很多人都知道，乍看以为是作者在顺境中的得意之作，而情况恰恰相反，这是毛泽东在第五次反"围剿"败局已定，被迫要长征的情况下写的，可想而知其"心力"有多大。

乐观是一种习惯,这并不是说没有忧愁,而是能把情绪上的焦虑转化为另一种看问题的角度,通过有意识的锻炼,逐步培养出一种在黑暗中也能看到光明的方法。比如同样是冰天雪地,有的人裹着羽绒服瑟瑟发抖,发个朋友圈写"什么鬼天气,我已冻成狗";而有的人,看到的是"已是悬崖百丈冰,犹有花枝俏",一派傲霜斗雪的气度。有的人站在滔滔江水边,腿都直哆嗦,感受到的是恐惧;而有的人想到的却是"不管风吹浪打,胜似闲庭信步"。

凡事都有两面,乐观的人总能看到或想到积极的那面。**要做到逆境下的"习惯性乐观",而不只是顺境下的"膨胀性乐观",就要透彻地理解"变化",变化才是事物发展的根本规律**。在《思考,快与慢》一书中,作者丹尼尔·卡尼曼这样写道:"我们总是高估了自己对世界的了解,却低估了事情中存在的偶然性。"是啊,过去不总代表未来,你不能悲观地假设上帝每次掷骰子都对自己不利,这样的想法对自己并不公平。承认变化,才能更有耐心,成为笑到最后的那个人。

有耐心的人相信:"今天很残酷,明天更残酷,但后天很美好,大多数人死在了明天晚上。"那些看起来似乎已经无解的事,可能睡一觉起来就又不一样了,**随着时间的推移,转机总会出现**。二战的太平洋战场上,美军通信兵科威德的故事,就生动地表现出乐观的人,其耐心和韧性有多么强大。

这个被日军称为"关岛之鬼"的人,在关岛战役爆发不久,就被困在了这座孤岛上,由于不愿意做俘虏,便和几个战友逃进了丛林。日军通过清点人数,很快发现有漏网之鱼,于是布下天罗地网,展开地毯式搜索。在弹尽粮绝、疾病肆虐的极端条件下,其他人相继饿死病死,或被抓住残酷杀害,只有他坚信美军会回来救他,在短暂的绝望后,靠意志顽强地活了下来。他振作精神,悄悄地收集岛上日军人员部署、防御工事位置等情报。经过近三年地狱般的等待,终于在 1944 年 7 月迎来了美军的反攻。他冒险用废铁桶、蜡烛和玻璃做了一个简易信号灯,挂在悬崖边,使战友通过这个信号,成功解救了自己。回国后,科威德的传奇经历被广为传颂,并得到了总统特别嘉奖令。

光有乐观和耐心还不够,果断采取行动,才能让改变发生。核心就是一个字:干。为什么"知行合一"这个词这么有名,就是因为绝大多数人的知行都"合一"不了,晚上想好千条路,第二天起来还是走老路。看看身边办健身卡的人就知道,往往一开始兴师动众,运动服先配上三套,一旦到了健身房,运动五分钟,自拍一小时,几天热情过后,就再也没碰过那张卡了。

采取行动,从来不是一件容易的事。**商场上的机会,常在犹豫中溜走,这是一个醒来太慢就干脆不用醒来的时代。**

《孙子兵法》中有句话:"激水之疾,至于漂石者,势也。"什么意思?就是说速度足够快时,连石头都能飘起来。思科的 CEO 钱伯斯曾断言,未来大公司未必能打败小公司,但行动快的公司,一定会打败行动慢的。1965 年,在"枫叶旗"刚被确定为加拿大国旗后,日本厂商加班加点赶制的枫叶旗和印有枫叶标志的小玩具就已横渡大洋,出现在加拿大的各大商场,卖得十分火爆,而加拿大本土厂商却因为行动迟缓,在家门口错失了良机。

这里说的"快",不是指心血来潮、意气用事,而是指在深思熟虑后,确立好"目标函数",并当机立断采取行动。快与慢是辩证统一的,而打通这两者的桥梁是专注力。**没有专注力，就不能保证"快"的结果，也就失去了"慢"的意义，无法做到"稳准狠"**，很多人磨蹭不是主观所愿，而是想快但快不起来，热点因为不专注而被分散掉了。

大将粟裕是战场上的常胜将军，据说在每次作战前，他可以一个人盯着地图，专注地看上几个小时，反复查看地形情况、河流位置、村庄结构、气候特征等细节，研究对方指挥官性格、人员装备、后勤补给、增援路线等情报。通过做这些细致入微的"功课"，使得他在每次面对数倍于自己的敌人时，敢于出奇招、建奇功，打出像"孟良崮战役"那样的经典之战。

在企业家中，谈到专注力，腾讯创始人马化腾是出了名的。据说有一次，一名程序员做了一个 PPT，夜晚两三点发给他，没料到 20 分钟后，就收到了他的回复，并列出了修改意见。专注，带给了马化腾旺盛的精力，这使他自发担任起另一个特别的身份：首席体验官。什么意思呢？就是化身为客户，不断地去使用自己公司的各种产品，毕竟产品的很多问题靠翻书式的浏览是很难发现的。此外，他还经常到各个论坛"潜水"，到评论区去看用户的吐槽，并迅速将建议反馈给团队。这种专注，使腾讯的产品迭代速度始终保持行业领先。

精力充沛，有用不完的劲，正是专注的结果。我的一次印象深刻的拜访，发生在浦东一家做区块链技术应用的企业，COO 符总是这个领域的专家，整日沉浸在对该方向的思考上。我们是上午 10 点到的，他准时开讲，可能是因为我们团队特别好学、爱提问题，他感觉遇上了知音，便滔滔不绝地展开，在他办公室的黑板上耐心地给我们画图演示。就这样，一个个问题聊完，竟然到了晚上 10 点，整整 12 个小时过去了，他中间都没停过，午饭和晚饭也是吃他叫的外卖，一边还听他不停地讲。终于，我们熬不住了，开始打哈欠，他却仍像上午 10 点一样，情绪高昂。

专注还能激活人的学习能力。这里说的学习能力，不只是说知识的广度，更是强调融会贯通的智慧。知识是学不完的，简单地做加法，会觉得学得越多，困惑也越多，我们的知识结构像个圆，知识储备量就是圆的半径，涉猎越广半径越大，也就会觉得圆圈外的未知空间越大。因此，学习中最重要的不是要记住多少知识，而是找到了多少规律，发现了多少乐趣。

有些人之所以学习速度快，是因为他们有意无意**都会习惯性地重复着"归纳"和"演绎"，这样做有一个好处，即对他们而言，没有一个问题是真正意义上的新问题**。这些问题之间，有的共同点比较明显，容易被捕捉，有的则较为隐蔽，难以被发现。理解规律，就是能找到它们的相通点，并区分那些不同之处。这种思想意识能够帮助我们更接近问题的本质，也更容易抓住事物的主要矛盾和矛盾的主要方面，凡事只要突破了主要矛盾，次要矛盾也就迎刃而解了。

学习能力强，往往可以造就敢于适度冒险的精神。所谓艺高人胆大，指一件事听起来稀奇，但因为做的人足够专注，日积月累后，就成了"艺高"之人，使这件事的风险在他这里被大大降低了。所以，"胆大"是因为"艺高"，别人干只有一成把握，他干就有七八成把握，在他自己看来，这事儿就没那么冒险了，一旦条件成熟，便敢于一试。

在等待成功的过程中，优秀的领导人都有"延迟满足感"的意识。创业是场长跑，沿途的风景处处充满诱惑，很多人不是被困境击退，而是被"糖衣"裹挟，停滞不前，迷失方向。《西游记》的取经团队里，为什么带队的最佳人选，不是能腾云驾雾的三个徒弟，而是手无缚鸡之力的唐僧？因为他意志最坚定，最不急于享受。在他的选项里，优先级排序最高的，始终是取经这一目标，其他只要可能对目标产生阻碍的事都可以割舍。

延迟满足，不仅是一种"后天下之乐而乐"的忍耐，而且还是一种"先天下之忧而忧"的危机意识。越是基层的人，越忙于兑现眼前的结果。居安思危的老板，对潜在风险则有着很强的敏感度，并对眼前的"舒适感"有着极高的免疫力，他们担心这种舒适会摧毁斗志，造成未来的不舒适。**其他人追求的安逸，成了他们判断拐点可能到来的预警信号**。

英特尔公司，相信大家都听过，但你可能不知道，这个曾占据世界半导体市场80%份额的科技巨头，最初是做电脑内存的，而且还做得相当好。20世纪80年代，日本的存储器公司崛起，以更低价格不断蚕食着英特尔的市场，但即便如此，内存业务依然贡献了英特尔公司几乎全部的现金流。面对竞争，高层产生了不同意见，多数人还是觉得应该死守内存这个主业，而此时的CEO格鲁夫却不这样看，他认为不转型就是等死，并预判微处理器领域才代表着未来。

但是想转型谈何容易，经过评估发现，如果公司执行这一计划，将有超过8 000名员工会受到不同程度的影响。此外，万一公司在新的CPU市场干得不顺利，连"碗里的"内存份额都会失去。格鲁夫找到创始人摩尔，推心置腹地问道："如果咱俩都隐退，你觉得新来的CEO会怎么做？"摩尔想了想说："他应该会退出内存业务。"就这样，格鲁夫最终力排众议,把英特尔带上了持续增长几十年的快车道。日后,他在自己的《只有偏执狂才能生存》一书中写道:"你可以是转折点的承受者,也可以是它的引发者。"

保持"饥饿感",成为变革的"引发者",需要创始人具备良好的眼界,而获得眼界的前提,是有一颗强烈的好奇心。研究表明,引发人们好奇心的东西,会使大脑中的"尾状核"得到刺激,"尾状核"里布满了传递多巴胺的神经元,而多巴胺能使人产生愉悦感。好奇心又可以分为"消遣性好奇"和"认识性好奇",前者表现为普遍性的喜新厌旧,后者则是对更深入认知的探寻感。成功的创业,几乎都是后者发挥了决定性作用。

在上海企业家协会组织的一次"上海市优秀企业家表彰会"上,我碰上张旭豪,他是来领奖的。还在读大学时,张旭豪就好奇为什么叫个外卖那么难,不是电话打不通,就是店家不愿意送,对于别人已经麻木的事,他却有着刨根问底的执着。好奇心带来的兴奋,促使他尝试先利用校园周边的餐馆,帮宿舍里不愿下楼的同学们送,之后通过校园 BBS 招贤纳士,发展成一个送餐平台,进而逐渐发展成现在手机上的必备应用——"饿了么"。

最后再谈谈创始人的性格。

没有证据表明,哪种人的性格能够显著提高他创业的成功率。无论外向还是内向、易怒还是温和,都有很多结果不同的例证,除了懦弱与封闭之类明显的缺点外,没什么性格会阻碍人成为一个优秀的创业者。很多培训喜欢让学员做"九型人格分析"或是"DISC 个性测验",我就被测过好几次,除了还记得"孔雀型人格"、"猫头鹰型人格"这些词外，其他都忘得差不多了，就创业者而言更没多少意义。

性格对于老板的影响，主要表现在遇事的反应上，而团队的情绪，在相当程度上受老板态度的影响。**经常发飙的老板，要解决的不是第一反应的问题，而是要调整好"第二反应"。**很多老板的"飙"，随心情轻易地就发了，发多了也就不值钱了；而有的老板，把"飙"当作一种"情绪资源"，有计划有节制地使用，恩威并重，效果就很好。左手挥舞完"大棒"后，如果没有右手的"胡萝卜"接上，很容易和下属形成对立，各自就都如鲠在喉，时间久了，会加剧彼此的不信任。

不受控制的发泄，还会被员工解读为遇事慌乱，缺少大将风度，不仅使团队自乱阵脚，还会大大削弱自己在公司中的威望。上文提到的格鲁夫曾说："当我不知道英特尔的下一步应该往哪儿去的时候，我就欺骗他们，让大家以为我知道。"这就是领导人应该展现出的成熟与稳健。在《权力：为什么只为某些人所拥有》这本书中，作者提出的一个观点，正好能解释格鲁夫的表现：当你想获取某种权力时，即使还没准备好，也要先表现得像已经获得了最后的胜利一样，因为人们都喜欢被这样的"胜利者"领导。

身先士卒、体贴团队，是胜利者的必备素养。战国时期，魏国的将军吴起就是这方面的典范。他睡觉不用床垫，行军不骑马匹，自带干粮，与最低级别的士兵同甘共苦。一次，有个战士生了疮，腿上流脓，吴起前去探望，直接用嘴把脓吸出，战士感激涕零，没想到战士的母亲听说后，却伤心地哭了。大家不明白，儿子被领导照顾，母亲应该高兴才对，为什么要伤心呢？结果这个母亲说："吴将军之前帮我丈夫吸过脓，我丈夫就为了他肝脑涂地，奋不顾身地战死了，如今将军又为我儿子吸脓，我担心儿子不久也会战死。"

有人把体贴简单地理解成技巧，以为做好表面功夫就行了，事实上员工一点都不傻，是否被用心对待，难道他们自己感觉不出来吗？

凡是真爱，必有回响。《绝杀慕尼黑》是 2019 年最令我动容的一部电影，讲述的是 1972 年慕尼黑奥运会男篮决赛时，苏联球队战胜保持36 年不败神话的美国队，奇迹般夺得冠军的故事。这其中起关键作用的，就是苏联球队那种不拼到最后一秒绝不放弃的精神。这种精神哪儿来的呢？全靠这支团队的教练加兰任，从无到有一手带出来的。对一名教练而言，锻炼几项技术、培训几种战术并不难，难的是塑造一种精神、养成一种文化。加兰任教练不靠别的，就是靠简简单单却发自内心的爱，其中事迹很多，就举一例。

一次比赛途中，一名队员意外发病，需要不小的一笔钱。虽然他自己很拮据，家里已经快揭不开锅，还在为儿子看病的钱发愁，但是他竟然没怎么犹豫，就把辛苦攒下的那点积蓄全部拿出来送给了这名球员，并带他去了当地最好的医院。这件事虽然令他的妻子大为光火，但却赢得了整个球队的心，他们决心用最大的努力来回报这位真正爱他们的教练，最终成就了难以置信的辉煌。

本章从创业者的角度，谈了行业赛道、商业模式、产品研发、客户经营、团队建设等几个创业中最核心的话题，公司在经营上的所有问题一定跳不出这些范畴。随着公司经营渐入佳境，资本的问题就会开始挤占创始人的时间，并逐步成为新一阶段公司最关心的事。

接下去两章，我将分别从财务报表、企业融资以及上市等几方面，跟创业者和投资人交换一些意见和方法。

第四章　　　**扑朔迷离的财务**

2. 能力——利润表

3. 活力——现金流量表

我曾和人开玩笑：在自己的圈子里，自己是投资人中最理解企业主的，也是企业主里最懂投资人的。因为工作的原因，我既做投资人，发起设立过股权投资基金，从"尽调"别人的角度，审视过诸多企业的财务报表；又负责过公众公司的资本事业部，以"被尽调"者的角色，前后接待过数百家投资机构。这些经历让我对企业家和投资者这两种身份都有着切身的体会。

据我观察，不少老板自己不太懂财务，于是都由"心腹"代为管理，平时只关注营业额和利润，被下面人使绊子的事就时有发生。这可能还会带来另一个问题，当公司进行股权融资时，面对投资人的财务调研需要，由于判断不了重点与轻重，有的老板就像"守门员"一样，全面封锁资料，能不给的都不给，怕披露多了暴露问题。另一方面，不少投资人没创过业，不会适当站在老板的立场琢磨问题，只懂财务分析和估值，以为这就是公司经营的全部，谈吐间趾高气扬，浓浓的甲方做派，很快就搞得双方针尖对麦芒。

经验不可替代，但思维方式可以参考。作为创业者，需要理解投资人的难处，他不是一个人在战斗，还有他们的风控、法务和LP。这些人了解公司的主要方法就是看资料，特别是财务报表和它背后的基础凭证。比如巴菲特，能在六十多年投资生涯中立于不败之地，关键在于喜欢研究"三张表"。缺少资料，就难以建立彼此基本的信任。作为投资人，如果不了解行业，不理解创业者，觉得只要有钱，公司就要理所应当地配合，那工作实在干得太粗糙了，更别说企业所期待的其他协同价值了。

财务报表是连接创业者和投资人的重要管道，创始人自己首先得对上面的主要内容理解个八九不离十，再和投资人沟通起来，就能顺畅得多。

　　财务报表是会说话的，就像人的"体检表"，不光称"体重"，还看得出"精气神"。如果一个患者拿到了体检化验单，一看到上面的"谷丙转氨酶"、"血清甘油三酯"或是"尿酸"这些常见名词就发蒙，立刻甩给医生，那么他对自己的健康是不负责任的。只要稍微留个心，了解自己哪些指标较弱，平时就可以有针对性地进行预防，不用拖到见了医生再解决。

　　财务是公司的命脉，创始人不能在财务上完全依赖别人，起码要对基础概念以及它们彼此间的钩稽关系有一个比较清楚的了解，才能更好地制定公司战略。这就像听音乐，你可以不懂五线谱，不懂曲式，但要能体会其中整体的情感。

　　讲财务报表有很多种方法，市场上这类书籍也早已汗牛充栋，有的定位为从零开始的扫盲，对三张表中的每个科目逐项说明，用的都是《会计准则》中的语言，读起来可能比较晦涩，更像是供查阅的工具书。有的则以一家公司的真实报表为纲，所有内容均围绕这个特例，似乎又缺乏普遍性，读者看完还是懵懂的。对于财务我认为最重要的是打破畏惧心理，理解它的思维方式，进而发现它的有趣之处。

　　为了浅显易学，以免有些人一看就"头大"，我就以一家包子铺为例，聊聊那些关键内容和经典的分析方法。

1
实力
——资产负债表(Balance Sheet)

　　资产负债表,可以把它理解成在某一时刻,给企业拍的一张瞬时照片,这张照片上的各项数字,都是那个时刻的即时数字,拿这些数字和其他时候的照片上的数字比较,会发现有些部分变化得非常大,有些部分则始终相对稳定。

　　一般都是什么时候给企业拍照呢? 公司里的财务部门每个月都会编制这张表,供企业老板参考,而投资机构或是审计机构(未上市公司,审计机构往往是融资时由投资机构请的)爱看年报、半年报或季报。当这张"照片"的拍摄时间距今已超过 6 个月,会被认为时效性不足,某些方面可能已经"变样了",这时会请企业再补拍一次(另两张表也同步),这是约定俗成的。如果新照片的拍摄时间又过了 6 个月,投资却还没完成,只能代表投资机构自己的速度太慢了,很少有企业还愿意配合。

资产是公司的家底，为了理解它，可以先想想自己有哪些家底？存款、理财、房子、车子、收藏品等等，公司也一样。但有些不同的是，公司家底里的东西，不像个人家里的那么稳定，随着业务的开展，它们时时刻刻都在发生着变化，从一种形态转变成另一种形态，总量有时增加，有时减少。

我们以一家"包子铺"为例，公司开张前，老板决定先买个店面，公司的一部分"货币资金"这时转变为了"固定资产"。接着又去采购了面粉、肉和菜，这些都是做成包子这个商品的原料，这部分开支的登记，由"货币资金"变为了"原材料"。包子做好后，在卖出前，"原材料"转化成为"存货"。客户把包子买走后，"存货"又变回了"货币资金"。

以上是高度抽象化的商业过程，实际流程要复杂得多，随之产生的会计科目也丰富得多。接下来，我们删繁就简，从其中最常见的科目入手，来看看资产负债表上都记录了什么，暗示了什么，隐藏了什么，等等。通过这张表，我们来洞察数字背后的故事。

资产负债表

编制单位：　　　　　　　　　　　　　　　　　　　　　　　　　单位：元

资　　产	行次	年初数	期末数	负债及所有者权益	行次	年初数	期末数
流动资产：				流动负债：			
货币资金				短期借款			
应收票据				应付账款			
应收股利				预收账款			
应收利息				应付工资			

（续表）

资　　产	行次	年初数	期末数	负债及所有者权益	行次	年初数	期末数
应收账款				应付福利费			
其他应收款				应付股利			
预付账款				应交税金			
存货				其他应付款			
待摊费用				应付利息			
流动资产合计				流动负债合计			
固定资产：				专项应付款			
固定资产原价				其他长期负债			
减：累计折旧				长期负债合计			
固定资产净值				递延税项：			
减：固定资产减值准备				递延税项贷项			
固定资产净额				负债总计			
固定资产合计				实收资本（或股本）			
递延税项：				未分配利润			
递延税款借项				所有者权益（或股东权益）合计			
资产总计				负债和所有者权益（或股东权益）			

先看"**货币资金**"。一家公司，最初的资产形态比较单一，通常就是现金，体现在注册资本里。任何事都离不开钱，先不说场地租金和雇人的工资，连去拿个营业执照都要"开办费"。开门营业后，现金支出就更多了，开厂的要去买设备，做贸易的要去采购商品，干电商的四处

找流量,搞营销的需要请客吃饭,等等。当得到销售回款后,"货币资金"开始回升,但公司不会把钱空放着,又投入到了其他项目中,如此循环。

因此,该科目是报表上起伏最大的一项,它不断地变成别的资产,又通过销售变回自己本来的样子。它的数额只能说明在报表日那一天,公司的账上正好有这么多钱,仅此而已。你能说家里有矿的,比家里只有点存款的混得差吗?显然不行。现金是企业中流动性最好,但本身最不盈利的资产,长期过多持有,会损失对外发展的机会,降低资产的盈利能力,持有过少,又有流动性风险,因此,**现金管理的要点就是在流动性和盈利性上找平衡**。

货币资金来得快、去得也快,因为流转较快,会计上把这种类型的资产统称为"**流动资产**"。流动资产中的另一大项,叫作"**应收账款**",顾名思义,是指应该收到但还没有收到的钱。比如那家包子铺,有一天来了个客人,说要打包 10 个包子,但身上忘带钱了,提出能否先把包子拿走,随后再把钱送来。这时包子铺老板的判断,主要取决于两点:一是这个赊账的人见没见过、熟不熟悉,有没有信誉;二是预期要多长时间才能收到这笔包子钱。

对于经常来买的熟客,或是表示立马上楼取钱的人,你不会觉得有问题,但这个人如果看上去脸不熟,并且说要过一周再把钱给你,你恐怕就很难接受。除此之外,还有一个因素会影响你的决定,就是在生意不好时出现这样一个"大客户",你以上考虑的那些可能就会松动,你也许就愿意冒一定的风险,尽量促成交易,也省得把没卖出去的包子再带回家,还要占冰箱里的空间。

　　这是一个造假高发的科目,很多企业会在这种"未来的钱"身上大做文章,和关联方或控制的公司签订假合同,企图短期内凭空变出来不存在的利润。但做坏事总会留下蛛丝马迹。比如工商显示,这家包子公司的客户,是刚成立不久的公司,实缴资本到位很少;现场走访时又发现,客户的办公地址异常,或没几个人办公;采购与库存严重不匹配,并未开展正常的生产经营;负责人在访谈中显得遮遮掩掩,等等。那么这笔应收账款的真实性就比较可疑了。

　　即使真实的交易,未来的钱也可能因为各种情况难以收回,比如买包子的客户破产了,即使找到他,也没钱给你;或者正好客户资金周转不灵、手头吃紧,短期内就是付不出;还有些就纯粹是能拖多久拖多久,恨不得拖到你失去耐心,直接就算了。有多少企业就是因为销售回款问题最终弹尽粮绝的。因此在财务上,对于应收账款,要按"预期信用损失模型",根据不同的账期做一定比例的计提,作为"坏账准备"。

　　这个坏账准备,是会直接扣减公司利润的,算是对企业提高经营水平的一种督促。你会让谁欠你包子钱? 不会是只买 1 个包子的客户的,而多半是能买 10 个以上的大客户。你虽然心里也不舒服,希望对方能早点付款,但看在量大的份上,也就忍了。这些大客户,难道包子买来都是自己吃的吗? 不一定。他们有可能转手卖给别人,绝大多数公司其实都在做"转卖包子"这件事。

　　作为流通中的一环,只要他卖货的回款速度比你快,即使平价出手,也有资金沉淀的收益,所以他们当然有欠你钱的动力,欠得越久,越能提高他们自己的资金使用效率。应收账款的多少,不仅反映了企业的市场竞争地位,也透露出公司的一些营销策略。强势的一方利用赊账,相当于间接地从供应商那里贷到了一笔款,而且还不用付利息;对于弱势的一方,也不全是坏事,通过赊销把大客户抓在手里,这些大客户还能帮助公司树立品牌,带动其他的小客户也来消费,牺牲一点"坏账准备"也没什么。

报表分析有一个规律,**单看一个静态科目,本身没多少意义,和另一个科目比较,得出的比值才有价值。拿这个比值去找参照物,和自己的过往比,或是和行业的平均水平比**,变化趋势与它们一致还是背离,竞争上是领先还是有差距,什么原因便一目了然了。对很多科目而言,可以相除或被除的对象不止一个,并且自己在不同的对象那里,有时做分子,有时做分母,所呈现出的意义各不相同。财务分析的难度和有趣之处恰恰体现在这里,一个比值往往也不能说明问题,当中隐含了诸多假设,只是一种理想状态下的结果,而拿多个相关比值做交叉验证,就能把情况摸得比较清楚。

以应收账款为例,假设一家企业的应收账款余额有1亿元,是多还是少?另一家只有1 000万元,是不是比1亿元的更好?当然没这么简单。首先应该看存在的合理性,这取决于公司所处的行业。如果第二家公司是开连锁理发店的,几乎都是提前充值或现金交易,别说1 000万元,即使1万元都不正常。如果第一家是服务航空公司这类大型国企的,那么被欠1亿元也不用大惊小怪。

如果发现行业的确普遍存在赊销的情况,接着要看公司的收入规模有多大。假设第一家公司的年营业收入达10亿元,那么1亿元的"应收"不多吧?然后可以再看应收账款占流动资产总额的比例,这是判断应收账款质量的一个重要指标,假如企业流动资产总额有12亿元,那么这个比值不足 10%,和公司过往比较发现,前几年都在 20% 左右,那么说明有进步了。而和同业一比发现,人家大多在 5%~7%,这表示还要继续努力。

"应收账款"的存在,对公司的经营有多大影响呢?**"应收账款周转率"**这项指标主要就是用来回答这个问题的。计算方法是营业收入除以平均应收账款("平均"是指它的期初数和期末数的算术平均),反映应收账款的周转速度,这个值越大,代表周转越快,风险相对越低。但这一指标也有局限性,因为金额取得都是时点数,可能会受季节性或人为作用等偶然因素的影响。另外,要不要把"应收票据"也考虑进来?"减值准备"是否合理? 口径上的不同,会影响这一指标的高低。

排除客户的实力和协议约定,仅从一笔钱本身出发,其回收可能性的高低,很大程度上取决于被拖了多久,时间越长,反映出客户的还款意愿越低,要回来的难度越大。这个时间,财务上叫作"账龄",如果计算其平均值,可以用 360 除以"应收账款周转率",得出平均周转天数。在会计处理上,就像贷款公司在催收时对 M3/M6(逾期 3 个月/6 个月)的分层处理一样,要用不同比例的"减值准备"加以区分。

应收账款还有个"兄弟",叫**"预付账款"**,应收是指"该收的还没收到",预付就是指"该付的提前就付了"。观察这对"兄弟"的资产占比,如果两项都开始走高,说明企业在供应链中已经处于被上下游同时挤压的弱势地位,谁都能欺负一下,公司的生存压力可想而知。但在记账上,无论"应收"还是"预付",虽然钱实际上都不在公司,还是均被计入"资产项"。

另两个与它们"长相"酷似的科目,分别叫**"预收账款"**和**"应付账**

款",其实就各改了一个字,但一字之差,使它们不仅在财务归类上,由"资产"变成了"负债",更重要的是,体现出的"气质"截然相反。之所以把这两个负债类科目放在这里讲,主要是为了对比,方便记忆,因为经常有人把它们搞混。

先看看它们的归类。无论"预收"还是"应付",现金实际上都还在公司账上,为啥要被归到"负债项"呢?因为按权责发生制的标准来看,无论是你先收了客户的钱而没有给别人提供商品和服务,还是先拿了供应商的货而没有给钱,都是因为你的原因而导致交易未能完成,本质上钱还是别人的,只是暂时在公司手里,所以要放在负债项里。

"气质"又不同在哪儿?这里的负债,叫作"业务负债",和传统的"财务负债"的不同之处在于,它不是向投资者正式借钱而产生的,而是通过对上下游交易对手的现金占用而形成的。它们本质上都是"借",只是这种借法靠的是供应链上强势的竞争地位,让人无话可说,也不产生利息,没有财务成本。

比如有一天,包子铺老板突然想到可以让客户办卡,就对他们说:"你们先充个三五百元,下次来买时,就从里面扣,省得每次都要付钱麻烦,还可以打折。"不少客户响应,包子铺的"预收账款"就增加了。老板尝到了甜头,渐渐不满足于只从客户那"借"钱,于是,他找到上游的面粉店商量:"你看我每个月从你这买这么多面粉,付款时间能不能晚点。"面粉店为了留住包子店这个大客户,心想晚点就晚点吧。就这样,**包子铺成功利用了对上下游的议价能力,通过"预收"和"应付",做大了"业务负债",获得了充沛的现金流**。

我们继续来看资产项。将"应收"和"应付"前加上"其他"两个字,就变成了"**其他应收款**"和"**其他应付款**",一般记录那些主营业务以外发生的交易。比如包子铺老板看账上有钱,突然起了放贷的心,但又不想计入报表中的贷款科目,这样还会在表上体现"利息收入",于是他就把这笔钱悄悄计入"其他应收款"当中。俗话说"其他类是个筐,什么都能往里装",很多财务舞弊或粉饰报表的企业都把说不清道不明的东西往这个"万能筐"里装,使这个表面上看并不显眼的科目,变成了藏污纳垢的垃圾桶。

比如一些企业长期借款给实控人,或是其关联公司,导致资金的非经营性占用。还有些胆大的财务总监,利用其他应收款给自己套取资金,并在其中设立"防火墙",相关款项刚进账,就被迅速等额汇出,不仔细追踪很难被察觉。有些突击创造利润满足上市条件的公司,为了虚增利润,不把实际发生的成本费用计入当期损益,而是长期挂账在这一科目上,需要的时候,再转入"资产减值损失"。另一些为了逃避税收的企业,想方设法隐匿收入,也把目光盯上了这一科目,先将收入挂在该科目的"贷方",之后再从"借方"冲销。

接下来,了解一下最"硬核"的一项资产:"**固定资产**"。固定资产指为生产经营而持有的有形资产,能够被长期重复地使用,简单地讲就是皮实耐用。比如包子店的蒸炉,没个几万次点火不会坏的。这类东西从哪来的呢?可以是企业从外面购买的,可以是自己造的,也可以是租来的,以及拿自己的东西和别人换的,其中前两者最为常见。

这些固定资产会去哪里呢?它们哪儿也去不了,而是在日复一日的使用过程中,一点点地被磨损变旧,随着时间的推移,它们的价值就发生了变化,需要重新评估。对于那些被岁月带走的部分,有个名字叫

"折旧",也就是"折掉的旧物"。那部分金额从数字上看已经消失了,但东西在,可能还好用,不影响生产,也可能不太好用,妨碍效率了。

很多人都知道固定资产要折旧,但投资人更关心公司是怎么折旧的。同样一家公司,在不打算上市时,会倾向于选择"加速折旧",比如把 1 亿元的固定资产,分三年折完,使利润在近三年每年减少三千多万元,这样做的结果是大幅降低了所得税。而在"报告期"内正冲刺上市的企业(老板算的是资本市场上的市盈率),或因为业绩差有"退市"风险的上市公司,则会选择"年限平均法",并且在准则允许的范围内,尽量延长年限,降低每年因折旧而被冲减的利润。

在"固定资产"买卖的过程中,也可以借助折旧来调节利润。比如包子店卖给面粉厂一套设备,收入 1 万元,紧接着,又从面粉厂采购了一套差不多的设备,支付了 1 万元,这实际上等价的交互,报表上却显示增加了利润。为什么呢? 卖给面粉厂设备得到的那 1 万元,属于"资产处置收益",全额计入了营业总收入,而又从面粉厂买入的那套设备,属于"固定资产",如果按五年折旧,当年只被折掉了 2 000 元,所以这一买一卖,凭空多出了 8 000 元税前利润。

"在建工程",是一项与不动产类固定资产高度相关的科目,是指工程尚未完工,还不能交付使用,但正通往"固定资产"之路上的那些资产。它也常被拿来人为调节,有的公司为了虚增利润,明明厂房早已造好并交付使用,甚至有的已经用了一段时间,却迟迟不肯把它转入"固定资产"科目,这样就可以规避因折旧而对利润产生的影响。

所谓一家公司是"重资产"还是"轻资产"模式,看看"固定资产"和"在建工程"占总资产的比例大小就知道了。重资产的企业,靠的是固定资产的投资规模，而轻资产的公司，大多靠自身的技术、人才等优势。不能直接比较两者优劣，而是要具体行业具体分析，像港口、电站、机场等技术迭代较慢的行业，固定资产越大，就越具规模优势。

接着来看**"存货"**。存货，通俗来讲就是"存着的货"，指那些生产完毕，等待出售的产品。存货多好还是少好？不同行业截然不同，需要计提的"存货跌价准备"也不一样。比如食品，特别是水果蔬菜之类的，保质期都不长，放久了易腐败，也就不值钱了；而像白酒或者普洱茶这类商品，耐存放，甚至时间越久越值钱，也就不怕库存多了。

在分析公司"存货"的管理与销售水平时，常用**"存货周转率"**这一指标，就像餐厅的"翻桌率"，有两种算法，一种算周转次数，一种算周转天数，其实说的都是一件事。以周转次数为例，分子是营业成本，也就是卖出去那部分的价值，分母是平均存货值，就是一年内存货能被卖光多少次。比如包子店一年卖出了 1 000 万元，平均等待卖出的包子值 20 万元，我们就说包子的存货一年可以周转 50 次。这个周转率，拿去和同行业比较，就可以部分地看出公司的经营水平了。

由此可见，"库存周转率"受到销售额和存货两方面的影响，所以分析"周转率"的变化，要具体看是因为卖的数量变化了，还是存货价值变化了。比如包子那平均 20 万元的库存，因为受潮霉变，计提了 10 万元的"跌价准备"，那么存货周转次数就提高到 100 次了。真是因为公司经营水平提高了吗？显然不是，只是一个数字游戏罢了。

这项本应该越"硬"越好的"存货"资产，却因为某些行业难以盘点，或是难以计价，被公司"注水"，可谓花样送出，这其中最有名的，非"獐子岛事件"莫属。早在 2014 年，獐子岛（002069）就出现了首次巨亏,公司称是黄海的冷水团导致扇贝冻死。2018 年 1 月,公司又发布公告称,在盘点存货时发现,自己的海洋牧场出现重大灾害,养殖的扇贝"跑了"。在随后披露的 2017 年年报中,公司海底的受灾面积达131.46 万亩,计提跌价准备合计 6.38 亿元,导致公司 2017 年度再次出现大幅亏损。到了 2019 年,扇贝"跑路"和"非正常死亡"继续上演,公司董事长实在看不下去了,在 7 月份表示:"在这些代价发生后,打算放弃这片海。"

利用"存货"这个科目,有的老板在业绩不佳的年度进行"财务大洗澡",干脆一次性差到底,使利空出尽,为来年的业绩增长扫平障碍。而在老板准备高位套现前,则会通过不计或少计跌价准备的方式,人为调高利润,拉升股价。此外,巨额"存货"还有调高公司"毛利率"的功能,通过扩大产量,可以摊薄商品的单位生产成本,在单价和销量相同的情况下,就会出现存货周转率下降、毛利率上升的效果。

了解完那些"硬资产",我们再看看那些没那么"硬"的资产,比如**"无形资产"**。提到上市,很多公司一上来信心满满,拿出报表,动辄已经 1 个亿利润了,可是仔细一看,仅无形资产就有 8 000 万元,那么这家公司到底赚了多少钱呢?这就引出了**"资本化"**与**"费用化"**的问题。

会计准则上,对于一笔和"研究开发"相关的支出,究竟该算作一笔花了就没了的"费用"(在利润表中详述),还是应该看作一项可以在企业经营中被长期使用的资产,有一定的弹性。这就使不少互联网公司开始动起这个科目的脑筋,尽量对"自研"和"外采"的各种"费用"类的支出进行"资本化"处理,塞进资产负债表中,把资产搞得"虚胖",以减少费用对利润的冲减,来满足 IPO 的盈利标准。

　　然而这么做的挑战也非常大,证监会对于"资本化"的做法,容忍度一向很低,目前的"科创板"虽有所松动,但也是对半导体、生物医药、高端装备等领域的佼佼者才网开一面。比如那家包子铺,随着生意越做越大,产品种类也越来越多,客户和供应商的管理,仅靠人工已经难以完成了,于是老板决定要采用软件系统。他首先招聘了 20 个程序员来做开发,为了客户数据的安全,他又对外采购了"私有云"服务,第一年就累计支出了 1 000 万元。为了做高利润,包子店对这 1 000 万元进行了"资本化"处理,此后的每一年,他对新增的研发支出都做了同样的处理。很可能的结果是,将来准备上市时,中介机构一致认为,应该更正"报告期"内所有的财务报表,为它"减肥"。

　　如果是家没打算上市的公司,操作的方向则正好相反,它们可能会想办法把应该"资本化"的支出进行"费用化"的处理,塞回到利润表当中,在财务表现上刻意弱化自己,让公司显得"营养不良,面黄肌瘦"以降低税收,乃至争取补贴。

　　让企业可以快速增重或瘦身的,还有**"商誉"**这项资产。这是什么呢?一看名字里有个名誉的"誉"字,总让有些人误以为是品牌价值之类的东西,实际上它指的是当企业对外收购资产时,所支付的实际成本与被收购资产的公允价值之间的差额。公允价值应该是多少呢?可以参考净资产和其他可辨认资产。

　　有人就说了:明白了,就是买贵了的那部分呗,可是企业为什么愿意多付钱来买呢?可能有"利益输送"的因素,也可能就是钱不到位人家不卖。当然,也不能简单地说"买贵了",大家都是看好资产未来的成长,博一个"市盈率",而且为了安全起见,通常还会要求被收购方作

"业绩承诺"。有了"承诺",就等于找到了估值依据,一旦达成不了,被收购方的实际控制人或是大股东是要用现金或股票补偿的。

可是一旦被收购方的经营陷入困境,无力补偿;或是撑过了承诺期,但业绩掉头向下怎么办?2018 年股市"天雷滚滚",主要源自 2015 年监管出台的《关于鼓励上市公司兼并重组现金分红及回购股份的通知》。一石激起千层浪,市场上立刻掀起了轰轰烈烈的"并购潮",当年的并购重组交易超过了 1 000 起,涉及金额逾 1.4 万亿元,比 2014 年暴涨 77%。2018 年三年承诺期一到,"商誉减值"就像一块块冰雹纷纷砸下。其中的亏损王,当属那一时期疯狂"买买买"的天神娱乐(002354),前后积累下了 65 亿元的巨额"商誉",比它当时的市值还要高。同一逻辑,对于非上市公司,商誉的质量也要仔细看清楚。

还有些不那么引人注目的科目,比如**"持有至到期投资"**,其实也暗藏玄机。凭直觉都知道,所谓"持有到期"就是买了一个期限固定的债券型产品,这在企业有闲钱的时候,不是很正常吗?大多数情况下,应该是正常的,但某些时候情况就没那么简单了,可能涉及另一个话题:"关联交易"。这就需要仔细看看这个产品的合同,搞清楚产品到底投给谁了。

"关联交易",在企业准备上市材料时,是一项要重点披露的内容。关联交易本身其实没有问题,只要交易价格公允,但和金融搭上边,就会比较麻烦。"商而优则贷",不少公司赚了钱,就有一种放贷的冲动,他们设立小贷公司或融资租赁公司,由这些主体对外放款。怎样可以既给它们输血,又不让别人知道呢?一些公司就利用这个"持有至到期投资"科目掩人耳目,将表面上买理财产品的钱,借助信托等通道层层包装,最终输送给自己的那家关联公司。

"资产"聊得七七八八,接下去专门说说"负债"。

任何公司的发展,都离不开资金。有的公司资金全靠自己,外面一分贷款都不要,利用股东的资本金赚取利润,再把利润投回公司,形成了"走楼梯"式的闭环发展。有的公司则习惯举债,喜欢用别人的钱来加速自己的业务,形成了"坐电梯"式的壮大。企业走的是哪条路,看看负债类科目中的关键两项——**"短期借款"**与**"长期借款"**的余额就知道了。

"短期"指一年以内要还的钱,属于**"流动负债"**,借这种钱的好处是利率低,但因为周期较短,对企业资金的安排能力要求较高。"长期"是指一年以上要还的钱,属于**"非流动负债"**,利弊与短期正好相反。这两者再加上其他**"业务负债"**(上文已提及)占总资产的比例,叫作**"资产负债率"**。这个指标被看作是衡量企业偿债能力的重要参考,但却显得有些牵强。该指标高,看上去风险较大,但也代表公司处于扩张期,善用财务杠杆,能够以较少的资本撬动较大的业务;该指标低,看上去风险小,但也意味着公司比较保守,无法以小博大。

判断高低,先看行业。那些替别人管钱的行业,天生就高,比如银行,"资产负债率"普遍在90%以上,否则只能说明经营不善,客户不爱来存钱。因此在判断偿债能力时,应该看另两项指标:**"流动比率"**和**"速动比率"**。它们的概念十分接近,前者用流动资产除以流动负债,而后者是用流动资产剔除"存货"等变现能力相对较弱的资产作为分子去除以流动负债。这两个指标反映的都是企业资产的变现能力,考验的其实是资产质量。

说到资产质量，就要看企业的"**资产结构**"了。一方面可以比较流动资产与非流动资产的占比，前者比例越高，一般表示偿债能力越强；另一方面，要细看流动资产的构成，到底是哪个科目偏高，如果是"存货"或"应收账款"，那么在企业需要偿还短期贷款时，兑换成现金就比较麻烦。通常来说，流动比率超过 2 或是速动比率超过 1 时比较安全，也就是流动资产的覆盖倍数越高，贷款的风险越低。但也不尽然，像大型超市"流动比率"都会小于 1，因为人家对上游供应商的议价能力强，不会马上付款，导致业务性质的流动负债很大，而收到的又基本全是现金，比率低也就不足为奇了。

在资产负债表中，"**资产**"是最大的类别，它等于对公司的全部家当进行了一次梳理，把每件东西都分门别类地归入到一个个"科目"。为什么它等于负债加所有者权益呢？无非是从"它们从哪儿来的"角度，又对这些家当梳理了一遍，把它们分成了两类：一类是用自己的钱，或是靠赚来的钱置办的，所有权当然归这个家的主人，也就是"股东"，这部分就叫"**所有者权益**"；另一类是靠借别人的钱，或是占用别人的钱买的，以后要还的，这部分就叫"**负债**"。

"所有者权益"还可以用上述"资产"或"负债"的分法，根据性质进一步细分为"实缴资本"或"股本"、"资本公积"、"盈余公积"、"未分配利润"等，以及因为母子公司的关系，而表现在合并报表上的"少数股东权益"。这些概念可以自行查阅，在这里就不再展开了，但要记住一点，它们没什么神秘的。

2
能力
——利润表(Income Statement)

犹太人说:"哪里有钱赚,哪里就会有更多的钱。"逐利,是资本的天性。公司存在的价值,首先是能为股东创造利润,当资本得不到利润,或是得到的不够多时,它就会自动离开,转移到能带来更多回报的地方。对于公司而言,如果自己不赚钱,就会陷入死循环,一旦外部资金断供,就离关门不远了,什么情怀、什么愿景,统统成了泡影。对于创业公司而言,这是非常现实的问题,也难怪有人说:**"不赚钱的公司,就是要流氓**。"

"赚"这个字,表意有时不大准确,不同人的理解不一样。我经常听到有的企业家说"今年赚了 1 000 万元",可一追问才发现,他所谓的"赚",是指毛利润有 1 000 万元,也就是进货出货的"剪刀差",别的各项成本一概没算,而如果把这些成本加上,实际可能是亏的。所以,当我们说"赚"时,指的是公司已经扣除了一切成本和税金后,剩下的可自由支配的那部分资金,这才是货真价实的东西,财务上叫作"税后净利润"。

利润表,反映的就是一家企业的赚钱能力。"利润表"过去叫作"损益表","损"代表亏损,"益"代表盈利,据说在会计界的一次会议中,有人提出这个"损"字总排在前面,显得不太吉利,于是到了2001年,这个表就被正式更名为"利润表"了。"资产负债表"记录的是一个特定时点上的存量数字,而"利润表"反映的是某段时间里,经过收入与成本的交替变化,最终是赚了还是赔了,以及赚了多少,赔了多少。

同资产负债表一样,利润表中也有一个恒等式:**利润=收入-支出**。其中收入是最大的概念,没有收入,哪儿来的利润,收入的来源是否可靠,是检验利润真实性的重要依据,其次才是支出中的成本和费用。没有收入,便不存在"营业成本",费用的价值也就无法体现。支出的目的性与合理性,是核算成本的主要方法,同样直接影响利润。如果把这个等式和资产负债表相结合,会得到一个动态的等式:资产=负债+所有者权益+利润。因此那些操纵利润的企业,还需要在资产负债表中作相应的配合,要么虚增资产,要么虚减负债。

资产是寿命较长的支出,费用则反之。所以虚增的资产,实际就是披上了资产外衣的"费用",比如上文提到的减值准备、折旧和摊销;而虚减的负债,实际是永远付不出去的钱,藏在"预收账款"、"其他应付款"之中。还有所有者权益中,用来放造假的利润和已经抽逃的资金。比较一下不难发现,操纵负债比较麻烦,还得与债权人商量,而操纵资产,自己决定就可以了,因此,大多数造假的企业都首选虚增资产。

接下去,我们把利润表的各主要科目展开,看看它们都记录了些什么,并通过分析这些科目间的比值,看看能为观察企业带来哪些新的视角。

利 润 表

项 目	本期金额	上期金额
一、营业收入		
减：营业成本		
营业税金及附加		
减：销售费用		
管理费用		
财务费用		
资产减值损失		
加：公允价值变动收益（损失以"—"号填列）		
投资收益（损失以"—"号填列）		
其中：对联营企业和合营企业的投资收益		
二、营业利润（亏损以"—"号填列）		
加：营业外收入		
减：营业外支出		
其中：非流动资产处置损失		
三、利润总额（亏损总额以"—"号填列）		
减：所得税费用		
四、净利润（净亏损以"—"号填列）		
五、每股收益		
（一）基本每股收益		
（二）稀释每股收益		

"**营业收入**",记录的是公司主营业务向下产生的收入。主营业务就是这家公司到底在经营什么,靠什么挣钱的。一般来说,"营业收入"是"收入"中最大的一项,如果发现其"占比"较小,那只能说明公司不务正业。比如还是上面举例的那家包子铺,卖包子取得的收入,就叫"营业收入",可是折腾一年下来,发现包子没卖出去几个,但通过把自己不用的门面租给别人,收了不少租金,导致两种收入的占比倒挂,主业就显得不突出了。

这笔租金收入,会被计入"**其他业务收入**"。有人会问:不是还有个"**营业外收入**"吗,既然租金也不是营业范围内收到的钱,为什么不记入这一项呢? 这两个科目有什么区别? 其实只有一个:就是看这部分收入是不是"日常收入",也就是持续稳定发生的收入。租金很稳定,具有固定的付款时间,所以归类到前者,影响"营业利润";罚款所得、捐赠收入不是每天都有的,不够"日常",所以归类后者,不影响"营业利润"。

这里出现的"**营业利润**",近似"毛利",指的是在未考虑"营业外收入与支出"的情况下,公司的利润水平;而如果考虑进去,得出的数字就叫"**利润总额**";再把"所得税"等费用扣除,得到的就是"**净利润**";而加上"非经常性损益"后,就得到了所谓的"**扣非净利润**"。

在分析利润表时,常会用到一个词:确认。不管是确认"收入"还是确认"成本",都要做这样一个动作。确认的方法不同,入账的金额便不同,所得出的"利润"也就完全不一样,因此,这也成为财务造假的重要手段。

说回到"收入",它的确认依据是什么呢? 比如包子铺的客人,如果都是一手交钱、一手拿包子,那么就可以直接确认,太简单了。可是有的客人刚办了卡,并充了钱,此时客户还没拿包子,那么卡里充的钱,能算作收入吗?也有客户刷过几次卡,收入是算卡里已经用掉的还是充值的总额?此外,如果包子铺与一个大客户签订了1 000个包子的买卖合同,根据约定,客户先支付了200个包子的定金,就收到了所有的包子,剩余款项后续再付,那么包子铺的收入,应该按200个包子算还是按1 000个包子算呢?

收入确认的原则,在2006年版的《会计准则》中定义为"企业将货物所有权的主要风险和报酬转移给了买方"。到了2017年,新准则推出,**更重视"控制权"的转移,核心是突出"实质重于形式"的原则**。比如我们在网上购物时,一般都是先付钱,支付成功后,商家才发货。在客户签收之前,商品的控制权并不在他们手上,即使签收了,还有七天的无理由退货期,等到这个时间过去,说明客户已经接受了这件商品,控制权的转移才算完成,这时,商家才能对这笔收入进行确认。

新准则还区分了"总额法"与"净额法",如果企业在把商品卖给客户前能够控制该商品,则企业的角色为"主要负责人",应该按收到的资金总额来确认收入,所以叫**"总额法"**;如果控制不了该商品,则应该把企业定义成"代理人",这时的收入确认,应该按"佣金"或"手续费"的金额计算,由于该金额已经扣除掉了给其他相关方的钱,所以叫**"净额法"**。

相同的概念才能比较。比如那家包子铺一年卖掉了20万元的包子,而另一家网上平台,帮别人也卖了20万元的包子,这两个20万元就不是一个概念。前者可以确认为营业收入,而后者是交易量

（GMV），即流水量，只有剔除了真正卖包子那家店的成本，或者说拿到了平台的分成后，才能计入营业收入。这也是为什么京东的营业收入超过阿里，而市值却远远小于后者的原因之一。特别是给非盈利企业估值时，如果采用的是 P/S（市销率）法，即比较销售额倍数，则先要把企业的"S"（销售额）是怎么确认的搞清楚，避免被表面现象迷惑。

接下去来看"成本"。商业意义上的"成本"，泛指为了实现商业目的所消耗掉的一切资源，而在会计上说到"成本"，就要具体说是什么成本了。比如**"营业成本"**，定义的范围就比较窄，特指与营业收入相对应的，也就是销售出去的那部分商品的成本，而不是指生产出来的所有商品的成本。那部分商品的成本，包括了原材料采购与物流的分摊、包装物分摊、生产人员工资分摊等，而不算其他的开支。

根据这个定义，包子铺的"营业成本"，就是已经卖出的那批包子的"料工费"，其中"皮儿和馅儿"就是"料"，制作包子和操作蒸炉的工人劳动就是"工"，"费"则是指蒸炉的折旧与水电煤的能源消耗。完工后，这些包子的"生产成本"转为"存货"，当被卖掉时，再转入"营业成本"，因此，"营业成本"可以理解成卖掉的商品的生产成本。

当把营业成本从营业收入中扣掉后，得到的是**"毛利"**，再和营业收入相除，可以算出**"毛利率"**。按证监会对行业的划分，毛利最高的行业分别是住宿业、酒、茶和饮料，还有部分餐饮。通常情况下，每个行业的毛利润是相对稳定的，它可以作为观察企业竞争力的一条准绳，也为判断财务造假提供了线索。

比如那家包子铺，当它的毛利率水平一直显著高于竞争对手，或者在过去几年或几个季度内，从行业平均的 30% 附近忽然上行至 70%，且在生产技术和模式方面并没有明显的突破时,这个数字就值得怀疑。除了观察这些现象,还可以找到相关的数据来印证,如果发现它们相互背离,逻辑不通,则可以顺藤摸瓜,找到原因。

比如毛利率升高,存货周转率却下降,就是一种常见的背离,既然包子都快卖不动了,毛利率怎么会上升呢;**再如毛利高于同业,但销售费用占比也显著高于同业,同样不正常,**要花比别人更多的钱促销,说明包子的销售难度在增大,毛利率应该高不起来;**还有应收账款增加,应付账款减少,也和毛利率升高相背离,**这种情况表明,公司在"包子圈"的竞争地位正在下降,宁愿冒着收不回钱的风险赊销,也要更多地出货,毛利率随之下降才合理。

说完毛利,我们继续看成本,除了上述的营业成本外,"包子集团"要花钱的地方还多着呢。比如为了业务发展,公司成立了四个团队,分别负责业务管理、渠道推广、客户服务、系统的研发与维护。同时,为了提高抢占市场的速度,公司又去银行申请了一笔贷款,用于新开门店。由此带来的所有开支,被统称为"**费用**"。按照用途划分,费用可以分为"管理费用""销售费用"以及"财务费用"三大类,也就是财务上俗称的"三费"。

"**管理费用**"是指公司为组织管理和经营所发生的费用,包括各级管理人员的工资、奖金和福利,举行的会议、培训、差旅、宴请、对外的咨询和诉讼等。包子铺设立的"业务管理部"和标配的人事部、财务部等人员的开支都属于此项。用"管理费用"除以"营业收入",可以得到该项费用的占比,进而看出一个公司的"非战斗"部门是否臃肿。当然,也要先和同业比较才能下结论。

"**销售费用**"，就是与"把产品卖出去"这件事直接相关的支出，包括销售人员的工资奖金福利、差旅费及销售业务产生的招待费、促销费、广告费等。包子铺的"渠道推广"部，一看就是为了销售设立的，相关开支全部计入"销售费用"，没有争议。那么"客户服务"部呢？这就要看它的具体职责了。大多数情况下，客服的主要工作是解答客户的疑问，或做售后服务，也归入该费用。

很多喜欢讲未来的互联网公司，谈的都是在大赛道上跑马圈地，先占坑再赚钱的故事，对于何时能盈利这件事，他们表面上故作镇定，实际上内心全无把握。给投资人强调的都是客户的增长，或平台交易量的增长，而对于具体如何突破所谓"拐点"，实现盈利的问题，给出来的都是理论上的假设，往往经不起推敲。

这些假设中，最有名的就是"免入场费，收停车费"，换句话说，就是为了获客，可以先不惜成本，反正客户早晚都会付钱。然而实际情况是，客户当中的绝大多数永远都不会付钱，或者付了一次后，再也没有下一次了。在互联网的上半场，这种思维还能奏效，可是来到下半场，线上的红利已经消失，靠补贴和血拼流量的日子已经撑不下去了，连想挣广告费都找不到金主。庞大的"销售费用"会吞噬一切毛利，直至妥妥地击穿整个营业收入。

"**财务费用**"指的是企业在金融机构的贷款利息支出。就像包子铺借银行的钱开新门店，这笔钱产生的利息就计入该项中。但包子铺在银行也有存款，有存款就会产生利息，收到的这部分利息，可以抵减贷款产生的利息，差额就是"财务费用"。银行都是"嫌贫爱富"，公司实力越强，融资时的"资金成本"就越低，当各家银行都抢着做企业生意时，企业成甲方了，贷款利率自然高不了，而且还能享受纯信用等贷款条件，同样的贷款金额下，财务费用就更低；反之，即便公司抵押上各种不动产，贷款都不一定批得下来，即使批了，利率也要上浮百分之几十。

了解"三费"后，就可以分析一项重要指标：**三费占比**。这是指三项费用占营业收入的比例。商业的最理想状态，就是在生产出产品后，什么都不管，就有络绎不绝的人来买，然而这是不可能的，企业所追求的，就是在"代价"最小化的情况下，实现收入的最大化，而"三费"正是这些"代价"的具体表现。在收入相同的前提下，"三费"占比越高，代表企业的效率越低，反之，则效率越高。同样是一年里卖出 1 万个包子，一家包子铺是靠雇了 10 个人，做了 2 次电视广告实现的；另一家只雇了 2 个人，且没做过任何广告，谁都喜欢第二家吧。一般如果"三费"占比低于 10%，代表企业具有相当规模或已经是行业龙头。

最后提一下**研发支出**，如果将其进行费用化处理，则记为"研发费用"，属于"管理费用"，如果进行资本化处理，则列为"无形资产"。不是每家公司都有"研发费用"，特别是创业公司，即使有，金额一般也不大，这里就不再拓展了。至此，费用部分告一段落，但企业除了这些看得见的成本外，还有一些看不见的成本。

此前提到的"应收账款"要做"坏账准备"，还有"存货"要做"跌价准备"，固定资产也要做折旧处理，这些对资产或有损失方面的种种"准备"，在利润表中统称为"资产减值准备"。为什么要把这些风险直接扣减利润呢？因为《会计准则》里有一个**指导思想：尽量保守，需要把这些可能的损失提前表现出来。**

看不见的成本中,有一项反映的不仅是或有损失,还包括了可能的增值,它主要记录的是"交易性金融资产"或是"投资性房产",在企业持有阶段公允价值的变动情况,叫作**"公允价值变动收益"**,一旦这些资产出售,相应的收益或损失变现后,就从该项科目移出,变为"投资收益"了。也就是说,包子铺买了一只股票型基金,当牛市来临,基金净值提高时,"公允价值变动收益"就为正,只有卖掉这只基金时,损益情况才归入"投资收益"。

最后别忘了**"税金及附加"**,这是商品在流转中所需缴纳的税款,过去叫"营业税",现在叫"增值税",这和"所得税"有什么区别呢?"所得税"是指对扣除以上所有成本后,接近"净利润"时所缴的税;而"增值税"则是在扣除这些成本前,对"毛利"缴的税。

"增值税"中的"增值"两字,暗示了商品流转的过程,从采购到售出,一买一卖当中会有价格差,只要销售价高于进货价,就有这里所说的"增值"。购进产品时,企业实际承担了"进项税",这个金额已经记在了采购总价中;反过来,企业销售产品时要缴的"销项税",实际上是帮采购方代为缴纳的。"销项"和"进项"是相对的,对销售方来说叫"销项",对采购方来说就是"进项"了,所以在计算"增值税"时,"进项税"可以被扣减。

通过以上这些"加加减减",终于可以得出"净利润"了,也就知道企业到底赚了多少钱。但这个数字本身意义有限,比如说净利润5 000万元和3亿元,只能看得出体量大小,却不知道真正的赚钱效率。这5 000万元利润,可能是由1亿元的资产创造的,而那3亿元的利润,或许背后有30亿元的资产。因此只看绝对值来判断赚钱效率,等于让小学生和成年人掰手腕,是不公平的。

净资产收益率(Return on Equity,ROE),就是把大家拉回到同一平面上的工具,用"净利润"除以"净资产",计算的是平均一个单位的净资产能带来多少净利润,这几乎成了分析公司赚钱效率的一项万能指标。二级市场的不少基金经理在挑选个股时,也把 ROE 设为一个门槛,比如要求进入"股票池"里的公司,ROE 不得低于 15% 或 20%。一般来说,ROE 大于 20% 的企业,综合实力算比较好的;ROE 小于 8% 的企业,就要掂量一下了,如果资金成本都不止这个数,实际上就不能保本了。

更有意思的是,如果将这个公式扩展一下,可以拆解成三个部分,对应三项指标。第一部分用"净利润"除以"销售额",得出的是"**净利润率**";第二部分用"销售额"除以"总资产",得出的是"**总资产周转率**";第三部分用"总资产"除以"净资产",得出的是"**杠杆率**"。这三个部分相乘时,由于"总销售额"和"总资产"这两项同时做了分子和分母,都被抵消掉了,分子剩下"净利润",分母剩下"净资产",被完美还原成最初始的"净资产收益率"公式了。

这个分解过程,就是著名的"**杜邦分析法**"。它的意思是,要想提高 ROE,仅从初始公式上很难找到答案,谁都想提高分子上的"净利润",但那是目的,而不是手段。当把公式分拆为三个部分后,思路就豁然开朗了,提高 ROE 的问题,就变成了如何增加这三项指标了。这三项指标实际上揭示了公司提高 ROE 的三条出路。

第一项叫"净利润率",是说公司可以"一招鲜吃遍天",卖人无我有的稀缺品,或者凭借品牌优势,将同样成本的东西卖出更高的价格。

第二项叫"总资产周转率"，就是说在没有那些稀缺的产品资源时，只要卖得够快，依然可以靠"薄利多销"取得优势。最后一项叫"杠杆率"，是想告诉企业，即使以上两方面都不如人，只要善于用别人的钱来发展，也是条不错的路。**简单地说，排除负债经营的因素，想要提高盈利能力，要么卖得贵、要么卖得快，**做好任何一点就都是成功，但很少有商品可以卖得又贵又快。

通过 ROE 的公式，也能看出这项万能指标并非无懈可击。首先，作为分子的净利润是财务造假的重灾区。再看分母净资产，先不说净资产中"实收资本"的质量（现金实缴比例），只要公司决定分红，就能减少预留收益，即降低了净资产。更大的问题是上市公司，当回购了企业已经公开发行的股票后，这些股票就被计为"库存股"，而库存股是所有者权益中的减项，所有这些，都会导致 ROE 在未增加盈利的情况下增加。

进一步再看，**净资产＝总资产－负债**，总资产怎么做数字游戏，就不重复了。负债还有显性与隐性之分，有没有"表外"民间借贷，或是有对外"担保"等导致的"或有负债"，很难知道。在展开的公式中，"杠杆率"也和 ROE 正相关，但高负债本身也会带来高风险。因此，在分析 ROE 时，需要配合其他数据来进一步验证企业的情况。

我们接下来讲的现金流量表，就为这些验证提供了更多依据。

3

活力
——现金流量表(Cash Flow Statement)

一些企业看上去净利润挺高,营业收入不错,但情况也许并没那么好;一些企业利润表没那么漂亮,甚至看上去连年亏损,但情况可能也没那么糟。利润,往往会麻痹创业者的神经,有时创造了利润,但并没拿到一分钱,一切都是浮云,手上有钱,才能干想干的事。因此,**企业能否持续经营,不能只看净利润,关键还要看能不能产生正向的现金流**。美国银行的一项研究显示,超过80%的企业失败,可以归因于现金流出了问题,一旦现金枯竭,就等于血液受阻,破产将是分分钟的事。

关于现金流,我们先看个故事。

一名游客到一个小镇玩,晚上走进了一家客栈,塞给老板800元现金,就去挑房间了。客栈老板拿到钱,立马付了主厨的工资,主厨把欠的买鸡款付清了,养鸡的顺手还了鸡饲料的钱,卖饲料的还清了赌债,赌徒拿到钱,赶紧去客栈把欠的房钱结了,这800元钱,又重新回到了

客栈老板手里。这时,游客又回到前台,觉得房间不合适,拿回那 800
元钱离开了。

乍一看好像一切又回到了原点,但游客的这 800 元转动了一圈,小
镇上这些人彼此间的债务都还清了,这就是现金流的价值。现金流量
表,记录的是在一定时期内,企业所有现金或现金等价物的变化情况,
也就是各项资金的流进和流出,根据用途,分成以下三大类。

现 金 流 量 表

项　　　　目	行次	金　　额
一、经营活动产生的现金流量		
销售商品、提供劳务收到的现金		
收到的税费返还		
收到的其他与经营活动有关的现金		
现金流入小计		
购买商品、接受劳务支付的现金		
支付给职工以及为职工支付的现金		
支付的各项税费		
支付的其他与经营活动有关的现金		
现金流出小计		
经营活动产生的现金流量净额		
二、投资活动产生的现金流量		
收回投资所收到的现金		
其中:出售子公司所收到的现金		
取得投资收益所收到的现金		
处置固定资产、无形资产和其他长期资产收回的现金净额		

（续表）

项　　目	行次	金　　额
收到的其他与投资活动有关的现金		
现金流入小计		
购建固定资产、无形资产和其他长期资产支付的现金		
投资所支付的现金		
其中：购买子公司所支付的现金		
支付的与其他与投资活动有关的现金		
现金流出小计		
投资活动产生的现金流量净额		
三、筹资活动产生的现金流量		
吸收投资所收到的现金		
借款所收到的现金		
收到的其他与筹资活动有关的现金		
现金流入小计		
偿还债务所支付的现金		
分配股利、利润或偿付利息所支付的现金		
支付的其他与筹资活动有关的现金		
现金流出小计		
筹资活动产生的现金流量净额		
四、汇率变动对现金的影响		
五、现金及现金等价物净增加额		
补充资料：		
1. 将净利润调节为经营活动的现金流量		
净利润		
加：少数股东权益		

（续表）

项 目	行次	金 额
减：未确认的投资损失		
加：计提的资产减值准备		
固定资产折旧		
无形资产摊销		
长期待摊费用摊销		
待摊费用的减少（减：增加）		

第一类叫**"经营活动产生的现金流量"**，是指投资活动和筹资活动以外的所有交易活动和事项产生的现金流量。这里要注意"以外"二字，也就是不能光看购买和销售商品等营业范围内的现金流，像"罚款"这样的营业外支出，也属于这个大类。它衡量的是企业的自我造血能力，当这部分产生的现金流不能满足企业日常经营或投资需要时，则要依靠对外筹资来增加现金的流入。

有了经营活动现金流，就可以知道企业的**自由现金流（Free Cash Flow，FCF）**是多少，这是很多投资人非常看重的。不同于国内的标准，美国证监会对于上市公司年报明确规定，必须披露这一指标，方法很简单，用经营活动产生的现金流净额，减去资本性支出。"资本性支出"就是为了厂房、设备等可长期使用的资产而必须要花掉的钱。为了"自由"，应该扣除这些刚性支出，剩下的才是企业可以真正支配的钱，也就是理论上的可以分给股东的"最大现金额"。

一般情况下，经营活动产生的现金流净额越高，说明盈利越好。把这个类别展开，扣除支付员工的工资与各项税费外，最大两项就是"购买商品、接受劳务支付的现金"和"销售商品、提供劳务收到的现金"，一个是"出"，一个是"入"。用前者除以后者，得出企业的"购销比"，它通常接近商品的"销售成本率"，如果比值异常，往往是业务萎缩、商品滞销引起的。反过来，把公式中的分子改成"经营活动现金流入"，分母改成"经营活动现金流出"，如果比值大于1，则说明公司能在不增加负债的情况下维持经营。

第二类叫**"投资活动产生的现金流量"**，是指企业长期资产的购建和对外投资活动所致的现金流入和流出量，如收回的投资、取得的收益、购建固定资产的开支等。这其中，也包括了处置固定资产或无形资产所收回的现金，这部分其实就是利润表中的营业外收入，但没有一家公司是靠卖固定资产过活，直到企业关门的。因此，在分析现金流质量时，如果发现投资活动中处置固定资产的金额，持续高于经营活动或筹资活动产生的现金流时，则要非常小心，避免企业流动性出现枯竭。

这也是一块验证企业战略的试金石。当企业宣称正在积极对外扩张时，一般都伴随着购买长期资产或进行股权投资，导致资金大量流出，投资活动的现金流净额应该为负。而如果此时该值为正，就显得比较可疑，除了从参股或控股公司中退出股权或取得分红能收回现金外，可能是企业资金周转出了问题，采取了收缩策略，正在悄悄处置固定资产、无形资产和子公司股权，以换取现金。

第三类是**"筹资（融资）活动产生的现金流量"**，是指企业接受投资和借入资金导致的现金流入和流出量，包括接收的投资款、偿还贷款和利息、分配股利所支付的现金等。"筹"的意思是筹措，也就是找钱，除了找客户的钱外，找其他各方要的钱都是筹资活动，比如找银行、投资人等。此外，也包括了 IPO 的新股发行，等于向社会公众融了一笔钱，所以上市后的企业叫"公众公司"，就是这个道理。

当经营活动带来的现金流不足，或是需要引入战略合作伙伴时，企业就会想到融资。然而有些企业并不差钱，却也跟着凑热闹，这是什么原因呢？一方面，它们借助贷款取得银行的信用背书，并和广大金融机构建立起关系，反正资金成本也不高，如果在借贷利率倒挂时，还能用这笔钱进行套利，那比主营业务的利润来得轻松。另一方面，不少公司抑制不住放贷或买地的冲动，总想走捷径，靠"类金融"的生意挣"快钱"，甚至不惜期限错配和违规交易。因此，企业融资的动机与用途，特别是高成本的融资，要格外关注。

和利润表相比，现金流量表的显著区别在于它的基础是"**收付实现制**"，关注的是收款和付款是否实现，记录的是现金的流进流出。而利润表的基础是"**权责发生制**"，只有收入和成本"确认"后，才得出利润。因此，单看现金流量表，是看不出一家企业赚了多少钱的，反过来也一样。但如果把其中"经营活动产生的现金流量"挑出来，和利润表的关系一下就紧密了。

比如用其中的"销售商品、提供劳务收到的现金"与利润表中的"营业收入"相比，可以得出"**营业现金回笼率**"，比值通常在 95% 以上，两者间的相关性极高。另外，也可以分析支付能力，比如企业有各种固定的开支，如果用经营活动净现金流去除以这些固定开支和费用，当比值小于 1 时，则表示企业存在失控风险，可能是负债过高或团队繁杂冗余。同时，用经营活动现金净流量除以净利润，得出"**盈利现金比率**"，也就是企业每实现 1 元的账面利润，能带来多少现金作为支撑，比值越高,说明利润的质量就越高。

理想状态下,排除投资与筹资对现金流的影响,企业的经营活动现金流量净额,应该和净利润差不多,这被看成两张表间的一个最重要的钩稽关系。比如一个包子,成本 1 元,卖了 3 元,从利润表的角度看,利润 2 元,从现金流量表角度看,经营活动的现金流量净额也是 2 元。可当我们翻看企业报表时会发现,这两项数字几乎不可能出现相等的情况,谁高谁低都时有发生,只是各自的原因不同罢了,因为影响利润的事件不一定同步发生现金的流动。

当净利润大于经营活动的现金流量净额时,说明有销售业绩,并不意味着你收到了钱。赊销的结果是,利润增长是被"应收账款"带动的,但现金流还在后面"气喘吁吁",追不上来,应收账款每增加 1元钱,你就少了 1 元钱的现金。存货的效果也一样,如果卖不动,利润自然低,但因存货在购买或生产过程中,现金已经流出,在缺少流入的情况下,净额为负,每多 1 元钱存货,就少 1 元钱现金。预付的情况就更差了,比存货卖不动还不如,货不在手上,连产生收入的机会都没有。

当净利润小于经营活动的现金流量净额时,表示你明明赚了且"落袋"了的钱,但在利润上却表现得"扭扭捏捏",这又是怎么回事呢?现金流动一旦发生,在商品控制权发生变化的前提下,利润必然受影响,那一定是有其他因素,也同样影响了利润。还记得资产负债表中那些需要作折旧和减值处理的科目吗?它们的减少,是账面上的减少,不影响现金流,但影响利润,因此导致了差额的发生。

除了对比利润表,现金流量表也常被拿来和资产负债表作比较。

实际上，现金流量表就是把资产负债表中的"货币资金"这一项单独拉了出来，专门就其金额的变化作出的解释。因此，**可以用这个更严格的现金流，特别是其中的经营活动现金流，来优化此前提到过的一些分析指标。**

比如企业的偿债能力，在之前的分析中，无论是"速动比"还是"流动比"，看的都是负债的资产覆盖倍数，尺度比较宽松，而如果用经营活动现金流量净额去和负债作比较，则能看出负债的现金覆盖倍数，更接近真实情况。再如分析企业的净资产回报能力，由于 ROE 存在缺陷，作为补充，可以用经营活动现金流量净额替换净利润，与净资产相比，得出净资产创造现金的效率。

纵观这三张表，是从三个方向来观察一家公司。就像职业拳击比赛，上来先称体重，就好比看"资产"，一个量级的，才能在一起打。接着看过往战绩，有的 50 胜，2 负，10 次 KO 对手；有的 25 胜，4 负，20 次 KO 对手，你说谁厉害？就像"利润"，看上去很美，其中的"水分"有多少只有自己清楚。真正上了台，比的是综合实力，不仅看谁的拳重，还得看谁的耐力更持久，能在激烈的对抗中坚持到最后，就像"现金流"作为企业持续经营的水源一样。

今天我们一说到财务报表，很自然地就谈到了这三张表，仿佛它们在历史上是同时出现的，其实并非如此。资产负债表最古老，距今已经有 500 多年的历史了，起源于中世纪的意大利，是当时商人们为了定期编制财产名录，逐步形成的一种记账方式。直到 20 世纪 20 年代，欧美一些国家为了更好地计算盈亏，才创造了利润表。最年轻的是现金流量表，1987 年才出现。

后两张表,都是对资产负债表的补充,将当中的部分科目放大,单独拿出来深入分析。未来,可能还会出现第四、第五张报表,这取决于我们的需要。

老轩创投课

张轩荣

第五章　　起伏不定的估值

1. 估值不是科学

2. 相对估值法

3. 绝对估值法

回看前几章，我们分别从战略定位、商业模式、产品设计、团队管理和财务分析这几个不同的角度，对一个创业项目进行了分析。我们可以把这些角度，都当成研究企业的一项项"武器"，既可以用来去了解别人，也可以拿来审视自己。而且，这几项内容还是相通的，也就是说无论公司规模大小、起步高低、所处什么行业，这些武器都能用。此外，还有些武器并非适用于所有企业，这既受限于发展阶段，也受不同创业者发展理念的影响。

比如股权融资或对外投资都需要懂估值，而有的企业老板很执拗，不论有钱没钱，就是不融资，特别是不做股权融资，不想引入其他股东，觉得没必要或是麻烦。有的公司账上现金很充沛，但就是不考虑做些横向或纵向的收购，只选择分红或是重新投回自己的公司中。这其中虽有客观条件成熟与否的问题，但主要还是观念问题。因此，他们对理解估值这件事并不太在意。

又比如，有的公司坚决不上市，这其中"吃不到葡萄说葡萄酸"的大有人在，嘴上说不愿意，可心里明白是公司业绩或规范性不达标。同时，也的确有一些业绩非常好的企业，比如我们熟悉的华为、娃哈哈等，因为不差钱，也不想稀释股份，或者不愿意被关注而选择不上市。其中大部分公司，因为没有被券商辅导过，公司治理并不是按证监会那套标准，也并不关心上市的话题。

然而大多数企业，对于资本运作还是持开放的态度，我在几家"创业营"看到的情况是，这些公司对投融资普遍充满好奇，已经早早地关注起估值、收购、上市这些话题了。在劝创业者专注主业，先把营业额搞上去的同时,我就在想,要找机会把这些主业之外的东西,用最容易理解的语言告诉他们,这样就可以尽量少地占用他们的时间,使创始人的精力能回到思考商业本质上。

　　下面我就尝试尽量简单地讲讲"估值"这一问题。

1
估值不是科学

"估值"其实是个简称，"估"代表估计，"值"代表价值，写全了应该叫"估计的价值"。这个词中，关键字是"估"，估计的方法不同，价值就不一样。

同样一个有年代的杯子，放在普通超市，可能卖十元；放在恒隆广场或是国金中心，可能卖几百元；放到古玩市场，或许值好几万元。那只著名的"成化斗彩鸡缸杯"，最早被藏家花了 1 000 元从地摊上买到，后历经五次转手，于 2014 年的苏富比拍卖会上，被刘益谦以 2.5 亿港元拍得，加上佣金一共 2.81 亿港元。这东西的确是明朝的，但为什么不是 2.3 亿港元，也不是 3.2 亿港元，而偏偏是 2.5 亿港元呢？有什么标准吗？

我可以负责任地告诉你：没有。

无论前面有多少定语，这东西终归是个杯子，它本身的价值在于喝水,至于其他价值,比如收藏、把玩等,是人们的信仰与情怀所赋予的,也就是自然界原本并不存在的东西。这不重要吗?当然重要,这是文化,越"老"的东西,越有文化,这些"形而上"的内容,无论我们承认与否,都潜移默化地影响着每个人。只要是人,就有精神生活,只是有的人多一点,有的人少一点罢了,可是,怎么给精神世界里的东西定价呢?没有标准,也不可能有,所以得"估"。

有一阵子,我迷上了马未都,不仅去了观复博物馆,还把他的《收藏马未都》《观复嘟嘟》等视频都翻出来看了一遍,不仅感叹每件藏品的造型,也被其身后的历史故事吸引。以这个鸡缸杯为例,是以明代成化皇帝的爱情故事为背景的,当时他不顾朝野反对,偏要追求比自己大17岁的万贵妃。于是就会有人想:为什么要给万贵妃烧制陶瓷?上面的图案又有什么寓意?他们后来怎么样了?如此一来,杯子仿佛就有了生命。**在这个语境下,价格成了最不值一提的东西,**只要支付能力允许,只要将精神注入其中,无论买家卖家,没有谁亏,大家都是赚的。

在企业估值里,这个"杯子"就是融资的一方,即待价而沽的"标的物";谁在卖这个杯子,谁等于是融资企业的创始人;而像刘益谦这样的买家,就相当于 VC、PE 这样的投资机构。小超市里的人,买的是杯子的使用价值;高级商场里的人,欣赏的是杯子的美,所以愿意出更多的钱;而在收藏家看来,物件所表达的价值观,所带来的精神共振,是不能用钱来衡量的。

这似乎告诉我们,估值是一件仁者见仁的事。没错,估值就是这样的任性。比如同样是一个经营不善的项目,有的投资人愿意投 1 个亿,拿 51% 的股份,直接控股这家公司,而对于有些投资人而言,别说 1 个亿,1分钱都不会拿。就这样,前者给的投前估值(俗称Pre)近1个亿,而后者给的是0,也就是认为它一文不值,你说谁错了?他们都是对的。为什么这么说?这正是估值的有趣之处。

认为值1个亿的投资人,可能具有产业背景,运用的是并购的思维,站在业务重组的角度在看这件事。虽然标的公司的经营已深陷泥潭,但在他们手上没发挥出作用的那些牌照、专利,或是渠道,恰巧能与自己的业务互补,且由此能在未来所产生的收益,可以很好地覆盖这一对价。

这里涉及的"并购",其实是一个很大的话题,可以引申出诸多概念,此处大家只需要了解它与估值的基本关系就行了。**当并购发生时,改变的只有"现金流"的所有权,而现金流总量是否改变,要看并购是否真的带来了协同效应**。很多时候,所谓的"协同",只是我们的一厢情愿,落不了地,或是落地成本极高,这时就要警惕了。当协同效应不能发挥时,你投入的资金由于不能增加未来的现金流,就是没有价值的。

认为投资价值为零的投资人,很可能是追求财务回报,考虑的是标的自身创造现金流的能力。当他们沿此思路去看标的公司基本面时,团队管理混乱,产品缺少竞争力,市场份额正快速下滑的事实,就变成了过不去的坎,这时他们想的是:既然这家公司在经营上各种不行,我又没这个专业能力和时间代替他们去管理,因此,公司里那些无形资产和设备对我来说也就没有意义了,钱投进去就是找死,花1元都是多余的。

这种零估值方法,是不是有些残酷?但其实更加接近现实,比中规中矩地按照净资产或利润预期硬凑出来个数字要靠谱。它的逻辑在于，有门槛的某些行业，必须要达到一定的规模，才有生存下去的可能，在没接近这个临界点之前，是不能奢谈估值的。就像一根快熄灭的蜡烛，你冲上去只有一个结果，抱着它一起燃尽。

这也解释了二级市场的一些股民屡战屡败的原因。他们选一只股票的原因，常常是这只股票曾经涨到过多少钱，比如历史高点为50元，他们会认为此时10元已经很便宜了，可以入手，结果股价继续下行，直到跌成1元。原因很简单，企业的技术已经被淘汰了，并处在一个赢家通吃的行业里，因此遭到抛售，再也没可能回到50元了。

估值也能拍脑袋

有一些天使阶段的项目，创始人口若悬河，但连公司的开办费都不想出，或是花了几千元找人代为注册了家公司，但不做任何经营，就等着投资人的钱到位了后再说别的。这种生怕用自己1分钱的人，是自私且缺少担当的，也就没资格谈估值。在外部资金没到位的情况下，但凡有点创业精神的人，都可以先把自己力所能及的事做起来。

比如前面提到过的精益创业，即使就自己一个人，都可以先小范围低成本地对自己的想法做测试，并由此获得一些数据。好多生意，都是先由第一个付费客户开始，然后一点点积累出来的，钱少有钱少的做法，无非是发展得慢点，这种尝试，能给投资人带来不少信心。

另一些创业者，真刀真枪地干起来了，这时才发现，好不容易拿到的合同，因资源有限，自己的产能跟不上，产品可能会延期交付。或是碰上了不错的团队,但没钱养他们,只分提成不拿工资,人家又不愿意,眼睁睁看着别人离开。这时去银行贷款,基本不现实,多数银行的风控标准主要还是抵押,也就是典当模式,创业者没房子怎么办?

这种情况下,就可以研究是否要出手相助,并不得不谈估值了。

最狂野的做法,我把它叫作"印象法",就像印象派画家的画,只讲意境,不谈细节,项目越是早期,这种情况就越常见。很多融资项目,双方上来的对话是这样的:

"你需要多少钱能把这事做起来?"

"我需要 1 000 万元。"

"你能释放多少股权?"

"20%。"

至于为什么是 1 000 万元? 为什么是 20%,没人去深究,然后就开始讨论别的话题了。别的话题聊得不好,就不说了,如果聊得好,估值基本就朝这个方向走了,最多像菜场讨价还价一下,比如 600 万元行不行? 给 25%的股份好不好? 各自让一步,大家心里都舒服点。

这种方法下,公司估值由资金缺口与愿意出让的股权比例这两个要素决定。如果 1 000 万元投进来,占投后的 20%,则投后估值(俗称Post)为 5 000 万元,投前 4 000 万元(减掉投进来的这 1 000 万元)。你说为什么公司目前值 4 000 万元,没人知道,那只是个结果,甚至连这个结果都不太被人在意或是讨论。创始人对估值的思考顺序,首先是自己需要多少钱,然后才是能给投资人多少比例的股份。

就像娱乐投资最火的那几年,很多公司上来就说:"融 1 000 万元,给 20%;或融 500 万元,给 10%~20%。"那个金额,可能是做出一款游戏的成本,也可能是拍摄一部"网剧"的预算,而那个股权比例,则完全是随便说的一个数,只是他们不承认,会找个冠冕堂皇的说法而已。我见过有公司 1 月份开价融 2 000 万元,给 10%,到了 3 月份,就变成融500 万元,给 30%,估值从 1.8 亿元直线掉到了 1 167 万元,可就算这样,还是融不到钱。当然,也有人觉得这个策略不对,宁愿不融,也不能自降身价,结果就真的没拿到钱。

估值本就是你情我愿的事儿,"印象法"有着相对广阔的应用场景。在它的基础上,又发展出了尺度更为奔放的一种方式,投资人可能主动抬高投资额,甚至有比企业预期高出十多倍的案例,而拿到的股份不可能同样增加那么多倍,这样做,等于帮企业大幅提高了估值。对于那些竞争尚不激烈,没有寡头出现,或是干掉一两个自己就能做老大的市场,这样做可以趁别人还未采取有效行动前,集中绝对优势兵力,以闪电战的方式扫平一切障碍,迅速占领客户心智,打响品牌。

对这类投资人而言,虽然看似多花了钱,但他们算的是未来的账:既能避免日后与众多竞争者拼抢时要烧更多钱的可能,也抬高了后来者的进入门槛,令潜在对手望而却步,还能在成为行业龙头后,获得资本市场上的溢价,这些价值加总,远远覆盖了眼前的投入。

当年刘强东快撑不住时,想融 200 万美元,徐新却直接给了他1 000 万美元,意思是既然要做,就备足弹药来场大仗,直到拿着望远镜也看不见对手为止。孙正义更直接,他看好的有些企业,人家不要他钱都不行,如果沟通不下去,他会直接加倍投给那家的竞争对手,同样是增加了标的估值,利用资本建立起一种势能,进而拖垮对手。

此外,**还有一种比较另类的想法,我把它叫作"贡献法"**,就是投资人不跟你讲估值,大家都按实际出资额分配持股比例,也就是按实缴资本定价。创始人一定会说:那不公平啊,想法是我的,经营也是我在做,并且钱我也出了,凭什么那些只出了钱的投资人,和我的权利一样大?这种感觉可以理解,但没说到点子上。你想表达你贡献更大,而投资人也会反唇相讥,说你只考虑了自己的贡献,为什么不考虑投资人可能带来的贡献?比如在关系和资源上的助力。照此逻辑,大家就扯不清了。

这个问题的关键,不在于谁的贡献大,而是应该由谁掌握公司最终的话语权。我们都知道,股权基本对应了话语权,股权结构如果缺少层次,分不清主次,就容易造成公司里谁说了都不算,这样是不太可能经营好企业的。因此,一投一融的过程,不是权力上的一次竞争,而是为了得到一个更优的股权结构,使公司整体价值更高。

为什么创始团队股权少了,反而说"更优"?道理很简单,所谓多或少,要辩证地来看。当创始人拥有100%的股权时,看上去很多,但公司也很难做大,因为其他人都不是公司的主人,不会对公司真正上心,即使100%持股,能值多少钱?而通过分享股权,看上去自己的比例少了,但为公司操心的人却多了,为自己而干的动力是不一样的。当整个蛋糕做大时,比如估值达到100个亿,即使你只剩下10%的股权,也值10个亿。

融资的账,怎么算?

经常有人问我,每轮融资应该释放多少股权,这是个没有标准答案的问题,影响因素实在太多:你所处的发展阶段、主要项目的完成度、后续计划融资的次数,上市计划,等等。另外,在估值不达预期,需要在融资额与股权之间进行取舍时,如何做股权安排?比如本来想融500万元,释放10%的股权,可是投资人能给的估值,对应回去需要释放30%的股权,这时,是守住股权比例这条线,选择少拿钱,还是为了拿钱,而多给投资人股权?

我们常听到专家或媒体语重心长地劝创始人,"在企业初期,股权没那么重要,拿到钱才是硬道理"。他们也许还会说:"你看某某,自己那么点股权,一样控制公司。"但你要知道,这毕竟是极少数,况且背后可能还有协议控制或一致行动人等(将在下章详述),不少企业融资后失去了控制权,并引起创始团队被动离开。

这种主张,有时还会导致某些创始人产生极端思想:对呀,先拿到钱再说,反正这钱又不用还,不拿白不拿,先撑12个月,搞不起来就不干了,亏的也不是自己的钱。碰上这种人,几乎像遇上了半个骗子,损失可就大了。可对于有长远规划,未来瞄准上市的企业来说,算起账来可就没那么轻松了。

企业很纠结,想的是:钱还是要拿,但如果在估值不高的情况下,就一次性地释放出30%的股权,等于过早地失去了战略主动。万一此后业务增长并不顺利,需要提前进行下轮融资,由于估值并没有多少提升,可能又得释放不少股权,这样就失去腾挪的余地了,后面怎么办?比如员工持股计划,给的太少激励不够,多了又给不起,一旦IPO,还要再出让25%给公众,这样多轮稀释下来,自己手上的股权就所剩无几了。

这样的担心其实不无道理,有什么办法可以使创始团队的股权保持在相对合理的水平上呢? 这里有一个基本的套路供参考。

首先在天使轮或种子轮时,钱不要多拿,避免股权被过度稀释(15%以内),因为这时估值最低。当然,如果你找的是天使投资,人家给的钱也不会多。到了 A 轮,公司运作了一段时间,并开始找到了感觉,营收逐步增加时,一般可以来一次千万级的融资,释放 20% 左右的股权。此时,上轮股东被稀释到 12%(假设上轮股东正好占比 15%),创始人降为 68%。来到 B 轮,公司模式得到了市场验证,已经走上了快车道,需要加速开疆拓土时,可以融一轮从 1 亿元到几亿元的钱,出让 20%~25% 的股权。以 25% 为例,在第一、二轮的投资人未追加投资的情况下,他们分别被稀释到 9% 和 15%,创始人则为 51%。

接下去,有的创始人就开始担心了,两轮融资后,自己的股权已经到了 51% 这条控制线了(下章会提到),再融资的话,不就"破功"了吗?

其实大可不必为此困扰,一项调查数据显示,在 A 股所有的上市公司中,第一大股东持股比例超过 50% 的,不足五分之一。这说明大家的情况都差不多,**控制公司,不一定非要得到股权上的绝对多数**。上市前,也有的公司会再搞一轮 C 轮,或是 Pre－IPO 轮融资,找些有品牌的股东背书,哪怕再让出 20% 的股权,创始人的股权依然可以保持在 40% 以上。对于那些一定要做 D、E、F、G 轮融资的企业,我只能默默地祝福它了。

在以上的运算中,并没考虑员工持股计划,或者叫期权池计划(Employee Stock Option Program),也就是俗称的 ESOP。在不少行业,这部分的比例一般控制在 10%~15%。要提醒的是,投资人会比较在意 ESOP 的安排时间，如果公司先拿到融资，之后再设立持股平台，则投资人的持股比例因增发而被稀释了。因此，**不少公司是在 B 轮前就做好了 ESOP，并且留出了足够空间来绑定和激励核心管理者。**

ESOP 中还涉及期权的发放速度、行权时间等很多具体问题，这里特别说一下"行权价格"。IPO 审核时，非常关注"股份支付"的问题。什么叫股份支付？定义是"企业为获取职工和其他方提供的服务而授予的权益工具"，简单来说就是公司该付给员工或供应商的钱，用股票的方式替代了。这有什么问题吗？可能没有，也可能有，取决于股票（股权）的交易价格。

如果该价格低于公允价值，也就是低价转让或增发股份，监管完全有理由怀疑企业存在利益输送，降低了本应该付的成本或费用，从而虚增利润。监管**会要求企业把当中的差额部分（与公允价值比），按费用扣除，也就是直接从利润里减掉**。准备上市的公司，在整个报告期（A股为"三年加一期"）当中发生的股份支付，都要按这个规则处理。

所以在做 ESOP 时，就要留意行权价格了。既然要和公允价值比，那么这里的"公允"标准是什么呢？参考依据很多，比如那段时间里，前后的几个月中有没有做过股权融资，交易价格是多少？如果没做过，那么按市盈率法、市净率法或折现法，得到的价格是多少？但无论哪种方法，算出的结果是多少，以目前监管的尺度，一般只要股权支付价格低于 8 倍 PE 的（有盈利的公司），差额部分都要从利润中扣减。

接下去，我们就一起来看看，为确定企业的公允价值，所需要用到的这些估值方法。

首先应该明白的是，没有一种方法是万能的，只是侧重点不一样，如果不考虑企业类型和发展阶段,生搬硬套毫无意义。同时,也没有一种方法是准确的,不可修正的,因为这些指标都有与生俱来的局限性。所以连巴菲特最推崇的现金流折现法,也被他自己比喻为"模糊的正确"。**了解这些方法的目的,就是学会从多个角度来交叉验证企业的价值区间,并得出一个大致的参考范围。**

2
相对估值法

我平时所收到的 BP 里，有关估值这一项，90% 都是用 P/E（**市盈率法**）来表达的。哪怕阶段较早，尚未盈利，也一定要用估计的利润，去乘以该行业上市公司的平均 P/E，得出自己公司的价值。的确，P/E 是最广为流传的一种方法，因为简单。我常问：为什么要这么估呢？相当多人反问我：不然呢？别的方法也不会了。我心想，有机会还是应该普及一下。

大家应该还听过很多"P 这个"、"P 那个"的方法，这些方法有个特点，都是用估值去和某项财务指标，或是业务中的过程性指标比较，从而得出一个比值，我们叫作**乘数（Multiplier）**。所以这类方法，被统称为"相对估值法"，或叫"乘数法"。相对谁？相对那些你打算对标的公司，也就是参照物。

以 P/E 为例，它参照的是彼此的净利润。而我们在上一章讲财务时说过,净利润是最容易被操纵的,所以 P/E 中的 E 不一定可靠。另外,拿未上市公司去对比上市公司,本身也不太公平,上市公司的公信力、影响力、融资便利性和资产的高流动性才是支撑其市盈率的要素,一定要比,也应该打折处理。况且,任何行业二级市场的 P/E 都受宏观形势和大盘的影响,呈周期性波动,行业的平均"价格"何时才能回归"价值"?以美股为例,如果一个行业价值 2 元,目前价格 1 元,这个回归的时间一般在 3~5 年,我们取 4 年,那么需要年化收益率达到 19%(2 的 4 次算术方根减 1)才能达到。

从微观企业来看,变量就更多了,常有这种现象出现:在长达几年的时间里,一只 P/E 原本是 80 倍的次新股,因为故事讲得大,和热门题材沾边,搞了并购,P/E 涨到 150 倍甚至 200 倍,而同行业另一只 P/E 原本是 15 倍,且每股盈利更高的股票,可能因为运作保守稳健,在此期间 P/E 一直没超过 20 倍,仿佛稳坐在"价值洼地"中,浑然不动。也难怪利弗莫尔说:"股市只有投机,没有投资。"另外,观测周期如何划定,选静态还是滚动市盈率(Trailing Twelve Months,TTM),结果都不同。

作为对 P/E 的补充,PEG(市盈增长比率)考虑了企业的成长性。投资大师彼得·林奇就很重视这项指标,他认为,合理的 PIE 必须要与盈利的增长速度相匹配。这个 G 是 growth 的意思,表示利润增长率,用市盈率除以利润增长率会得到这个新的视角。从公式里可以看到,PEG 的值越低,公司投资价值越高;反之,而当 PEG 大于 1 或更高时,一般预示着投资风险较大,价值可能被高估了。

当然,这也不是绝对的,要结合大盘和行业,否则大多数情况下,如果按这个标准去看,A 股似乎没什么公司好买了。所以不要看 PEG 的绝对值,而是将其作为一个参考因素,假设 A,B 两家公司,P/E 都保持 10 倍不变,A 公司盈利增长率为 20%,B 公司为 5%,那么五年后,A 的价值为原来的 2.5 倍(1.2 的 5 次方),B 的价值为原来的 1.28 倍(1.05 的 5 次方),明显投资 A 更划算。

　　P/E 对应的是市值,也叫股权价值,这东西既然忽上忽下靠不住,有没有逻辑更严密的一种价值标准呢? **企业价值**(Enterprise Value,EV)就在这样的背景下出现了,这个概念在国内的知名度远没 P/E 高,那是因为它看起来稍显复杂,但更加侧重企业运营,反映的是企业整体的市场价值。先说它的构成:$EV=$市值+负债-现金。这里把市值加上了负债,不难理解,企业的价值不仅包含股东的股权价值,也应该把债权人的价值算进去,这样无论什么资本结构,都没影响。

　　可是为什么还要去掉现金呢?不妨这样去想:假设你要买一家市值 50 亿元的上市公司,这公司还有 30 亿元的负债和 10 亿元的现金,理论上,你要花 70 亿元才能买下,其中 50 亿元给了公司股东,另外 30 亿元拿来还债,但因为账上还有 10 亿元,所以只需再花 20 亿元,公司就是你的了。

　　对比 P/E,如果拿 EV 去除净利润,会得到一个没有意义的比值。不知大家注意到没有,净利润(Earning)的取得,是减掉了利息(Interest)与所得税(Tax),那么就与分子 EV 的范围相悖了,因为没考虑企业利用杠杆经营的情况。这样的话,不同公司会因为资本结构与税收的不同,产生扭曲事实的数字,这是由于**"税盾效应"**(Tax Shield)所导致的。

　　对于这个概念,这里多讲一下。"盾"的意思就是阻碍,被谁阻碍了？税。准确地讲，是税费阻碍了净利润的变化速度。由于利息支出要在税前扣除，所以在两家公司利润总额相同的情况下，负债率高的企业，虽然应税额低，但在同样的所得税税率下，税费所导致的净利润变化速度，比应税利润总额的变化速度慢，得到的净利润，也就没有想象的多。为避免这些扰动，我们应该把它们加上，也就是用息税前利润（Earnings Before Interest and Taxes，EBIT）来比较，这就得到了 EV/EBIT 这个重要乘数。

但这还没考虑周到，如果企业用折旧（Depreciation）或摊销（Amortization）来处理这些非现金因素，通过折旧年限和政策等手段来调节净利润怎么办？况且这些会计账面上的费用，比如商誉，实际并未真实发生，不应该妨碍公司的实际价值，更稳妥的方式是把它们也加回来，这就得到了 EBITDA（Earnings Before ITDA），再用它和 EV 比较，就能得到 EV/EBITDA 乘数。

同样一家公司，由于 P/E 比 EV/EBITDA 更敏感，在 P/E 等于 1 时，EV/EBITDA 通常在 0.65 左右。

像 EV/EBITDA 这样包容度越高的估值，可能越会掩盖一些结构上的差异，在作选择时，要格外注意。比如 A，B 两家公司，EBITDA 都是 50，乍一看没区别，但拆分后发现，A 公司的 EBITDA 由 40 的 EBIT 和 10 的 D&A（折旧与摊销）组成，而 B 公司的 EBITDA 则由 25 的 EBIT 和 25 的 D&A 组成，我们应该选哪家呢？显然，B 公司的折旧与摊销比较厉害，这说明公司每年的固定资本支出应该超过 A，说明 A 的自由现金流创造能力更强，所以这里用 EV/EBIT 来看，就更加合理。

说回市值，除了可以比较净利润外，在公司较早期尚未盈利时，也可以比较销售额（S），于是就有了 **P/S 法，即"市销率法"**。比如长安汽车（000625）2018 年销售额 660 亿元，江淮汽车（600418）当年销售额为 500 亿元，两者收入差不多，但当年的市值却差了近 3 倍，说明这种方法也有先天缺陷。原因很好理解，每家公司的成本构成不同，比如一家公司花了 1 元，就产生了 10 元收入，另一家用了 8 元，才产生 10 元收入，P/S 算出来一样，但显然有失偏颇。另外，商业模式不同，收入确认的方式也可能不一样，这同样会使这些公司之间缺少可比性，导致 P/S 失效。

很多 To C 的平台型公司，价值来自流量和数据，这时对参照值的选取，就不能只看财务数据，而应该更多地回到业务之中。比如看 GMV、注册客户数、日均访问量、"月活"数、月转发与评论数等，观察这些数与估值间的关系。同时，要研究这些数据是怎么来的，是主要靠创始人个人资源，或是历史快到期的合同产生的，还是由市场化拓展和大量新合同支撑的。此外，还要看行业赛道的总宽度，如果天花板明显，且已经有两三家龙头企业，营收的重要性就没那么高了。

选哪种参照值，也要留意企业类型，如果是重资产型的企业，比如做装备制造的，就可以优先比较净资产（B），**即"市净率法"**。如果要比较净资产，应该剔除短期内大额的异动，同时得到公司历史上至少最低值、中位数值和最高值，再拿它们作比较。那是不是说比完后，市净值接近，就能参照了呢？也未必，还要观察接下来的几个方面。

首先，看这两家公司的净资产结构是否接近。有的公司虽然资产重，但科技属性强、专利技术多，无形资产的比例较高，而有的企业比较传统，除了现金就是设备，这反映出它们对未来的构思不同，结果自然也就不一样。其次,注意看 ROE,同样是净资产,创造财富的能力可有天壤之别,比如格力电器(000651),2018 年 ROE 达到 33%,也就是每 100 元净资产,能赚 33 元的净利润,而同样做空调的春兰股份(600854),ROE 仅为 2%出头,即 100 元净资产仅能换来 2 元净利润,你说它们的价值能一样吗?

从资产角度衡量估值,"**重置法**"也很常用,它比较的是重置成本(Replacement Cost)与标的公司的估值。简单地说,就是算一算如果自己从头干,达到标的公司同样的资产和业务规模,需要付出的代价是多少。有时,我们需要战略布局某个领域,对于一些业务数据不理想,但有牌照或许可权的标的,其他估值法就不太适用了,正好试试这个。

比如,我们想办所民办小学,那么教学用地是买还是租? 如果买就涉及土地、建筑、绿化等一系列基础工程。另外,还有高昂的设备与装修费、好的师资力量、品牌和招生渠道的建立等,算下来要多少钱? 除此之外,办学资质何时能申请下来也是个未知数,时间成本可能非常巨大。把这些开支一项项测算清楚后,加总就是重置成本。考虑用这种方法时,一定要在合同中,明确已确权的标的物,防止出现产权无法过户或私下已转移的纠纷。

掌握企业估值,除了这些相对可以量化的指标外,还有很多模糊的因素需要考虑,这些工作未必是常规尽职调查中会重点做的。比如,基于客户与供应商的集中度情况,仔细评估大客户流失风险和关联交易影响,情况严重的,企业价值会大打折扣。再如,要留意企业的人力资源结构,如果结构老化、素质偏低,也会使未来缺乏持续的竞争力。另外,公司创始人的眼光、格局与抱负,团队组成和制度搭建等情况,都会影响企业的后劲。

以上所有的方法，用的都是比较的思路，虽然简单易懂、计算方便，但需要依赖"别人"，找对参照物，才能得到一个"相对的"乘数，如果找不到，或是找错了参照物，胡乱比较，是要出问题的。**即使勉强找到，乘数法也是将大量信息压缩在了一个静态的乘数中，有失公允**。能不能换个思路，不借助外部参照物，不利用乘数和比较来下结论，而是从企业自身出发，发现内在的价值呢？

绝对估值法，提供了这样的可能。

3
绝对估值法

在过去，说一家公司的内在价值，是一件不可思议的事，首先在观念上，就没人觉得企业也是个"商品"，虽然股市早就有了，但大家觉得它就是个赌场，在里面碰碰运气而已。直到 1906 年，美国经济计量学家埃尔文·费雪在其著作《资本与收入的性质》一书中，耳目一新地提出：既然资本能在未来带来一系列的收入，那么公司今天的价值，即现值（Present Value），就是未来的这些收入折算回来的值。

这个理论框架，为绝对估值法的出现奠定了坚实的基础，而后，这一思想开始开枝散叶，逐渐衍生出了诸多分支，我们就聊其中最经典的一种——**自由现金流贴现法（Discounted Cash Flow，DCF）**。

这个思想的精髓叫"折现"，如何理解折现，成了领会它的关键。折现其实指的就是我们要考虑货币的时间价值，也就是利息。利息谁都知道，可不知大家有没有仔细想过，为什么会存在"利息"？通俗地讲,就是人们觉得早点得到一样东西,总比晚得到这样东西好,**而利息,正是作为对人的这种"不想等"的特性(或者叫"不耐性")的一种补偿,**因此一旦你等了,就应该取得相应的回报。

比如我们手上有 100 元钱,假设每年回报 10%,也就是说若等上一年,第二年就能拿到 10 元利息,加上本金就是 110 元,也就是 $100 \times (1 + 10\%)^1$ 元。那么如果耐心好,再等上一年,第三年便是 121 元,即 $100 \times (1 + 10\%)^2$ 元,以此类推,形成一个"等比数列"。这说明什么呢? 说明等得越久,补偿越多。今天 100 元的购买力,与三年后 121 元的购买力相等,反过来说,等三年才能拿到的这 121 元,如果今天着急拿,就只能给 100 元了,公平吧。

你也可以把这种对"等待"的补偿,当成是一种"贬值",因为补偿得越多,代表自身价值降低得越多。这里假设的是回报率为 10%,那如果每年都没有这种回报,是不是这 100 元,在未来就不会贬值了呢? 当然不是。比如每年都有 5% ~ 10% 通货膨胀率在那等着,同时,只要是钱,就要考虑资金成本和机会成本。**把这些因素都加上得到的利率,才是一笔钱在静止不动的情况下,会默默消耗掉的购买力,也叫"无风险折现率"。**所以在算一家公司的折现率时,至少要比这个利率高,才能保证起码的不亏。

同时,你还可以把折现率当成是对风险的一种匹配或惩罚,为什么呢? 我们可以这样想:风险最高的公司,能不能活过今年都不一定,万一公司没几年就挂了,未来也就再无价值可折现了,如果真是这样,那么今天的你,一定不会为它买单吧。但如果你必须买,那么在算这个公司的现值时,你一定是希望越低越好,那么怎样才能低呢? 放大折现率,加速折现。

我们把上面那个复利的公式倒过来看,假设现金流是 X,按折现率 Y 计算,要计算第 n 年现值,就变成 $Pn = X/(1 + Y\%)^n$,在分子 X 确定的情况下,只要增大分母中的折现率 $Y\%$,就能降低现值。相反,对于那些风险小,已步入稳健发展阶段的企业来说,可以折现的时间就越长,价值也就越高吧,怎么样才能算出一个高现值呢? 降低分母中的折现率 $Y\%$ 就行了。

明白了折现的道理,我们就可以来讲这个 DCF 的公式。$P = \sum_{t=1}^{n} \frac{CF_t}{(1 + r)^t}$,看上去有点吓人,其实并不复杂,稍微耐心点看就会发现,无非是多了个 $\sum$,也就是累加号,累加什么呢? 累加从第一年到第 n 年的现金流折现。分子 CF_t 中的 CF,就是现金流 Cash Flow 的简写,那个小 t,指的是第 t 年的现金流,比如第 3 年,t 就等于 3。分母中的 r,就是上面说了半天的那个折现率。这样算出来的,就是未来 t 年的累计现金流放在今天的价值。

在 t 的选择上,一般会取 5~10 年为期限,再往后的业绩,不太容易说得清楚,因此出现了一个叫作**"永续年金价值"的东西,即 PV**(Perpetuity Value),也就是假设企业永久地经营下去能够带来的所有价值。我们假设以后的增长率都为 g,这个 g 一般都比 r 小,就像人的生长规律一样,t 年之后,企业也不再年轻,进入较慢但稳健的发展阶段。由此,就可以得出 PV 的公式:$PV = CF_0(1 + g)/(r - g)$ 或 $PV = CF_1/(r - g)$。这里的 CF_1,是你估计的 t 年之后第一年,也就是企业进入永续阶段第一年的净现金流。

为什么 PV 会等于 $CF_1/(r-g)$？其实这个公式，是一个结果性的公式，中间繁杂的运算过程一概被省略掉了，所以看上去难以理解。那么把公式展开之后，是什么样子呢？大家一看就明白了，就是前面讲过的 $(1+Y\%)^n$ 的复利概念，道理一模一样，只是把 Y 换成了 g，再把每次算出的终值进行累加和折现，得出的就是永续年金价值 PV。有了 PV，就可以利用折现的方式，算出企业 PV 的现值，即 $PV/(1+r)^t$，用这个值加上第 1 年到第 t 年的折现值，就是企业总体的内在价值。

举个例子，假设一家企业第一年的自由现金流为 3 亿元，前 3 年每年增长 30%，第 4 年开始之后 10 年，保持每年 10% 的增长，从第 14 年（$t=14$）开始到"永远"，进入到每年 3% 的低速增长。如果按 9% 的折现率估算，企业前 13 年现金流折现加总为 51.13 亿元。因为第 14 年的自由现金流为 13.54 亿元，所以企业的永续价值为 $13.54/(9\%-3\%)=225.67$ 亿元。将这 225.67 亿元折现，分母为 $(1+9\%)^{14}$，所以 PV 的现值为 67.57 亿元。因此，企业的价值 = 51.13+67.57 = 118.7 亿元。

现金流贴现法举例

增长率	年限	现金流（单位：亿元）	折现值（单位：亿元）
30%	1	3.00	2.75
	2	3.90	3.28
	3	5.07	3.91
10%	4	5.58	3.95
	5	6.13	3.99
	6	6.75	4.02
	7	7.42	4.06
	8	8.17	4.10

（续表）

增长率	年限	现金流（单位：亿元）	折现值（单位：亿元）
10%	9	8.98	4.14
	10	9.88	4.17
	11	10.87	4.21
	12	11.95	4.25
	13	13.15	4.29
3%	第 14 年起	13.54	4.05

　　假设我们把这个企业的价值粗略地等同于市值，那么如果此时的市值是 100 亿元，则表示企业被低估了，可以买入。它们中间的差额，就是当价格回归价值时，你应该赚到的钱。这个差额，有个学名，叫**净现值**（Net Present Value，NPV）。和现值仅一字之差，就是指算出当前价值后，和价格的比较，只要 NPV 为正，或者说大于 0，买入就有利可图，为负则代表不划算。

　　在评估两个项目的利弊时，比较的就是现值和投入的成本（而不是股价），哪个项目的 NPV 更高，就选谁。这里正好带出了一个新概念——**内部收益率**（Internal Rate of Return，IRR）。常有人把这个词挂在嘴上，但并不明白它确切的含义，还往往以讹传讹。IRR 并不是一项资产所能达到的回报率，而是当现金流入的现值与成本相等，也就是 NPV 恰好为 0 时的折现率。

　　它是个相对"被动"的概念，取决于现金流的终值。从公式看，终值越高、现金流越充沛的企业，客观上就要求 IRR 必须也得高，这样才能把折现后的现值降下来，使 NPV 离 0 更近，否则就会背离。也可以从风险角度来看,高收益将伴随着高风险,作为反映风险的指标,折现率也应该相应提高。

那么两家公司,如果一开始投入的本金一样多,并且都按同一个折现率来假设,是不是当他们未来取得的现金流总量一样多的话,就意味着两家公司 NPV 相等,分不出高下呢? 我们来看这样一个例子。

A 项目(单位:万元)

年限	现金流	项 目 现 值
第 0 年	-50	-50
第 1 年	10	$10/(1+10\%)=9.09$
第 2 年	12	$12/(1+10\%)^2=9.92$
第 3 年	16	$16/(1+10\%)^3=12.02$
第 4 年	30	$30/(1+10\%)^4=20.49$
第 5 年	45	$45/(1+10\%)^5=27.94$
NPV		$79.46-50=29.46$

B 项目(单位:万元)

年限	现金流	项 目 现 值
第 0 年	-50	-50
第 1 年	25	$25/(1+10\%)=22.73$
第 2 年	35	$35/(1+10\%)^2=28.93$
第 3 年	20	$20/(1+10\%)^3=15.03$
第 4 年	16	$16/(1+10\%)^4=10.93$
第 5 年	17	$17/(1+10\%)^5=10.56$
NPV		$88.16-50=38.16$

仔细对比现金流就会发现,虽然它们在未来五年的总量一样,都是113 万元,但取得的速度不同。当 A 公司在第一年取得 10 万元现金流时,B 公司已经得到了 25 万元,并在第二年快速提升到 35 万元,明显比 A 公司在前几年的爆发力强。从折现公式中就能看出,**取得现金流越早,作为分母的那个等比数列值就越低,被折掉的金额也就越小,从时间价值角度看,可以理解为"贬值的越少"**。越往后,分母越大,想要获得同样的折现值,需要付出的就越多。

DCF 在理论框架上堪称完美,但其实也有着很大的局限。它对

"增长率"和"折现率"非常敏感,这两个数只要稍加改变,结果就大相径庭,不巧的是这两个数都是人为估计的,具有极大的主观因素,准确性自然难以保证。此外,任何公司的发展变化,都不能脱离大的宏观环境,而经济的周期往复、产业的兴衰、科技的迭代、消费者习惯的改变等,都有巨大的不确定性。

以增长率为例,未来五到十年之间,要面对多少"黑天鹅"的挑战,没人可以知道。每个计划的制订,都是基于对未来市场相对平稳的假设,比如一家公司预测明年的增长率为15%,原因是一款重要产品将要投放,或是已经把市场培育到一定火候,即将迎来收入拐点。然而一个突发事件,就能把"计划"全盘打乱,就像2020年新冠肺炎疫情导致春节档的电影整体撤档,年初餐饮店全面歇业那样。

同样,变革的影响,也会导致企业被估低。比如我们基于一家公司的过往业绩,做了一个中规中矩的10%的增长预测,却不想其新产品刚一上市便大受追捧,这时公司现金流的增长率可能一下子跳跃到100%甚至更高。强如巴菲特,虽然当年买可口可乐时赚了,但万万没想到能赚这么多,以他假设的增长率,按绝对估值法算出来的价值大约为五百多亿美元,当时买入大概能赚三四倍。现在再去看看,美股跌成这样,可口可乐市值还有两千多亿美元。

另外像永续价值的折现,可能就更离谱了。在上面那个案例中,由于对增长率预测比较乐观,永续价值占公司价值的比例接近60%,而如果是初创公司,前几年现金流可能都是负的,将导致公司价值的90%以上都停留在永续价值的折现上。作为如此重要的一个因素,其终值却受到永续增长率 g 的高度左右,假设 g 接近折现率 r,甚至比 r 还大,意味着企业"越活越年轻"了,放进公式,永续价值 *PV* 可以变成无限大,你花多少钱买都划算,而这显然不是价值的真相。

还有就是这个折现率 *r*,怎么计算它就有多种方法,比较常见的如平均股本成本法(WACC)、风险成本法等,这里就不展开了。无论哪种方式,其本质都是如何去算"时间成本"的账,只是算账的逻辑和侧重点各不相同,从而造成估值差上一大截。实操中,多数人图方便,拍脑袋填一个 10% 或 12%,细致些的会采用敏感性分析的方法,代入不同的折现率,获得一个价值区间,再做加权平均。但无论怎么做,企业的风险都不可能是一个静态值。

看到这,你应该就明白了,估值像是任人打扮的小姑娘,就如同玄学一般。**"玄"出境界的人,在数学的华丽外衣下,可以"打哪指哪"**。投资圈流传着这样一句话:阿基米德能撬动地球不算什么,你只要给我一个估值,无论大小,我总是可以找到一种模型,科学且完美地证明它是对的。因此,无论是相对估值法还是绝对估值法,了解它们的目的不在于记住那些公式,而是要去理解公式背后的思想。

第六章　　**痛并快乐的上市**

1. 荣耀与代价

2. 治理与规范

3. 权利与边界

　　企业为什么要上市？这几乎是一个哲学问题。

　　说到哲学，就要讨论"意义"。虽然对每个琢磨这件事的企业家来说，上市的意义可能各不相同，但对于证监会来讲，出发点是一样的，创造一个平台，帮助需要钱的企业融资。这与人类历史上设立的第一个股票交易所的目的一样单纯，只是当年的筹资者是荷兰东印度公司。那时，东印度公司正在忙着发现新大陆，拓展海洋贸易，靠银行贷款已经捉襟见肘，就想到了向百姓贩卖理想，发展他们成为股东，顺便就拿到了钱。

　　然而股市发展到今天，监管者为了保护散户，去大多数板块上市都是有利润门槛的。比如主板的窗口指导标准，早已达到 8 000 万元，真正能上市的，基本都是有实力、不差钱的。然而这样的公司并不多，这就在客观上使获得了上市身份的公司与全国约 5 000 万家大大小小的企业相比，成了万里挑一的稀有物种，导致那些根本无法创造现金流的壳公司，市值也有二三十亿元，这就是物以稀为贵的结果。

　　人性在这时就开始暴露无遗了，当企业主发现稀缺本身就能创造价值时，上市的初心就开始动摇，机会主义的小火苗就开始燃烧，他们对上市意义的解读，就变成先弄个上市身份再说，这样就能在二级市场获得溢价了。至于监管关注的"募投项目"，也就是上市融资的本意，包装几个就完了，实在不行，就说是补充现金流。

　　然而情况正在发生变化，注册制酝酿了多年，随着科创板在上海的成功实践，在资本市场全面推广的条件正日渐成熟，2019 年末《证券法》的修改，已经为改革扫清了法律障碍。过去强调"上市不是终点"，潜台词是"上市真的很难",而未来,上市已经变成企业的一种阶段性状态。如果市场里的公司能上能下,干坏事了,就请出去,改过自新了,可以再回来,那么这潭"水"就活了,鱼就多了,"水大鱼大"才能长久。

1
荣耀与代价

　　除了少数真心不想上市的企业外,绝大多数的创始人还是憧憬着有朝一日能去敲个钟,证明一下多年奋斗的成果的。有很多创业者问过我一个相同的问题:"上市到底要达到什么条件? 无论在 A 股、港股还是美股,只要能上,付出什么代价我都愿意。"这既表现出他们对上市的误解和盲目,也凸显出资本市场的巨大魅力,能拥有一家上市公司,依然是被多数人崇拜的。

　　我常和创业者说,三类企业适合走资本市场:一类是有稳定现金流的,这类企业市场做得扎实,但可能自身发展的加速度并不快,可以借助 IPO 的"募投"项目或是上市后的并购,对行业进行整合,增加未来的想象空间,同时由于盈利水平不错,也有能力通过分红来回馈股东。另一类是经营暂时亏损,但客户数据增长异常迅猛的企业,虽然在一段时间内烧钱迅速,但市场占有率增长很快,通过上市,既能补充流动资金,又能形成品牌势能。第三类就是以上两者兼具的,这种企业并不多。**但如果一家企业"三不沾",就要自己掂量一下了。**

除满足这些类型外,还要看企业所处的行业。不同市场里,投资人的口味与监管导向并不一样。以 A 股为例,证监会通过设立"科创板"这样的专项板块,明确表达出了战略意图。但也有监管并不鼓励的行业,比如一些收入与成本确认难,或是供给严重过剩的领域,会借助"窗口指导"或"保荐代表人培训"委婉地进行劝诫。

越是被追捧的东西,想要得到的代价就越大。不上市时,创始人自由惬意得很,财务报表不用被审计,关联交易没人在意,私账公账混为一谈,可一旦准备上市,所有这些都会被高度关注,想去公开市场吸收中小股民的钱,就要按照这个市场的规矩来。

过去还可以说"过程是痛苦的,结果是快乐的",如今这句话也不全对,那些"流血上市"的企业心里的苦,只有企业家自己知道。在 A 股市场,只要过了发审会,拿到了批文,股票闭着眼睛都能发得出去,这要感谢中国的股民,对于稀缺的上市资源,都是以"打新"的姿势,用数倍的狂热来抢的,**而在真正的注册制市场,发行才是最大的一道坎。**

由于盈利标准或行业受限等原因,前几年寻求海外上市的公司很多,这些出海企业所面对的情况,可能是折腾了半天,最后为了发行成功,公司"实控人"不得不自掏腰包,或是借钱去买自家公司新发行的股票。这也催生出一个资金市场,我在香港就碰到过几家,对外打着"保上市"的噱头,其实干的就是放高利贷的勾当。

你可能会说:"我又不去海外发,就在 A 股上,不就没发行的问题了吗?"**就算发行成功了,但只要还没敲钟,都可能有变数。**比如当年的"胜景山河"，过会、批文、发行这三道关都过了，连庆功酒会都开了，结果关键时刻被人实名举报，在正式挂牌交易的前一晚被叫停，所有憧憬都变成了南柯一梦。现在的拟上市公司，几乎都会请公关公司监测舆情，各种财经或证券类媒体是他们主要关注的对象，因为有不少企业就因为一篇报道，而被证监会按下了暂停键。

对于创始人而言，上市与否，是一项重要的战略选择。有的企业在发展阶段融过资，并和投资人签订过协议，最重要的内容就是上市，所以没得选，只能朝着上市走。有的企业没增加过股东，经营状况很好，现金流也非常充沛，该不该上市，就应该全面客观地分析自己的情况。

开弓没有回头箭，这件事一旦开始，**首先意味着各项中介费用的大幅增加**。辅导券商、会计师事务所、律师事务所，没一个是省油的灯。如果公司决定海外上市，成本就更高了，一般会要求请四家律所，分别对应公司（发行人）的境内律师、境外律师以及投行的境内律师、境外律师。身边一家原计划赴港上市的企业，已经通过了港交所的"聆讯"，但最终取消了发行，在无须支付承销费用的情况下，前后花掉了约4 000万元人民币，如果不"扣非"（扣除非经常性损益），财务报表就撑不住了，更别说花掉的都是真金白银。

另一大块，是各项规范成本。比如"用工成本"，在很多劳动密集型的企业里，普遍存在用工不规范的情况，如降低社保基数、虚报人数、少计节假日或加班工资等，一旦上市，就需要对这些进行梳理和补缴。再如"税务成本"，企业在股改（股份制改造）前，一般都存在避税的情况，有些是合理的，有些是收入或成本确认有瑕疵的。因为补税，导致有的企业净利润无法满足上市条件，某一年或几年无法作为"报告期",从而影响到整个上市计划。

除了这些显性成本外,还有一些风险是创始人要留意的。申报IPO,意味着要公开披露公司的各项经营数据,无论最终上市与否,这些信息都会被竞争对手掌握,给他们留下模仿的机会。同时,也使客户和供应商得以了解公司的毛利率,进而可能产生压价或提价的想法。此外,中介机构通过尽职调查,掌握了公司最核心的底层数据,也有流传出去被坏人利用的潜在风险。

比花钱更可怕的,是创始人在前途未卜下的精神煎熬,这个时间,可能一等就是很多年。IPO的审核有三道关,先是得通过券商"内核",算是模拟考,还要经过地方证监局的验收,然后才递交到证监会,排队等待审批。有的公司由于自身业务复杂,客户或供应商数量庞大,基础资料的准备时间就比其他公司长。如果碰上规范程度欠佳,券商的"内核"过不了,或是地方证监局迟迟无法验收的情况,还得不断地更新财务报表。

有的公司在提交证监会之前挺顺利,结果排到自己时,又碰上了多轮问询,或是IPO停发,还有直接被抽中会里的"现场检查"。总之,在上市成功前,什么事都有可能发生。

筹备上市的过程,不仅考验着股东的耐心,对于员工的士气也是一种挑战。公司在刚刚提出上市计划时,大家是亢奋的,工作干劲高涨,这种热情一般能持续几个月,有时一年多。可当员工们发现迟迟没动静时,他们开始由简单地"确信"转为"怀疑"。再过些时日,这种怀疑会进一步转化为"躁动",三三两两聚在一起,八卦各种原因。

创业不易,在筹备上市的过程中,老板需要有颗强大的心脏,不仅要管理好自己的心态,还要拿捏好信息公开的尺度,过早地透露不确定的信息或是夸大其词,都可能对团队产生负面影响。要充分评估上市的不确定性,认清可能会对公司整体带来的负面影响,**避免"不上市都挺好的,上个市反而把公司搞垮了"的尴尬局面**。

如果以上这些问题都想清楚了,就要果断和坚决地行动。

曾有多少公司,在 IPO 时因为犹豫,一念之差错过了,回头看后悔不已。在审批制年代,由于政策多变,且具有一定的周期性,有的公司对于上市的态度就显得很暧昧。一方面,它们有一搭没一搭地和券商保持着联系,从来不说何时正式启动,总是在观望。当发现某几个月 IPO 审核提速了,或是过会率高了,便认为时机来了,结果等它好不容易完成辅导,准备正式报会时,审批节奏却又慢了下来。

另一条路径是重组上市,也就是企业不向社会公众发行股票,而是由上市公司作为收购方,以现金或股票作为对价,取得企业部分或全部股权。其中用股票交换的部分,使企业原股东成为上市公司的股东,从而达到了上市的效果。走这条路的速度比 IPO 快,但同样令创业者纠结,IPO 只用关心自己,重组还不得不关心别人。

的确,企业如果选择重组上市,需要操心的问题也有很多。比如上市公司的质地是否干净,有没有法律纠纷或隐性债务,以及不为人知的其他风险。可是站在上市公司角度,拟收购的标的可不止一个,他们往往同时和多家企业在谈,你不积极,可能就把人家推向更积极的竞争对手那里去了。

与 IPO 相比,重组方式下企业的股权被稀释得比较厉害,特别是在上市公司市值较高,自己规模还不够大的情况下,总显得不太划算。操作上更是危机四伏,稍有不慎就会使消息泄露,导致股价异动,进而造成交易成本的变化(监管规定了收购价与二级市场价格的关系)。在取得上市公司股票时,有些上市公司"实控人"因股票还处在限售期,没法完成交易,故采用"委托表决权"的方式,也会留下风险隐患。另外,但凡涉及上市公司增发股票,都要得到证监会的批准,对于收购某些行业的资产,或是交易构成"借壳"上市("实控人"变化且所收购的资产总额超过上市公司),都很有挑战。

总之,上市与否,采取什么路径,是 IPO 还是资产重组,选择哪个板块,找哪家券商、哪个团队,都是要想清楚的。**资本市场有周期性,和做投资一样,在别人恐惧的时候你贪婪,在环境气氛最低落时,启动上市计划,错峰出行,比在拥堵时行动更理智。**同时要把握趋势,在注册制的大潮流下,很多问题,比如盈利多一点少一点,已经不像过去那么重要了,真正重要的,是要清除企业内部的各种上市障碍,使治理规范到位,然后心无旁骛地往前走。

2
治理与规范

2020 年的鼠年春节,我在家把《大国崛起》这部纪录片又找出来重温了一遍。和刚毕业时的看热闹相比,这次最大的感触就是发现各国的崛起具有一个共性,即都不是循规蹈矩线性发展的,而全是在找到了适合自己的某种制度后迅速崛起的。以西班牙为例,它是怎么走到世界舞台中央的?殖民贸易。可为什么是它呢?因为哥伦布的航海大发现。为什么哥伦布身为意大利人,却愿意为西班牙卖命呢?

这就要从制度的力量开始说起。

治理起源

哥伦布首先找的不是西班牙,而是自己的祖国意大利。

他相信地球是圆的,认为一直往西就是遍地黄金的东方,但要证实这一想法,需要有钱人的资助,才能买得起船和雇佣到水手,然而意大利王室觉得不靠谱,并没有理睬他。随后,他又去了葡萄牙,还是碰壁了。最终,当他游说西班牙时,女王伊莎贝拉同意投资哥伦布的梦想,除了3条船和90个水手这些投入外,还达成了重要的分红方案:如果哥伦布发现了新大陆,将可以获得新大陆财富的10%,对于日后通往那里的船只,也可以得到利润的八分之一,其余的归王室。

就这样,一个和现代公司治理几乎一样的模式出现了:金主伊莎贝拉女王出资,成为项目的大老板;哥伦布作为发起人,理所应当成了项目的管理层,负责统筹和协调项目的运营,相当于首席执行官;水手们成为雇员,为了养家糊口挣工资,等于中层和基层员工。在该模式下,女王是出资人,也就是项目的所有者,即股东,具有"所有权";哥伦布没出资,因此并不拥有该项目,但却有项目的"管理权"。**这种所有权和管理权分离的模式,不仅帮助西班牙迅速成为全球霸主,也造就了一种"委托代理"的新型关系,这种关系成为公司治理的重要基础。**

说到"公司治理",强调的都是一种"制度安排"或是"组织结构",这些"安排"和"结构"就像哥伦布与西班牙王室之间的约定,用于明确企业的控制权是谁的,通俗地讲就是谁说了算、利益如何分配、风险怎样界定与规避等。有了这套标准,就能分清股东和管理层的"权责利",组织才能有效地运转起来。不只是大企业才谈公司治理,哪怕是小如个体工商户,仔细观察,也能发现有许多现象与治理有关。

在我辅导的一家企业附近,有一个面馆生意不错,翻台率很高,属于流水化作业模式,一进店里先埋单,然后凭小票移步到另一侧的"取餐口"拿面。为了节约时间,我中午经常跑到这家店吃一口。去了几次后,一天,我照例点了碗牛肉面,到"取餐口"拿面时,忽然担心可能吃不饱,便塞给了师傅 10 元钱,让他再帮我加点牛肉,师傅很实诚,一下给我加了七八片。后一次,我想干脆在买的时候多付 10 元,一步到位,结果拿到的牛肉明显比上次的少。

一开始我以为这只是巧合,后来实验了几次后,发现竟然有规律,这是什么原因呢? 后来想明白了,这是因为角色不同所导致的,根本上看是个治理问题。站在门口埋单处收钱的应该是面馆老板,或者是他亲戚,每片牛肉的成本都是他所要承担的,所以他有一套自己的标准。而"取餐口"的师傅则是被请来打工的,给他加肉的钱,搞不好直接就变成了他的外快,反正也不用开票或记录,心里自然高兴,舀起肉来也格外卖力。

像这样不上市的公司,想怎么治理就怎么治理,只要不违法。短期回报最大化,是这个阶段企业的核心诉求。但对于已经过了野蛮增长期,更看重稳健发展和风险防控,**特别是想去 IPO 的企业,就得按照证监会的一套规则来,做到了,验收合格了,就可以去敲钟了。**

怎样算是做到了? 在法律层面,有《证券法》和《公司法》这两部根本大法;在监管层面,有来自证监会和沪深两个交易所的各项指引、准则、规定、管理办法、指导意见、通知、问答等。这些内容细碎繁杂,可以去监管机构的网站下载,然后再对具体问题比照查阅,连保荐代表人考试命题组的人,也不可能对所有细节都烂熟于心,更别说其他人了。但这不妨碍企业主掌握一种治理思路,在基本问题上不丢分,提前为上市做些准备。

治理结构

谈治理,先谈治理结构。

任何公司都有一个结构,只是清晰度和完备程度各不相同,选择上市的企业,首先结构上要符合法定标准,也就是要具备股东大会、董事会、监事会这样的"三会"体系,这个体系,是公司一切经营活动的基础与合法依据。比如**股东大会,是公司的最高权力机构**。我们常说公司章程是公司的"基本大法",而股东大会有权修改公司章程,从而能赋予自己更大的权利。

除了修改公司章程,股东大会还可以向下委任董事和监事。什么意思呢?即便没开过公司的人,也一定听说过董事会,电影电视上经常能看到,公司里"最牛"的几个人在一起高谈阔论,大大小小的事就决定了,所以会误认为他们的权力最大。然而这些人的任命,包括薪资多少,都需要股东大会的批准,换句话说,**董事会的权力,是由股东大会所赋予的**,谁更牛一目了然。

此外,像修改公司章程、增资或减资、发债融资,以及对公司合并、分立、解散和清算等所有重大事项,都需股东大会的批准。除了这些,在一些涉及经营的具体问题上,比如年度财务预算,超出一定标准的担保,购买或出售一定比例的资产等,都需要过股东大会(具体比例可翻阅相关法规)。

"法力无边"的股东大会,并不会频繁地开,但法律规定每年必须开一次年度股东大会(有限责任公司,经股东书面一致决定不开的可以豁免)。会议由董事会召集,董事长主持,"董监高"必须出席。那么如果董事会不作为,未履行召集义务,怎么办呢?可能你会觉得奇怪,为什么连组织开个会都扭扭捏捏,其中有一种可能,就是股东将在股东大会上提出对董事不利的提案,比如罢免董事,那么董事们当然就消极对抗了。这种情况下,应该顺位由监事会召集和主持,如果还不行,则由持股10%以上的股东自行召集和主持,且费用应由公司承担。

股东大会是用来表决各种议案的,持股3%以上的股东都可以提交议案,但要赶在会议召开日的十天前提交。董事会要在收到议案的两天内告知其他股东,没有通知股东的议案,是不能在会上表决的,如果企业已经上市或挂牌新三板,还需要发公告来通知。在表决前,有一个股票数的登记环节,这是为了确定投票时的"分母",从而才能算出议案的通过率。开会时,要在现场先宣布参会股东的票数,再来进行投票。

投票听上去很简单,但其实也暗藏学问。针对选举董事和监事时,《公司法》第105条提供了一种名为"**累积投票制**"的制度。累积制下,要先算出各方的总票数。总票数是多少呢? 假设企业总股本为1万股,就两个股东,一个70%,一个30%,要表决五个人选,则大股东有7 000个表决权,小股东有3 000个,这分别是他们各自的总票数,投完就没了。为了确保自己提名的人员当选,大股东只能集中火力把赞成票投给他们,这样就给小股东留下了机会,能保住自己的一个人选。这个设计,也是为了保护中小股东的利益,让他们在低票数的情况下也有机会出头。

说完股东大会,再来看看董事会。在整个治理结构中,它起到了承上启下的关键作用,**由于股东大会很少开,可以说谁控制了董事会,谁就基本控制了公司**。在董事会的人数上,法律规定了股份公司为5~19

人,可以包括职工代表。上市公司的章程指引上,在人员结构方面,有两个重要的比例要求。

第一个是"高管董事"加上职工代表,不能超过总人数的一半。这里就要先明确,谁是高管?比如企业的副总裁算不算高管?一定有人觉得算,也没错,但那是实操层面上的定义,并不代表法律意义上所认定的高管。《公司法》第216条规定,高管是指公司的经理、副经理、财务负责人、董秘和章程约定的其他人员。因此副总裁是不是公司高管,就很清楚了,首先这个职务不属于上述四个职务,那就得去章程里找,写了就是,没写就不是。因此,很多公司实际上的高管并不在法律定义的高管里,要注意区分。

第二个是独立董事(独董)的人数,不得少于董事会人数的三分之一,且不少于三人。董事会除了一半的高管董事外,其余的董事中,最多的就是独董,他们任期是有限制的,最多六年(两届)。为什么叫"独董",就是指这些人要保持"独立",不能与公司及主要股东有任何可能妨碍其独立判断的关系,还不能担任这家公司除董事以外的其他任何职务。

独立董事一般都是各行业的专业人士,比如律所合伙人、大学教授、著名学者、大企业高管等(党政干部、公务员不能做),只要通过上交所或深交所的资格考试,就具备资格了,公司找他们,既是监管要求,也是用来给自己加分的。由于"独董"是要领津贴的,因此没决定上市的企业,通常不会额外花这笔钱,有没有独董,也成为公司是否准备IPO的信号之一。

法律规定了股东大会权限,但并未详细划定董事会权限,所以在上市公司中,大家约定俗成,都按上交所或深交所的指引来。这些指引里里有一个精神,**即董事会的权限,应该和信息披露的标准相一致,也就是说,达到披露标准的交易,都应该上董事会**。从上交所的披露标准来看,可以量化的指标部分,是股东大会标准的五分之一左右。对此,其他高管有个概念即可,企业的董秘需要烂熟于心。

另外就董事会的议事规则来讲,很多与股东大会相同,但也有不一样的,比如计票规则。前面说了,股东大会是按出席会议的股东票数作为总票数,也就是没出席会议的股东票数不算,而董事会是不管你出没出席,都按全体董事数量来计票的。这也就造成了当参会董事的人数不足一半时,会议没法召开的情况,因为议案的通过,需要票数过半。是不是只要董事想参会,就能参会表决?也不一定。要取决于董事和该议案有没有关联,一旦有关联,就要回避。如果出现这种情况,且能够表决的人数不足三人的(至少要三人),可以直接提交股东大会。

接着再说说监事,这个角色,通常被认为比较"水",存在感不高。的确,在中小企业里,监事往往都是打工的,难道他们有胆去监督老板?想要上市的公司,至少形式上要按规矩来,比如设立监事会,人数不少于三人,且职工代表比例不低于三分之一,最好具备财务或法律方面的工作经验,董事和高管不能兼任。《上市公司章程指引》赋予了监事很多权利,比如监督董事和高管的行为,对其中违反法律法规的人员提出罢免建议,必要时提起诉讼;认为经营情况异常时,可以聘请独立专业机构协助调查;检查公司财务;提议召开临时股东大会等。但事实上,几乎没有监事这样做。

3
权利与边界

了解完宏观层面的治理结构，接下来看看微观层面的权利关系。

不少企业创业之初股权集中度不高，兄弟几个平分股份，在出现分歧时，往往由他们中默认的老大拍板解决。可随着 A/B/C 轮外部投资人的引入，股权架构开始变化，各方之间的关系也变得微妙起来。一种受到法律保护的原则，在这时就呼之欲出。

对于企业而言，这未尝不是一件好事，当这套看得见的规则发挥作用时，对各方来说，都消除了后顾之忧。**有约束的权利，才是自由的。**

谁是股东?

"股东"，是这套规则所涉及的首要问题。

什么叫股东？充分且必要条件是"出资"。这里说的出资，未必是指现金,也可以是无形资产,但如果有非现金出资,在上市时会被特别关注,需要评估定价是否公允、权属有无纠纷等。从形式来看,股东在出资后应该办理工商登记,这是证明股东权利的"法定形式",但非"实质条件",实质重于形式,出没出资才是关键。

四年前,我曾作为"原告"方打过一场官司,是有关一笔投资的纠纷。最初在投后刚出现风险时,作为 LP 的我并没有重视,随着问题的扩大,我回到投资协议的原点,开始一步步地梳理问题,结果发现被告在收到我出资款后的三年多里,连股东登记都没给我做。庭上,被告方律师显然知道形式轻于实质这点,于是避重就轻,企图混淆视听,反复强调这是由于之前工作疏忽,且不是合同成立的必要条件,如果需要,现在帮我做工商变更就行了。但仲裁员思路清楚,直接驳回了这种说法,并将争论的焦点拉回到被告是否对我履行了其他义务,即我作为小股东的相关权利是否得到了保障。

在实操中,更多的情况是因为出资方不方便做"显名",而由他人代为登记。这种委托关系里,显名的一方叫作"名义股东"(代理人),背后出资方叫"实际股东"(委托人),当他们之间出现争议时,法律保护谁呢?就这个问题,最高人民法院在《公司法》的司法解释中,有专门的表述:实际出资人以其实际履行了出资义务为由向名义股东主张权利的,人民法院应予支持。名义股东以公司股东名册记载、公司登记机关登记为由否认实际出资人权利的,人民法院不予支持。这就非常清楚了,**谁实际出资,法院就支持谁**。当然,这个委托过程要留痕,也就是委托人要从自己的银行账户汇给代理人,并留下书面证据。

没上市时,这种有"代持"情况的企业,对外只用披露名义股东的信息，完全合法合规，而一旦要申报 IPO 时，这样的操作就行不通了，所有存在过的代持关系，都需要解释并"还原"，也就是要做到"谁的股权还给谁"。有人说应付这个还不简单，早就设计好了，当时选的"代持人"，和我看上去一点关系都没有，谁会发现呢！对这些套路了如指掌的监管机构，会从以下几个方面来看。

首先看历史上有没有可疑的股权转让。什么样子比较可疑呢？比如 IPO 前低价或平价转让股权，或是高买低卖，人家就觉得你是不是有代持但未披露的情况，是否存在潜在纠纷或争议。**接着看股东身份是否匹配**，如果一查他们的背景发现，有的是农民，有的是快递小哥，这就违反常识，说明他们背后一定另有其人。另外**还要看公司有没有剥离资产**，这可能会牵扯出另一个重要概念：关联关系。

资本市场上提到的"关联方"，有专门的定义。《会计准则》第四条列举了 10 种关联方的具体情况，仅其中一条"密切的家庭成员"，就又可以列出一大堆，但多数是指与自己控制的不同法律主体之间的特殊关系，也就是"一家人"，一家人就容易不按规则做事。

比如父亲和儿子各开了一家公司，这两家公司之间没有股权关系，但为供应链的上下游，父亲在上游搞生产，儿子在下游做销售，为了帮儿子打开市场，父亲可能会低价把货卖给儿子，低的那部分，等于虚增了儿子公司的利润，这就叫"**关联交易**"。有一天，父亲忽然觉得反正自己手上有货，不如直接销售给客户，给儿子分忧，反正从左口袋到右口袋，儿子也干脆跑到老子那边去帮忙，这就叫"**同业竞争**"。这可能会提升爷俩的总体业绩，但儿子的公司受到了影响。

无论是"关联交易"还是"同业竞争"，都是证监会重点关注的，特别对后者,采取的是零容忍态度,否则是对其他股东的不公平。比如儿子公司如果是上市公司的话,儿子作为大股东,在自己体系内(和父亲之间)腾挪利益,儿子公司的其他中小股东却蒙在鼓里,利益就会受损。

为了掩人耳目、撇清关系,一些公司在上市前,会换个"马甲",找人代持。奉劝大家不要抱这种侥幸心理,被发现了得不偿失,监管一定会就此刨根问底。怎么办呢?很简单,要么变成母子公司的关系(下文详述);要么真的卖掉,转让给无关联的其他方,这块儿生意彻底不要了。

边界在哪?

分清楚谁是股东,再来看股东的权利,所有股东,都有法律赋予的几项共同权利,比如**"知情权"**。《公司法》第 33 条第一款规定,只要是有限责任公司的股东,无论持股比例多少,都有权查阅和复制公司章程、董事会决议、财务报表等有关公司管理、经营、决策的相关资料,以了解公司的经营状况。但如果股东不满足于这些,还想看会计账簿呢?这就有一个权利边界的问题,对此,法律提供了一套流程,并给了公司依据实际情况,拒绝这一要求的弹性空间。

再如**"表决权"**,这是所有股东的基础权利,就像每个公民都有人权一样,公司不得以任何理由拒绝股东参加股东大会以及表决。这个权利强到什么程度?举个例子,如果某公司通知召开股东大会或临时股东大会(如果是上市公司,有规定的提前通知期和通知形式),并规定了一个参会登记的时间,如果逾期未登记,将不得参会。这个做法本身就是无效的,只要股东能拿出身份证明,公司就没有任何单方面的规定可以阻止他参会。

此外还有"**质询权**",就是所有股东都有提出质疑的权利。在股东大会时,被询问的公司管理层,作为实际经营公司的人,有对提问进行说明的义务,这实际是弥合经营者与投资人之间信息不对称的一种手段。以上这些安排,实际都是为了抑制大股东的权利,并尽量保证中小股东的利益,以实现更合理的治理结构所做的制度设计。

当然,无论这些无差别的通用权利有多大,公司的不同股东,对公司所能施加的影响力和话语权是截然不同的,从法律上看,这只取决于"**表决权**"的多少。表决权可以等于出资额比例,这就叫"同股同权",也可以不等于,叫"同股不同权"。在我国,如果是股份公司,目前要求都要同股同权,像阿里、百度这些公司,股东持股数与表决权数不等的 AB 股设置,暂时只能去海外上市。而有限责任公司,则可以同股不同权,需要看公司章程的约定。

股东"表决权"的不同比例,代表了相应的权利含义。以最多的同股同权类公司为例,**持股比例达到 2/3**,即 66.7%,意味着"绝对控制",也就是真正可以做到在股东大会层面"说了算"。然而现实情况是,不少股份公司因为多轮融资,股权相对分散,大股东持股比例达不到总股本的 2/3,就不能实现"绝对控制"了吗?

当然不是。这里说的 2/3 这个比例,指的是出席股东大会的股东所持的表决权比例,分母是出席后的表决权,而不是所有股东的表决权。事实上,很多小股东一般是不会来参会的,所以大股东的权利被进一步放大了。

持股 51%，或所谓的"过半数"，是大家最常听到的比例。其实 51% 的说法并不准确，应该叫 **50%加 1 股**（"过半"的标志）。在股份公司，除了需要参会的股东表决权超 2/3 才能通过的那几项特殊事项外，其余股东大会的各项决议都只要出席会议的股东所持表决权过半数即可通过。但在有限责任公司，因为可以同股不同权，所以决策机制要看公司章程的具体约定。就有公司在章程中约定股东会的表决，按股东的人头数来定，一人一票，这就对大股东非常不利。

另几个常见比例也一并说说。比如 **30%**，主要是指对上市公司发起收购，当收购方所持的股权比例达到这条线时，如果继续增持，需要向该上市公司所有股东发出收购上市公司全面或部分股份的要约。**20%**，是判断股东是否对公司具有"重大影响"的分界线，当持股在 20% 到 50% 之间，会被认为能对公司有重大影响。既然有重大影响，那么当股东是一家公司时（即母公司），其所持股公司的盈亏就要按比例计入母公司，从而影响到母公司的损益。

鉴于这项标准，很多公司在收购其他公司股份时，就会采取分步走的策略，先收 20% 以下的股份，比如常见的 19.9%（多看"企查查"就会发现）。这时，被收购公司的盈亏，还不必计入母公司的报表，母公司不必有压力，可以放心地对标的观察一段时间。

10%，是股东能否提议召集股东大会或临时股东会的门槛（上文介绍"股东大会"时提到了）。对于有限责任公司而言，考察的是个状态值，也就是那个时刻是否满足这个门槛；而股份公司，则有个期限要求，得连续持股 90 天以上。设置这个条件，也是避免因二级市场股权变化相对频繁，而产生的扰乱企业正常经营的潜在可能。有人可能会问，如果持股 10% 的股东要求召开股东大会,而董事会不配合,怎么办? 没关系,《公司法》第 40 条第二款就回答了这个疑问,"可以自行召集和主持"。

另外持股 5% 的股东,被定义为"重要股东"。持股在 20% 到 50% 之间的股东,叫作有"重大影响",这里叫"重要股东",都有个"重"字。这里的"重",是指只要达到 5%,就需要信息披露,且被确定为"**关联人**"。如果是自然人持股,其关系密切的家庭成员,包括配偶、父母及配偶父母、兄弟姐妹及其配偶、年满 18 的子女及其配偶等,都是关联人。5% 还是"中小股东"的分界线,这条线以上,就不在常说的"保护中小股东权利"的范畴内。对于收购上市公司已发行股票达到 5% 及后续操作,也有诸多披露要求和限售规定,这里不展开。

持股 5% 以下的股东,能对公司施加的影响就很小了,更谈不上有什么控制力,因此按以上持股比例从大到小,股东对公司的控制力越来越弱。需要补充的是,还有一些潜在的投票权变动因素,比如可转换债券、对赌条款等。

提到业绩对赌,或者叫业绩承诺,需要提醒几句。常识告诉我们,承诺的东西,总会有达不成的可能,而一旦达不成,触发股份补偿,就会对承诺人(一般是大股东)的股权稳定性产生影响。补偿的逻辑是按照约定的估值来的,为了保持 P/E 倍数的不变,利润就不能随意变化了(当然,多做是可以的)。

在业绩不达标的情况下,利润的减少,等于使投资人支付了超出约定外更高倍数的 P/E,为了使 P/E 保持不变,采取股份加回的办法来平抑之前的预测数字。有些强势的投资机构,还会附带惩罚性措施,即利润落在某个区间内,要按比入股时更低的 P/E 回购,等于要求股份加倍返还,这可能会导致创业者失去控制权。因此在 IPO 前,要解除业绩承诺,并签署书面的解除协议。

同样的道理,还有几种可能造成股权结构不稳定的情况,在申报 IPO 前原则上也要清理。比如投资协议中常附带的保障性条款,要求企业必须在某某日期前成功上市,否则将触发回购。又比如大股东有条件的"股份赠与",在赠与条件未达成时,可以收回股份。此外,当出现"股权质押"、"融资担保"之类的情况,也要格外小心,如果涉及的是小股东,还有协商的空间,如果是控股股东,向证监会解释起来就比较累了,最好还清债务。

控制权

上文多次提到的"控制",是一个资本意义上的概念,书面的定义是指股东(即投资人)通过参与被投资方(即标的公司)的相关活动而享有的"可变回报",且有能力影响回报的金额。什么叫"可变"? 就是不固定,会随业绩变化而变化,能影响这种变化的自然人或法人,有一个名字,叫"实际控制人"(简称"实控人")。

一个公司的"实控人"是谁非常关键,因为他能掌控住的东西最多,对公司的影响力最大,既能任命高管,又能左右公司的经营和财务,因此在法律上,这个角色的监管要求和限制级别就最高。比如"实控人"在报告期内不得变更,上市之后的限售期最长,对于恶性的资金占用、"忽悠式"重组、隐匿式交易等行为,都被穿透式地高度监控,权责对等才公平。

"实控人"如何认定呢？从标准上看，如果股权相对集中，股东直接或间接持股过半数，即可直接认定。然而相当多的情况下，没有任何一方超过，就得继续判定。比如 A、B、C 三个股东的持股比例分别为 45%、35% 和 20%，这时就要看股东之间是否签订了《**一致行动协议**》，这个协议具有法律效力。

如果 B 和 C 之间签了，他们就成了"一致行动人"这个整体，所组成的表决权加总就成了 55%，实现了对公司的共同控制，他俩当中如果有谁不守规矩，不听"指挥"，就会受到惩罚。那是不是没签订过《一致行动协议》，就不是一致行动人了呢？也未必。《上市公司收购管理办法》中第 83 条规定了 12 种能够判定为一致行动人的情况，大家有兴趣的话可以找来看看。

在某些类型的公司里，控制权也可以不来源于持股比例，且在没有章程约定，也不存在一致行动人关系的情况下，小股东依然可以实现对公司的控制，比如**有限合伙企业**。专门有一个法律叫《中华人民共和国合伙企业法》，就是针对这类企业的，其中第 67 和 68 条规定：有限合伙企业由普通合伙人（即 GP）执行合伙事务，有限合伙人（即 LP）不执行合伙事务，且不得对外代表有限合伙企业。

我们都知道，LP 是主要的出资人，而很多 GP 只作为管理人，出资额只占合伙企业的 1%，即使这样，却牢牢控制了公司，权利上获得了 LP 赋予的巨大"杠杆"，这就是为什么很多公司的员工股权激励计划，都是落在有限合伙平台上的原因。还有公司申请了私募股权基金管理人的牌照，通过发行产品的方式来操作，本质上都是"**分股不分权**"的

思路。

从控制的路径来讲,如果公司想去境外上市,比如纽交所或纳斯达克,那么上市主体就得是一个境外主体。可是公司明明注册在境内,做的都是国内的业务,怎么办呢？主要有两种路径：一种是先由国内企业的股东,在某个税收优惠的海外地区,比如开曼群岛注册一家离岸壳公司(该岛每年新增一千多家注册公司),作为上市主体,再由这个主体到国内设立一家**外商独资企业**(Wholly Foreign Owned Enterprise,WFOE),由这个 WFOE 收购自己在国内拟上市的公司,从而通过股权实现控制,被称为"红筹架构"。

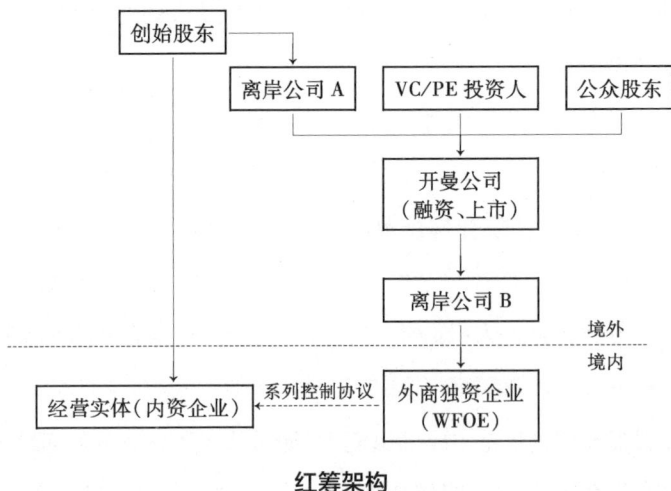

红筹架构

在实际操作中,过程会复杂得多,比如会在香港再注册一家特殊目的公司(Special Purpose Vehicle,SPV),作为"特殊目的"的夹层,置于开曼公司和 WFOE 之间，主要用来避税。

另一种方式是 VIE（Variable Interest Entities）控制，直译过来叫"可变利益实体"，它实际是红筹架构的"变种"。同样是要在境外先注册一个主体，用它来上市，但路径不是利用股权，而是通过多个协议，"隔空"控制国内的公司，所以又被称为"协议控制"。这个模式要追溯到 2000 年，由于互联网业务在法律上被归为"增值电信业务"，外商投资问题难以解决，而新浪成了第一个吃螃蟹的人，它所采用的 VIE 架构，巧妙地绕开了制度障碍，成功赴美上市。

采取哪种路径，很大程度上受监管政策的影响。红筹架构的历史最为悠久，自 20 世纪 90 年代末就开始使用，直到 2003 年，证监会取消了红筹上市的境内审查程序，这种模式才被放开手脚。到了 2006 年，随着 GAAP（通用会计准则）的修订，时机日趋成熟，商务部等六部委联合颁布了《关于外国投资者并购境内企业的规定》（简称"10 号令"），更便捷的 VIE 模式终于得以大行其道。

讲清楚了"控制"的概念，就可以来看看"合并报表"的问题了。

首先应该搞清楚，为什么要合并报表。在上一章中，我们讨论了企业财务报表的相关议题，唯独留下了这一点没谈，它实际上是个有关控制的问题。当一家公司对"其他公司"实现了"控制"时（符合上文所述的控制标准），就应该把"其他公司"视为它的"子公司"（全控时叫作"全资子公司"），而它自己则为"母公司"，从而形成一个整体的企业"集团"。

集团有大有小，合并报表，就是站在母公司（集团）的视角看全局，它所反映的是所有被控制的子公司加总的整体，这才是母公司的版图全貌,这时母公司与子公司,或子公司之间所发生的内部经济活动,将被剔除。**利用合并报表,可以产生杠杆效应,部分放大了集团公司的总业绩,符合向外扩张型企业的发展战略。**

比如一家公司,自己的年收入5亿元,净利润6 000万元,当它收购了一家年收入4亿元、净利润4 000万元的公司51%的股权时,就实现了"控制",此时,便形成了母子公司的关系,满足了合并报表的条件。完成收购后,合并报表上的收入就变成了两家加总后的9亿元,净利润1亿元,分别增长了近1倍,尽管只收了51%的股权。

这时,在合并报表上的"净利润"这一栏,会列出"少数股东损益"一项,也就是归属子公司的净利润,在这里就记为0.196亿元,扣除这部分,会得到"归属于母公司所有者的净利润",也就是0.804亿元。在申报IPO时,利润标准是用这个0.804亿元,去分别计算扣除与不扣除"非经常性损益"后的两种情况,取结果的孰低值。

合并报表的增值效应,让一些企业动起了"花钱买报表"或"借报表"的歪脑筋,企图走捷径,在未达到合并报表的条件时,强行合并。比如金荔科技收购阜阳汇鑫公司51%股份的事件,股权投资款都无力支付,就将后者的报表纳入了合并范围,导致前者虚增了近400万元利润,被监管约谈。由合并报表所引发的江山制药控制权之争,更是体现出厘清"控制权"的重要性,一家企业不应该存在两个实际控制方,换句话说,它只能被一家母公司并表。

后记
逆行者

行至书尾，望向窗外，枝头的梅子已泛起了黄色，和往日的车水马龙、熙熙攘攘相比，如今的街道似乎还是缺点生气。

新冠肺炎在全球的肆虐，让人们想起了历史上恐怖的瘟疫与经济大萧条。国际货币基金组织预计，即使疫情在 2020 年下半年能够得到控制并消退，全球经济也将创下自 20 世纪 30 年代以来的最差纪录，整体将遭遇 3% 的下滑，其中美国将衰退 6%，欧元区萎缩 7.5%。美股 10 天内 4 次熔断，让世界见证了历史，连见多识广的巴菲特都惊呼"活久见"，人们的恐慌情绪，可见一斑。

看向国内，由于部分生产型企业倒闭，破坏了既有的产业链，而国内外需求的下滑，导致贸易与投资更加雪上加霜。相较 2008 年那次发端于金融市场的危机，这次冲击的范围和影响都大得多，恢复的时间也将更为漫长。在刚刚结束的全国两会上，国务院政府工作报告中首次不设经济增长目标。

世事无常，但生活还要继续。

人们将抗疫比作一次"大考"，很形象。对于学生来讲，考试和测验是最司空见惯的事，而对于企业而言，后疫情时代，与病毒长期斗争甚至共存，将成为新常态，这需要创业者做好思想准备。在这场旷日持久的"考试"里，大家正逐步从被打蒙的状态中缓过神来，开始积极地"答题"了。

在经过了第一季度近两个月"半停摆"状态的煎熬后，各地已经有序复工。机场、高铁站、工厂和写字楼等的人流量一下子大了起来，像我这种经常出差的人对此的感触就尤为强烈。在家待久了，人就憋得特别想去工作，朋友圈常看人写道：现在好怀念城市的拥堵与公司的加班。

没被资本寒冬冻死的投资人，就像侥幸度过了"冰河期"考验的生物，开始从各处洞穴里探出了脑袋，迫不及待地大口呼吸着新鲜的空气。"腾讯会议"APP 自 2019 年年底发布后，不到两个月就更新了 14 个版本，日均活跃用户数超千万。不少人从过去不习惯线上开会，到现在已经能从容地面对镜头下的自己。在线技术使投融资双方不用见面，就能共享同一块屏幕，共用一间会议室，全方位地交换信息。

多数创业者，在疫情的头几个月都遭遇了重创，收入出现了断崖式的下跌，在同样严峻的形势下，他们的行为开始出现分化：有的创业者整日焦虑，天天刷疫情相关信息，被动地等待着外部环境的改善，除了裁员降薪和抱怨补贴不到位外，想不到什么好的出路。而有的人则反应迅速,参考行业最佳实践,积极拥抱变化,主动进行了线上培训和数字化转型,并拓展出了新的业务场景。

无论哪种自救,都出于所有生命体"求存"意识的本能,只是很多企业的劲儿用错了方向。同样受到求生欲的驱使,多数陷入沼泽的人,都会用力挣扎,结果越陷越深;相反那些沉着冷静想办法的人,因为下沉得慢,还有翻盘的机会。"逆行"是相对"顺行"而言的,如果把多数人走的方向定义为顺行,那么逆行则是少数人走的路,这听上去似乎像逆势而动,而实际上却恰恰是顺势而为。

在多数人悲观时,"看空"情绪就占了上风,市场开始下跌,这时一些表面上的乐观派也开始犹豫。而后,随着这些摇摆人群的加入,市场加速下跌,并开始接近底部。此时,那些"顺行者"会庆幸自己赌对了方向,并继续看空;而"看多"的逆行者,还尚未从市场上获得任何奖赏,波谷之中的黑暗,总是难熬的。然而再差的情绪,也终归会过去,随着供需关系的变化,市场筑底后的止跌走稳早晚会到来。丘吉尔曾说"不要浪费一场危机",就是这个道理,只可惜知道道理的人多,而能克服人性弱点、实践到位的人却极少。

前几天看了纪录片《燃》,讲述了国内几个处于不同发展阶段的创业者,是如何运作企业与思考人生的。其中最让我感动的,是这群创业者身上普遍具有的"逆行者"思维——无论其面对的困难大小。这让他们在别人悲观时,在环境不利时,在周围一片迷雾时,相信并能够感知光明可能出现的方向,以乐观者的姿态,在"势"起之初孤独地走向其中,直到身后的人越来越多。

和平安定的时间久了,就会使一些人变得麻木,觉得顺境下的一切都是理所应当的。一场疫情,将隐藏的风险暴露出来,让我们意识到在如今发达的商业体系中,不少参与者的"免疫力"还不够强大,增长背后的隐患还很多。生病有时是件好事,就像小孩子发一次烧,免疫力也会增强,更何况企业呢。要紧的是珍惜这次"减脂增肌"的机会,并从此养成"强身健体"的习惯,打造出企业强劲的"免疫系统",以便在各种条件下,都能保持健康与活力。

最近常听到一句话:"I have nothing to lose."(我再无可失。)这当中有调侃,有无奈,也有希望。是啊,再差能差到哪去?想清楚最极端的情况,也就无所畏惧了,一旦触底,之后要来的,都是好的。这就像著名的加拉帕戈斯群岛,每当火山喷发后,岩浆就会吞没该岛周围大片的植被,使这附近的地区变得一片死寂,仿佛世界末日。但用不了多久,总有倔强的植物,能够从坚硬的岩浆岩下面硬顶出一条缝,伸出头来,并逐渐一株一株地又连成片。随后,以这些植物为食的陆鬣蜥、象龟等珍稀动物,又不约而同地回到这里,新一轮的繁荣又开始了。

从满目疮痍到草长莺飞,在这样周而复始的轮回中,生命的力量显得格外壮美。在这个全球经济增长放缓、新旧动能转换的大时代里,创业者的机会不但没少,反而比原来更多了。想清楚自己要什么,为此应该放弃什么,如何精进产品,开发和利用新的场景,管理好现金流,创新管理与激励制度,引进优质人才,利用好资本市场,剩下的,就交给时间吧。

末了,要感谢妻子和女儿的谅解与支持,平日聚少离多,见面时我还忙于写作;感谢父亲对本书的校对与建议;感谢彼此相伴一路走来的各位创业者、投资人以及合作伙伴;感谢东方出版中心的各位领导与编辑的辛勤付出。最后,要特别感谢各位亲爱的读者,你们是我只争朝夕、笔耕不辍的根本动力,如果书中的些许内容能让你们受用,我就倍感欣慰与骄傲了。

　　咱们后会有期!

张轩荣

图书在版编目（CIP）数据

老轩创投课 / 张轩荣著. －上海：东方出版中心，
2020.10
　ISBN 978-7-5473-1695-5

　Ⅰ.①老… Ⅱ.①张… Ⅲ.①创业投资 Ⅳ.
①F830.59

中国版本图书馆CIP数据核字（2020）第183561号

老轩创投课

著　　　者　张轩荣
策　　　划　刘佩英
监　　　制　王长军
责任编辑　张芝佳　唐君宇
装帧设计　陈绿竞

出版发行　东方出版中心
地　　　址　上海市仙霞路345号
邮政编码　200336
电　　　话　021- 62417400
印 刷 者　山东韵杰文化科技有限公司

开　　　本　890mm×1240mm　1/32
印　　　张　9.75
字　　　数　178千字
版　·　次　2020年10月第1版
印　　　次　2020年10月第1次印刷
定　　　价　49.80元